Spanish Review

SIXTH EDITION

Spanish Review

EVERETT W. HESSE
San Diego State University

HECTOR H. ORJUELA
University of California, Irvine

TRACY D. TERRELL
University of California, Irvine

HEINLE & HEINLE PUBLISHERS, INC.
Boston, Massachusetts 02210

Cover and text design: Carol H. Rose
Production Editor: Elinor Y. Chamas

CONTENIDO

uso especial del objeto indirecto   Dos pronombres usados como objetos del
verbo   Los pronombres preposicionales

DIALOGO: **Una discusión sobre los derechos humanos**

MODISMOS Y EXPRESIONES

PRACTICA ESCRITA

LECTURA: **El mundo hispánico y el futuro de la humanidad**

ACTIVIDADES COMUNICATIVAS

REPASO DE VERBOS

GRAMATICA Y EJERCICIOS   Los pronombres, adjetivos y adverbios
indefinidos   Usos de las palabras indefinidas negativas   Los números
cardinales   Los números ordinales   La hora   Las estaciones   Los días de la
semana   Los meses del año

DIALOGO: **En el consultorio médico**

MODISMOS Y EXPRESIONES

PRACTICA ESCRITA

LECTURA: **El sentimiento religioso**

ACTIVIDADES COMUNICATIVAS

REPASO DE VERBOS

GRAMATICA Y EJERCICIOS   Los adjetivos posesivos   Los
pronombres posesivos   Los adjetivos demostrativos   Los pronombres
demostrativos   Usos especiales de los pronombres demostrativos **el, la, los
las**   Los pronombres demostrativos neutros

DIALOGO: **Excursión a la Universidad de México**

MODISMOS Y EXPRESIONES

PRACTICA ESCRITA

GRAMATICA Y EJERCICIOS   Los interrogativos   Los interrogativos
usados como exclamaciones   Los pronombres, adjetivos y adverbios relativos

DIALOGO: Casarse o no casarse?

MODISMOS Y EXPRESIONES

PRACTICA ESCRITA

LECTURA: Los deportes en el mundo hispánico

ACTIVIDADES COMUNICATIVAS

REPASO DE VERBOS

GRAMATICA Y EJERCICIOS   Las construcciones reflexivas   Los
pronombres relativos   Reflexivo en sucesos fortuitos   La voz pasiva   Los
sustitutos reflexivos

DIALOGO: El mundo de los deportes

MODISMOS Y EXPRESIONES

PRACTICA ESCRITA

LECTURA: La comida y la nutrición

ACTIVIDADES COMUNICATIVAS

REPASO DE VERBOS

GRAMATICA Y EJERCICIOS   El subjuntivo en mandatos   Mandatos
informales

DIALOGO: Las nuevas ideas, una necesidad para la gente moderna

MODISMOS Y EXPRESIONES

PRACTICA ESCRITA

PREFACE

SPANISH REVIEW, SIXTH EDITION provides a thorough review of the elements of Spanish structure, verbs, idioms, and vocabulary for students of Spanish at the intermediate level. It offers extended practice in all four skills, with increased focus on communication in culturally authentic situations. Consistent with this new emphasis, many *lecturas* have been revised. For example, the reading on university education in the Hispanic world has shifted from a historical viewpoint to a discussion of the experiences of today's students, and a new article featuring modern Spanish artists has been included. The *diálogos* have been rewritten to include more natural-sounding conversation. New exercises avoid rote drills and concentrate on meaningful themes. Students are rarely asked simply to repeat, but rather to create.

A major feature of the Sixth Edition, *Actividades comunicativas,* follows each *lectura*. This section is designed to give students the opportunity to use Spanish, particularly the vocabulary and structures of the chapter, to communicate ideas on real-life situations of concern to every individual. In the first part of the *Práctica escrita*, sentences to be translated have been replaced by a cohesive paragraph, carefully constructed to give students maximum practice in the grammar points taught in the lesson. The all-new Workbook and revised tape program accompanying this edition together provide a variety of materials designed to reinforce the skills presented in the text.

The lessons include these elements:

Lectura: Each essay treats an important aspect of modern life as it affects not only Hispanic culture but also the student's own. Highlighting current vocabulary and ideas, the essays have been selected for their ability to arouse and maintain student interest. Such themes as human rights, revolution in Hispanic America, nutrition, women's rights, Hispanic minorities in the United States, and the future of Spanish social democracy by their very nature promote crosscultural understanding. The essays are accompanied by on-page glosses to enable the student to read for general meaning without having to interrupt the flow of reading with frequent consultations of the end vocabulary. Students are not expected to understand every word of the readings, but rather to concentrate on the main ideas. Each reading selection is followed by questions designed to evaluate comprehension of these main points. Personalized questions on related topics of interest have been included as well.

Actividades comunicativas: This new component of the Sixth Edition invites students to think creatively in responding to situations, directions, and questions that affect them personally. The themes are usually related either to the *lectura* or the *diálogo* and offer additional opportunities for using basic syntax, vocabulary, idioms, and verb forms in a communicative setting.

Repaso de verbos: In these exercises students review and practice verb forms. In some cases students must vary the number, person and tense of verbs in complete sentences. In others, incomplete sentences allow students greater flexibility in completing thoughts in accordance with their own ideas. The verbs are grouped according to similar patterns of irregularity to afford greater ease in learning.

Gramática y ejercicios: Grammatical points are arranged topically and presented by means of model sentences followed by concise explanations. Exercises are placed directly after appropriate grammatical topics to provide immediate practice and reinforcement. The exercises range from manipulation of basic forms to activities that are more communicative in nature. Many of these activities are suitable for pair work, an approach that allows for more oral expression and gives the instructor the opportunity to go from pair to pair, helping individuals.

Diálogo: The *diálogo* gives prominence to basic vocabulary, idioms, verbs, and grammatical points contained in the lesson. The content, which is frequently related to that of the *lectura*, is always associated with student experience.

Comprensión: Questions concerning the information in the *diálogo* test students' overall comprehension.

Plática espontánea: Topics are suggested to encourage creative oral expression within the range of themes, idiomatic expressions, and vocabulary highlighted in the *diálogo*.

Modismos y expresiones: Commonly-used Spanish idioms selected from the *lectura* and *diálogo* are presented along with exercises designed to strengthen students' familiarity with them.

Práctica escrita: These exercises using the grammar, vocabulary, and idioms of the lesson provide practice in writing Spanish. They include a composition from English to Spanish in a connected paragraph and guidelines for controlled compositions in Spanish based on the content of the *diálogo* and the *lectura*.

Tables of regular and irregular verbs are provided in the *Apéndice*. Spanish-English and English-Spanish vocabularies, a glossary of grammatical terms, and a comprehensive index complete the book.

After the first two lessons, which concentrate on verb review, each lesson is an independent unit. Lessons may be taken up in any order because the grammatical material is arranged by topics rather than in a progressive order. Abundant student exercises have been included—not all need be assigned if the class has shown an early mastery of the material.

The authors would like to thank the many colleagues who contributed comments and ideas during the planning of this Sixth Edition, particularly Professors Arturo Fox (Dickinson College), Marina Burdick (Broward Community College), and Robert Jackson (University of Oregon).

The authors also wish to express their appreciation to Elinor Y. Chamas and Kathleen A. Dunn, members of the staff of Heinle & Heinle Publishers, Inc., for their patience and their valuable suggestions during the preparation of the manuscript.

Spanish Review

La biblioteca de
la Universidad Nacional de México (UNAM)

LECCION 1

La educación universitaria en el mundo hispánico

Los sistemas educativos universitarios del mundo hispánico son diferentes a los de los Estados Unidos, reflejando no sólo sus valores y tradiciones culturales sino el papel que el individuo está llamado a desempeñar° en la sociedad.

De ordinario° la universidad hispánica está situada en las grandes ciudades, y constituye un importante centro de cultura que irradia su influencia en una localidad o en el país entero. Sus cátedras° las ocupan las mejores mentes° y se considera un honor ser invitado a enseñar en ellas. A diferencia de las universidades norteamericanas, hay pocos profesores de tiempo completo.° Las cátedras muchas veces no están a cargo de los especialistas, sino de profesionales distinguidos de la comunidad—médicos, abogados, ingenieros—que conocen de cerca° la realidad socioeconómica del país y cuyos intereses van más allá de° los límites que les impone una especialidad. Desde luego° que el sistema tiene sus desventajas, ya que los profesores pasan sólo unas horas en la universidad y no pueden dedicarle mucho tiempo a sus estudiantes, pero

desempeñar el papel to play the role
de ordinario ordinarily

cátedras professorships, chairs
mentes minds

tiempo completo full-time

de cerca firsthand
más allá de beyond
desde luego of course

3

se busca educar a los jóvenes con un criterio universalista y con un claro sentido de responsabilidad social.

Hay en el mundo hispánico universidades públicas y privadas, y en algunas se mantiene la tradición académica que le diera fama a las universidades de Salamanca, Barcelona o Madrid, en España, o a las de México y San Marcos, en Hispanoamérica. Aunque en la mayoría de las universidades oficiales la matrícula° es casi gratis, en las privadas el costo se eleva bastante, correspondiendo generalmente a un porcentaje° de los ingresos° de los padres, de acuerdo con° su declaración anual de impuestos.° De esta manera los estudiantes de familias acomodadas pagan más que los de familias pobres y todos tienen la posibilidad de educarse. Sin embargo el problema más serio para los estudiantes es entrar en las facultades° que ofrecen las carreras° tradicionales de prestigio. Regularmente se rechaza° a un 80 por ciento de los aspirantes de medicina y odontología,° y miles de jóvenes en otras carreras ven frustradas sus aspiraciones al no poder aprobar° los rigurosos exámenes de ingreso.° Estos estudiantes que no consiguen entrar en la facultad que desean, tienen que dejar los estudios, o bien siguen cursos técnicos en otras instituciones, o se matrículan en carreras intermedias que se ofrecen a través de° los medios de comunicación masiva como la radio y la televisión.

Para algunos gobiernos, mantener una universidad constituye un desafío°: es un gasto° que absorbe una parte considerable del presupuesto° del país. La prestigiosa Universidad Nacional Autónoma de México tiene cerca de 350.000 estudiantes, y en casi todas las universidades hispanoamericanas oficiales los cupos° no alcanzan para los miles de aspirantes que quieren ingresar. Con el fin de hacer valer° sus derechos, los jóvenes se organizan en asociaciones que pueden convertirse en poderosos núcleos políticos. Muchas veces estas asociaciones estudiantiles han influído en la política tanto externa como interna del gobierno y en algunos casos han sido la causa de un cambio en el mismo gobierno. Existe pues una diferencia entre el estudiante de la universidad estadounidense° y el de la universidad hispánica, donde hay más oportunidad para aprender a hacer política.° A través de ella, tal vez algún día el estudiante logre° mejorar el destino de su país.

Conteste usted las siguientes preguntas.

1. Generalmente, ¿dónde está situada la universidad hispánica?
2. En su opinión, ¿tiene ventajas o desventajas esta costumbre?
3. ¿Quiénes ocupan sus cátedras? ¿Qué ventajas hay en esta práctica?
4. ¿Por qué no pueden algunos de los profesores dedicar mucho tiempo a los estudiantes?
5. ¿Conoce usted algunas de las universidades hispánicas? ¿Cuáles?

matrícula enrollment
porcentaje percentage
ingresos incomes
de acuerdo con according to
impuestos taxes

facultades schools
carreras careers
se rechaza are rejected
odontología dentistry
aprobar to pass
ingreso entrance

a través de through

desafío challenge
gasto expense
presupuesto budget

cupos openings
hacer valer to assert

estadounidense of the United States
hacer política to make policy
logre may succeed in

6. Generalmente, ¿a qué corresponde el costo de la matrícula en las universidades hispánicas?
7. ¿Cuál es el problema más serio para los estudiantes? ¿Por qué?
8. ¿Qué hacen los estudiantes que han sido rechazados por las universidades?
9. ¿Por qué no se puede aceptar en las universidades a todos los estudiantes que quieren ingresar?
10. ¿Qué han hecho los estudiantes para hacer valer sus derechos?
11. ¿Qué tipo de influencia tienen las organizaciones estudiantiles? ¿Qué influencia tienen las organizaciones estudiantiles estadounidenses?

Actividades comunicativas

1. Converse en grupos de dos estudiantes. Descríbale a un(-a) compañero(-a) de clase un día típico en su vida estudiantil. Empiece temprano en la mañana y describa cada actividad desde que usted se despierta hasta que se acuesta. Ejemplo: «Me despierto normalmente a las seis y media pero me quedo en la cama hasta las siete. Después de levantarme, me ducho. . . .» Siga usted. Describa por lo menos diez actividades diarias, incluyendo lo que Ud. hace en la universidad.

2. Escriba un párrafo describiendo un sábado típico en la vida de un amigo(-a) que estudia en la universidad. En grupos de dos estudiantes, léale a un(-a) compañero(-a) de clase este párrafo. Después escuche el párrafo que escribió su compañero(-a) sobre su amigo(-a). ¿Cuáles son las diferencias entre los dos sábados? ¿Cuáles son las semejanzas? Explíqueselas a la clase.

3. A través de preguntas directas, pídale a su compañero(-a) que describa un fin de semana típico para él o ella. Por ejemplo, usted podría preguntarle, «¿Qué hace usted de ordinario los sábados a las ocho de la mañana? ¿Y a las nueve? ¿Estudia usted los sábados y domingos? ¿Practica usted algún deporte los fines de semana?. . .» Siga usted.

4. Para cada una de las frases siguientes, indique el orden de sus preferencias personales, escribiendo *1, 2, 3* y *4,* y justifique sus respuestas a la clase.

    a. Los domingos, muy temprano en la mañana, me gusta

    _____ asistir a la iglesia.

    _____ quedarme en la cama.

    _____ estudiar español.

    _____ trabajar en el jardín.

    b. Los sábados son especiales porque de ordinario prefiero

    _____ levantarme muy temprano.

    _____ lavar la ropa.

    _____ salir al teatro con mis amigos(-as).

    _____ mirar la televisión por la tarde.

5. Termine las siguientes frases, explicando a la clase lo que Ud. haría en las siguientes situaciones.

    a. Cuando tengo frío, yo. . .

    b. Cuando tengo hambre, yo. . .

    c. Si no hay comida en el refrigerador, yo. . .

    d. Cuando mis compañeros(-as) de clase me invitan a salir con ellos(-as), yo. . .

    e. Cuando una persona me dice una mentira, yo. . .

    f. Cuando tengo un examen de español el lunes, yo. . .

    g. Si apruebo un examen importante, yo. . .

    h. Si un extranjero me pide direcciones, yo. . .

    i. Cuando estoy cansado(-a), yo. . .

REPASO DE VERBOS

Repase la formación de los tiempos del indicativo de los verbos regulares en el apéndice y haga los ejercicios que siguen.

A. Forme oraciones de acuerdo con el modelo.

1. Diga que las siguientes personas necesitan comprar un carro nuevo.

MODELO: (mi padre) Mi padre necesita comprar un carro nuevo.
    (mi hermana, nosotros, mis vecinos, yo, tú.)

2. Diga que las siguientes personas deben beber un vaso de leche por día.
    (los niños, mi abuela, ustedes)

3. Diga que las siguientes personas reciben mucho correo diariamente.
    (yo, mi jefe, mis padres, nosotros, los hombres de negocios)

4. Diga que las siguientes personas siempre practicaban muchos deportes.
    (mi padre, usted, tú, yo, nosotros, mi novio, Fernando Valenzuela)

5. Diga que las siguientes personas siempre salían con sus amigos en los meses de verano.

   (los niños, Jorge y Anita, nosotros, mis vecinos, los hijos de Gloria)

6. Diga que las siguientes personas se quedaron en casa anoche.

   (yo, mis padres, las vecinas, tú, nosotros)

7. Diga que las siguientes personas comieron demasiado ayer.

   (mi papá, mi novia, mi hijo, yo, ustedes)

VERBOS IRREGULARES EN EL PRESENTE

caber	*to fit; be contained*	**quepo**
caer	*to fall*	**caigo**
dar	*to give*	**doy**
decir	*to tell, say*	**digo**
estar	*to be*	**estoy**
hacer	*to do, make*	**hago**
ir	*to go*	**voy**
oír	*to hear*	**oigo**
poder	*to be able to*	**puedo**
poner	*to put, place*	**pongo**
querer	*to wish, want*	**quiero**
saber	*to know, know how*	**sé**
salir	*to leave*	**salgo**
ser	*to be*	**soy**
tener	*to have*	**tengo**
traer	*to bring*	**traigo**
venir	*to come*	**vengo**
ver	*to see*	**veo**

B. Pregúntele a un(-a) estudiante:

MODELO: si va al cine hoy
¿Vas al cine hoy?
Sí, voy al cine hoy.

1. si sabe cuándo llega el avión de Chicago.
2. si caben seis personas en un Volkswagen
3. si quiere estudiar biología
4. si hace la cama los sábados
5. si oye lo que dice el profesor
6. si tiene dinero para ir a Europa
7. si viene de su casa ahora
8. si va de compras este fin de semana
9. si puede ver la pizarra desde el fondo de la clase
10. si da dinero para la caridad cuando lo piden por teléfono

C. Pregúntele a un(-a) compañero(-a) de clase.

MODELO: Juan y Anita traen plata. ¿Y usted?
Yo también traigo plata.

1. Nosotros salimos de casa muy temprano para llegar a clase a tiempo. ¿Y usted?
2. Mis padres hablan español en casa. ¿Y usted?
3. Mi hermana quiere estudiar italiano. ¿Y usted?
4. Tenemos que leer una novela cada semana para la clase de literatura. ¿Y usted?
5. Nosotros no damos dinero a los pobres. ¿Y usted?
6. Mi prima Anita siempre dice la verdad. ¿Y usted?
7. La criada pone la mesa. ¿Y usted?
8. Los estudiantes oyen lo que dice la profesora. ¿Y usted?
9. Alberto, mi primo, viene mañana. ¿Y usted?
10. Sabemos todo el vocabulario de la lección. ¿Y usted?
11. El anciano ve muy bien con sus nuevas gafas. ¿Y usted?

D. Hágale las siguientes preguntas a un(-a) compañero(-a) de clase.

1. ¿Cuántos años tienes?
2. ¿Vas a una fiesta el sábado?
3. ¿A qué hora puedes estudiar conmigo esta noche?
4. ¿Qué dices si te acusan de decir mentiras?
5. ¿De dónde vienes ahora?
6. ¿Para dónde sales a las cinco de la tarde?
7. ¿Qué traes de comer hoy?
8. ¿Cuándo quieres ir a la biblioteca?
9. ¿Por qué pones los libros en tu carro?
10. ¿Sabes la lección para hoy?
11. ¿Qué me das si te doy un regalo?
12. ¿Cabes en tu coche si ya hay otras seis personas adentro?
13. ¿Oyes lo que te digo si te hablo en voz baja?
14. ¿Te caes mucho cuando esquías?

GRAMÁTICA Y EJERCICIOS

El presente

1. Hablo siempre con mis padres los fines de semana.

I always speak with my parents on weekends.

¿Qué haces ahora?

What are you doing now?

| Hablo con Pepe sobre el examen. | *I am speaking with Joe about the exam.* |
| Tú no hablas inglés bien.—No es verdad. Yo sí hablo bien el inglés. | *You do not speak English well.—It's not true. I do speak English well.* |

The present tense in Spanish is equivalent to three different forms in English, and can express different meanings. The present tense in Spanish is most frequently used to describe habitual or customary actions or states.

2.

| Lo **hago** ahora. | *I will do it now.* |
| Esta noche **vamos** al cine. | *Tonight we are going (will go) to the movies.* |

The present tense may also be used to express a definite action in the immediate future.

3.

| **Estoy preparando** la comida. | *I am preparing the meal.* |

Both English and Spanish use the progressive tense to express an action in progress at the present time.

A. Hágale las siguientas preguntas a un(-a) compañero(-a) de clase.

MODELO: estudiar *(ustedes)*
¿Están estudiando ustedes ahora?
No, no estamos estudiando ahora.

1. esquiar   *(su hermana)*
2. jugar al tenis   *(su novio o novia)*
3. comer tacos   *(su maestro o maestra)*
4. mirar televisión   *(sus hijos)*
5. cocinar legumbres   *(su mamá)*

B. Hágale las siguientas preguntas a un(-a) compañero(-a) de clase.

MODELO: estudiar la gramática
¿Cuándo vas a estudiar la gramática?
Mañana (pasado mañana, esta semana, este mes, etc.) estudio la gramática.

1. nadar en la piscina universitaria
2. trabajar en el restaurante
3. decidir si te vas a casar
4. terminar la tarea para la clase
5. invitarme a tu casa
6. preparar tus lecciones

C. Hágale las siguientas preguntas a un(-a) compañero(-a) de clase.

MODELO: leer la novela
¿Vas a leer la novela?
Sí, voy a leer la novela esta semana.

1. escribir un cuento corto
2. decir la verdad al profesor
3. hacer la cama
4. abrir el regalo
5. traer la plata que me debes
6. ver una película
7. beber cerveza
8. escuchar la radio
9. recibir la carta de tu novio(a)
10. tomar el autobús a tu casa

---

4. **Estudiamos** español **hace** un año.   *We have been studying Spanish for a*
Hace un año **que estudiamos**   *year.*
    español.

Llueve hace dos días.   *It has been raining for two days.*

Hace dos días **que llueve.**

The present tense is used with the verb **hace . . . (que)** to express an action that began in the past and is still continuing in the present. When the sentence begins with the main verb, **que** is omitted. The use of **hacer** with the present tense is translated by *have been* or *has been . . . for*.

D. Considere estas actividades y decida si forman parte de la rutina diaria.

MODELO: bañarse
Sí, me baño todos los días.

1. levantarse temprano
2. desayunarse con huevos fritos
3. manejar su carro a la escuela
4. tomar el autobús
5. asistir a clases
6. estudiar en la biblioteca
7. almorzar con amigos
8. echar una siesta
9. preparar una comida grande
10. mirar la televisión

E. Con un compañero (-a) de clase, hágale preguntas según el modelo.

> MODELO: estudia español
> *¿Cuánto tiempo hace que usted estudia español?*
> *Hace un año que estudio español. (Estudio español hace un año.)*

1. vive aquí
2. quiere viajar a Europa
3. sabe jugar al béisbol
4. me conoce
5. escribe cartas a tu novio(-a)
6. paga impuestos
7. va a la escuela
8. asiste a esta universidad
9. bebe vino
10. hace el mismo trabajo

El imperfecto

1. Mientras **llovía estudiábamos.**   *While it was raining, we were studying.*

Escribía una carta cuando entró mi padre.   *I was writing a letter when my father entered.*

The imperfect tense expresses a past action that was going on in the past without indication as to when it began or ended, or an action that was in progress when interrupted by another action. The interrupting action is in the preterit.

2. **Llegábamos** a la universidad a las ocho de la mañana.   *We used to arrive (would arrive) at the university at eight in the morning.*

Se levantaba a las seis todas las mañanas.   *He used to get up (would get up) every morning at six.*

The imperfect tense expresses repeated, habitual, or customary past action. The emphasis is on the continuation of the action.

3. La muchacha **era** alta.   *The girl was tall.*

Tenía dolor de cabeza.   *I had a headache.*

Él no **se sentía** bien.   *He did not feel well.*

No **creíamos** eso.   *We did not believe that.*

The imperfect tense is used in past description of conditions or mental or physical states of being. The preterit is used when emphasizing the termination of an event or state described.

El vuelo **fue** magnífico.   *The flight was magnificent.*

4. **Eran** las diez de la mañana.   *It was ten o'clock in the morning.*
The imperfect tense is used to express time in the past.

5. TRES VERBOS IRREGULARES EN EL IMPERFECTO:

ir   **iba, ibas, iba, íbamos, ibais, iban**
ser   **era, eras, era, éramos, erais, eran**
ver   **veía, veías, veía, veíamos, veíais, veían**

***

F. Diga que estas acciones o situaciones tenían lugar muchas veces en el pasado.

MODELO: Yo llego a clase a las ocho.
          El año pasado llegaba a clase a las ocho.

1. Por la mañana siempre es bonito.
2. Todos los días comemos en casa.
3. Me acuesto a las once de la noche.
4. Usted siempre llega a la universidad un poco tarde.
5. Porque somos estudiantes, no tenemos mucho dinero.
6. No beben café sino leche por la mañana.
7. Todos los domingos esquío en las montañas.
8. Yo no vivo en la residencia de la universidad.
9. No vamos a los partidos de fútbol los sábados.
10. Mis tíos ven a su hija todas las tardes.
11. Vamos al parque cerca de la universidad todos los días.
12. Visitamos a mi abuela todos los domingos.
13. Mis padres siempre llevan mucho dinero cuando vamos de compras.
14. Una chica inteligente me da lecciones de portugués.
15. Estudio la guitarra durante el verano.

***

6. **Hacía** dos años **que** estudiábamos   *We had been studying Spanish for two*
español cuando decidimos ir a   *years when we decided to go to*
México.   *Mexico.*

The imperfect tense is used with the verb **hacía . . . (que)** to express an action that began in the past and continued up to a point in the past. Note that the verb translates as *had been*...

***

G. Cambie al pasado.

MODELO: Hace dos años que estudio español.
          Hacía dos años que estudiaba español.

1. Hace poco tiempo que come Juan aquí.
2. Hace nueve años que preparan las comidas.

3. Hace una semana que estoy en Los Angeles.
4. Hace cinco minutos que escribo la carta.
5. Hace diez semanas que viajamos por Europa.
6. Hace muchos meses que leen la novela.
7. Hace poco tiempo que escucha Juan el disco.
8. Hace cuatro horas que nos paseamos por el parque.
9. Hace doce años que juegan al tenis.
10. Hace tres horas y media que jugamos al fútbol.

El pretérito

1. **Martín llegó** ayer.   *Martin arrived yesterday.*

     Me levanté tarde esta mañana.   *I got up late this morning.*

The preterit tense expresses a completed past action, a state, or a fact.

2. Me **vio** tres veces el mes pasado.   *He saw me three times last month.*

The preterit tense expresses repeated past action if such repeated action is considered as a complete unit or if the end, rather than the continuation, is stressed.

3. **Salí** de la residencia a las seis con mis amigos. **Era** una mañana fresca. **Andábamos** lentamente. De repente **nos detuvimos**.   *I left the dormitory at six with my friends. It was a cool morning. We were walking slowly. Suddenly we stopped.*

The preterit tense narrates successive events, each brought to a termination, whereas the imperfect gives the background or events that were going on at the time.

4. Lo **conocí** en España.   *I met him in Spain.*

     Le hablé porque lo **conocía**.   *I spoke to him because I knew him.*

     ¿Cómo lo **sabía** usted?   *How did you know it?*

     Lo **supe** por María.   *I found out about it through Mary.*

     No **quise** hablarle.   *I refused to speak to him.*

     No **quería** hablarle.   *I didn't want to speak to him.*

     Podía cantarla.   *He was able to sing it.(He was capable of singing it.)*

     Pudo cantarla.   *He succeeded in singing it.(He was able to sing it and did.)*

Certain verbs which describe states in the imperfect tense take on special meanings in the preterit tense.

H. Diga que las siguientes acciones tuvieron lugar ayer según el modelo.

MODELO: Mi abuelo me da un regalo.
Mi abuelo me dio un regalo ayer.

1. Mis hermanos llegan temprano a casa.
2. Juana nada en la piscina cerca de su casa.
3. No bebemos café antes de acostarnos.
4. María me ve en nuestra clase de sociología.
5. Voy al cine con mis amigos.
6. Alberto sale de casa a las ocho.
7. Mis primos estudian francés en su escuela.
8. María Elena no canta muy bien.
9. Le llevo un regalo a Margarita.
10. Empiezo a estudiar francés ahora.

5. VERBOS IRREGULARES EN EL PRETERITO.

andar	*to walk*	**anduve, anduviste, anduvo, anduvimos, anduvisteis, anduvieron**
caber	*to fit*	**cupe, cupiste, cupo, cupimos, cupisteis, cupieron**
decir	*to say, tell*	**dije, dijiste, dijo, dijimos, dijisteis, dijeron**
estar	*to be*	**estuve, estuviste, estuvo, estuvimos, estuvisteis, estuvieron**
poder	*to be able*	**pude, pudiste, pudo, pudimos, pudisteis, pudieron**
poner	*to put, place*	**puse, pusiste, puso, pusimos, pusisteis, pusieron**
querer	*to wish, want*	**quise, quisiste, quiso, quisimos, quisisteis, quisieron**
saber	*to know*	**supe, supiste, supo, supimos, supisteis, supieron**
tener	*to have*	**tuve, tuviste, tuvo, tuvimos, tuvisteis, tuvieron**
traer	*to bring*	**traje, trajiste, trajo, trajimos, trajisteis, trajeron**
venir	*to come*	**vine, viniste, vino, vinimos, vinisteis, vinieron**
caer	*to fall*	**caí, caíste, cayó, caímos, caísteis, cayeron**
dar	*to give*	**di, diste, dio, dimos, disteis, dieron**

hacer	to do, make	**hice, hiciste, hizo, hicimos, hicisteis, hicieron**
oír	to hear	**oí, oíste, oyó, oímos, oísteis, oyeron**
ser; ir	to be; to go	**fui, fuiste, fue, fuimos, fuisteis, fueron**
ver	to see	**vi, viste, vio, vimos, visteis, vieron**

I. Pregúntele a un(-a) compañero(-a) de clase.

1. ¿Cuándo supo usted el nombre de su profesor(-a) de español?
2. ¿Qué tuviste que hacer ayer?
3. ¿Qué quisiste hacer la semana pasada que no pudiste terminar?
4. ¿Viste anoche algún buen programa en la televisión?
5. ¿Oíste en la radio alguna canción nueva que te gustó?

J. Pregúntele a un(-a) compañero(-a) de clase.

1. ¿Qué pudieron hacer usted y sus amigos en la Navidad?
2. ¿Quiso usted terminar la lección antes de la clase?
3. ¿Cuándo supo usted la fecha del examen final en esta clase?
4. ¿A dónde quisieron ir tus amigos anoche?
5. ¿Por qué no vinieron ustedes ayer a la biblioteca?
6. ¿Dónde viste a tu novio(-a) ayer?
7. ¿Quién le dijo a usted ese cuento?
8. ¿A dónde fue usted ayer después de la clase?
9. ¿Se cayó usted muchas veces esquiando el invierno pasado?
10. ¿Qué ruido oyó usted en su casa anoche?

K. Complete las siguientes frases según el modelo.

MODELO: Yo nunca me caía en la nieve, pero . . .
　　　　　　. . . *ayer me caí.*

1. Nunca veníamos tarde a las fiestas, pero . . .
2. Yo siempre podía nadar porque traía traje de baño, pero . . .
3. Oía siempre lo que decía el profesor, pero . . .
4. Elena hacía las camas en esta casa, pero . . .
5. Nuestras gallinas ponían muchos huevos, pero . . .
6. Juan iba a la biblioteca a trabajar, pero . . .
7. Yo siempre llegaba a tiempo a la universidad, pero . . .
8. Mis padres nunca me daban dinero, pero . . .
9. De ordinario no teníamos tiempo para estudiar, pero . . .
10. Veía mucho a mis compañeros de clase, pero . .
11. Todos los días iba a la playa, pero . . .
12. Nunca me decía mi hermano una mentira, pero . . .
13. Yo siempre trabajaba por la noche, pero . . .

L. Complete las siguientes oraciones según el modelo.

MODELO: Siempre comían mis padres en este restaurante, pero ayer . . .
. . . *comieron en uno nuevo.*

1. Todos los días yo veía a mis amigos en la Unión Estudiantil . . .
2. Todos los viernes íbamos al mercado de Toluca, pero el viernes . . .
3. Ayer no hacía sol, pero anteayer . . .
4. Nos levantábamos tarde cuando no había clases, pero la semana pasada . . .
5. Mi novio siempre me decía la verdad, pero ayer . . .
6. La profesora llegaba a las cinco todos los días, pero el martes . . .
7. Los jueves yo recibía una carta de mi padre, pero el otro día . . .
8. A menudo yo iba al cine con los vecinos, pero anoche . . .
9. Muchas veces leíamos en la biblioteca, pero anteayer . . .
10. Cada semana hablaba con mi consejero, pero la semana pasada . . .

M. Termine las oraciones siguiendo el modelo.

MODELO: Ayer fueron al mercado aunque normalmente no . . .
. . . *iban al mercado los sábados.*

1. Anteayer mi primo fue a las montañas aunque casi nunca . . .
2. El viernes pasado salimos a las ocho para la universidad aunque normalmente en la mañana . . .
3. Hace unos días me invitaron a tomar té aunque de ordinario nunca . . .
4. Anoche Marta fue al teatro aunque de costumbre no . . .
5. El año pasado no dije ninguna mentira aunque en esos días . . . muchas.
6. Después de un rato me dio un regalo, aunque muchas veces no . . . nada.
7. Yo hablé delante de la clase una vez, aunque no . . . de costumbre.
8. Ella trabajó en la biblioteca por un rato aunque no . . . en esa época.
9. Escribieron mucho ese invierno, aunque . . . por regla general.
10. Juan nadó ese verano, aunque normalmente . . . los veranos.

6. Le **hablé** hace dos minutos.   *I spoke to him two minutes ago.*
Hace dos minutos que le **hablé.**

The preterit tense is used with the verb **hacer. . . (que)** to express the idea of *ago.*
When the sentence begins with the main verb, **que** is omitted.

N. Pregúntale a un(-a) compañero (-a) de clase:
¿Cuánto tiempo hace que tú . . . ?

1. visitaste a tus padres
2. leíste una novela

3. lavaste el carro
4. te enfermaste de la gripe
5. fuiste a la playa
6. compraste un carro nuevo
7. tomaste vacaciones
8. besaste a tu novio(-a)
9. recibiste un aumento de sueldo
10. dijiste una mentira

DIALOGO   En la universidad

PEDRO: Hola, Isabel. Me dicen que acabas de regresar de México.
ISABEL: Sí, volví anteayer en avión. Estudiaba en la Universidad Nacional. Como sabes, quiero especializarme en la literatura mexicana.
PEDRO: ¿Qué te parece si vamos a almorzar juntos para que me cuentes tus experiencias en la universidad?
ISABEL: Está bien. Con mucho gusto.

(En el restaurante «La Cava»)

mozo waiter

ISABEL: Mozo,° queremos una mesa cerca de la ventana. Me gusta el aire fresco.
MOZO: ¿Desean ver el menú?
PEDRO: Sí, por favor.

(Después de un rato)

guisantes peas
lechuga lettuce

ISABEL: Quiero la sopa del día, arroz con pollo, guisantes,° ensalada de lechuga° y tomate sin salsa, pan y mantequilla.
PEDRO: Yo quiero lo mismo. Y bien, ¿qué materias estudiabas en México?
ISABEL: Seguía cursos muy interesantes: la literatura de la revolución mexicana, arqueología, sociología y economía.
PEDRO: ¿Cuánto tiempo hace que estudias español?
ISABEL: Hace año y medio.

provechosa beneficial

PEDRO: Hablas muy bien; tu estancia en México fue provechosa.° ¿Cuál era tu curso favorito en la universidad?
ISABEL.   La arqueología, por supuesto. Una vez por semana íbamos a las ruinas situadas cerca de la capital.
PEDRO.   Ah, ¿te refieres a las pirámides del sol y de la luna?

ISABEL. Sí, están en una gran zona arqueológica interesantísima. Saqué muchas fotos y, si quieres, mañana las traigo para que las veas.

PEDRO. Muy bien. ¿Dónde vivías, en una residencia?

particular private
víspera eve

típicos regional

ISABEL. No, en una casa particular,° con una familia. La víspera° de mi cumpleaños ocurrió algo muy divertido. Un grupo de estudiantes me dio una serenata con instrumentos típicos.°

PEDRO. Ah, sí. Sin duda te cantaron «Las mañanitas».

ISABEL. Sí, es la costumbre. Oye, debo despedirme pues tengo una cita con mi consejero. Mañana podemos continuar nuestra conversación en la Unión Estudiantil.

Comprensión

1. ¿De dónde regresó Isabel?
2. ¿En qué quiere especializarse?
3. ¿Por qué van a almorzar juntos Isabel y Pedro?
4. ¿Dónde quiere Isabel sentarse en el restaurante? ¿Por qué?
5. ¿Qué piden Isabel y Pedro?
6. ¿Qué cursos siguió Isabel en México?
7. ¿Cuánto tiempo hace que Isabel estudia español?
8. ¿Cuál era el curso favorito de Isabel?
9. ¿A dónde hacía excursiones Isabel con su clase de arqueología?
10. ¿A qué pirámides se refería?
11. ¿Qué va a traer Isabel el siguiente día?
12. ¿Qué ocurrió en la víspera de su cumpleaños?
13. ¿Por qué se despide Isabel de Pedro?

Plática espontánea

Preguntele a un amigo que ha estudiado en un país extranjero:

1. donde vivía
2. si estudiaba lenguas
3. cuáles eran sus cursos favoritos
4. si comía en casa o en los restaurantes
5. qué hacía los fines de semana
6. si tenía que hacer cosas que no le gustaban
7. qué cosas interesantes veía
8. qué cosas divertidas hacía
9. con quiénes y cuándo hablaba y salía
10. si podía dormir hasta tarde
11. qué lugares de interés visitaba
12. si salía a bailar por la noche

A. Use cada palabra o frase en una oración completa.

a la semana	weekly
a menudo	often
a propósito	by the way
acabar de	to have just
dejar de	to stop
despedirse de	to take leave of
en el extranjero	abroad
hacer un viaje	to take a trip
hoy en día	nowadays
mañana por la mañana	tomorrow morning
por supuesto	of course
referirse a	to refer to
sin duda	doubtless, undoubtedly

B. Conteste las siguientes preguntas.

1. ¿De dónde acaba usted de venir?
2. ¿Por qué prefiere (o no prefiere) usted vivir en el extranjero?
3. ¿Cuándo piensa usted hacer un viaje a un país extranjero?
4. ¿Cuándo se despidió Carlos de sus padres?
5. ¿Cuándo dejan de estudiar los alumnos?
6. ¿Qué va a hacer usted mañana por la mañana?
7. ¿A qué novela de Cervantes se refería el profesor?
8. ¿Qué hace usted hoy en día que no solía hacer de niño?
9. ¿Por qué va usted a la biblioteca a menudo?
10. A propósito, ¿por qué no puede usted asistir a la clase de biología?

PRACTICA ESCRITA

Traducción

A usted le ha pedido una pareja inglesa que les traduzca esta información para poder mandársela a sus amigos en Chile.

My wife and I first met in Guadalajara ten years ago. As usual, this summer we left Los Angeles by plane and arrived in Acapulco. We have visited this famous resort for the past five years. For the past two years we have been staying at the Hotel Presidente, where we found an excellent Spanish restaurant. While we were eating there last night, my wife told me about a novel she has been reading for the past few days. It is *El indio* by Gregorio López y Fuentes. I read it years ago. We both teach Spanish at American universities. She has been teaching for eight years and I for ten.

Diálogo

Escriba un diálogo entre dos amigos, Ramón y Josefina, sobre el tiempo que pasó Ramón estudiando en México. He aquí algunas sugerencias:

1. dónde vivía Ramón
2. dónde y qué comía
3. con quiénes salía
4. qué cursos tomaba
5. cuánto tiempo hace que habla español
6. para qué estudia
7. cuál era su curso favorito
8. cuánto tiempo pasó allí
9. cómo y cuándo volvió a los Estados Unidos
10. en qué deportes participó

Composición sobre la lectura

Escriba una composición de una página sobre uno de los siguientes temas.

1. Su propia universidad. Incluya los siguientes detalles:
   a. el sitio en dónde está
   b. los varios edificios
   c. el edificio especial para las clases de español
   d. el profesorado
   e. los estudiantes

2. Compare la vida del estudiante universitario con la del estudiante de la escuela secundaria. Incluya los siguientes detalles:
   a. las actitudes de los padres
   b. el estilo de vida
   c. los cursos
   d. la libertad del estudiante
   e. la vida social y las diversiones
   f. los deportes
   g. el tiempo libre

La mujer como maestra en Cuba

LECCION 2

LECTURA   La mujer en Cuba

cariz appearance
papel role
anteriormente previously
permanecía remained

hogar home
igualdad equality
de un golpe all at once

animaba encouraged
atendieron el llamado
   heeded the call

el derecho law
la ingeniería engineering
compartir to share

     El concepto del machismo presenta un cariz° particular en Cuba por la incompatibilidad que existe entre el papel° tradicional del hombre latino y el que tiene en una sociedad comunista. Anteriormente° la mujer cubana permanecía° en casa, cuidaba de los hijos, rara vez seguía carreras profesionales y de ordinario asumía una posición secundaria en el hogar.° Hoy en día la situación es otra, y el régimen revolucionario ha legalizado la igualdad° de los sexos, cambiando de un golpe° la estructura de la vida doméstica. Como el estado necesitaba más trabajadores y animaba° a las mujeres a unirse a la fuerza laboral, éstas atendieron el llamado° dejando a sus niños durante las horas de trabajo en escuelas y casas maternales establecidas con este fin. Por orden del gobierno, la educación se hizo obligatoria para todos y pronto las mujeres entraron en profesiones antes dominadas por los hombres: la medicina, el derecho,° la ingeniería,° etc. Con el nuevo código familiar los hombres tuvieron que compartir° con sus esposas el trabajo doméstico y el cuidado de los niños. La igualdad se aplicó también a la

23

milicia revolucionaria y en casi todos los aspectos de la vida diaria. Esto desde luego trajo consigo ciertos problemas domésticos que persistirán hasta que los cubanos se acostumbren al nuevo código.

A pesar de los avances positivos que ofrece la situación de la mujer isleña,° hay aspectos que no satisfacen a todos los observadores: ¿Es conveniente para la vida familiar que la mujer se aleje de la casa y de los hijos? ¿Se aumenta en realidad, con el trabajo de la esposa, el nivel de vida° de los hogares? ¿Ha alcanzado° la mujer una efectiva paridad° con el hombre? De los 117 miembros del Comité Central del Partido Comunista, sólo seis son mujeres; los hombres siguen ocupando la mayoría de los puestos de responsabilidad. Además, el trabajo de la mujer frecuentemente recibe sueldos° menores.

La revolución también está alterando la lengua, incluso el empleo de algunas palabras y expresiones. Ya no se llama a las muchachas «señoritas,» ni a las casadas «señoras.» A ambas se les dice simplemente «compañeras,» palabra ambigua que combina los conceptos de camarada, amiga y acompañante. Tampoco a los hombres se les llama «señores» sino «compañeros.»

El hombre cubano ha tenido que cambiar su índole° de macho latino para estar al tono con° el nuevo orden social. La situación de la mujer y las relaciones entre los sexos en Cuba presentan todavía una curiosa mezcla de pasado y futuro, de restricción y libertad. Las mujeres reciben entrenamiento° en trabajos y actividades antes asociadas sólo con los hombres: la labor en la industria pesada, el manejo° de armas, etc. Sin embargo a la vez aprenden a aplicarse los cosméticos como si vivieran en la época anterior a la revolución.

Ha habido también cambios en la moral. Muchos jóvenes cubanos aceptan la idea de que la virginidad no es requisito para el matrimonio, y no es raro que un hombre y una mujer solteros° vivan juntos, pero estas ideas sólo son prevalentes en La Habana. En áreas rurales la tradición aún domina, por lo cual la revolución se ha visto en la necesidad de aceptar conceptos morales que los más modernos ya consideran anticuados. Para lograr que los padres permitan la asistencia de sus hijos a los internados° donde reciben entrenamiento que ayuda a modernizar a Cuba, se ha tenido que asegurar—particularmente en los casos de las hijas—que los jóvenes permanecerán virtuosos. Hasta donde ha sido posible, el régimen de Castro ha eliminado la prostitución, pero no han sido cerradas las tradicionales «posadas» por considerarlas una «necesidad social.» Estas son hoteles donde las parejas° pueden pasar algunas horas de intimidad.

A la vanguardia del movimiento feminista está la Federación de Mujeres Cubanas (FMC). Fue fundada en 1960 con el patrocinio° de

isleña islander

nivel de vida standard of
  living
alcanzado achieved
paridad parity, equality

sueldos salaries

índole nature, disposition
al tono con in tune with

entrenamiento training
manejo handling

solteros single

internados boarding
  schools

parejas couples

patrocinio sponsorship

carecía de lacked
concientización conscience

Fidel Castro a quien le interesaba integrar a la mujer en la sociedad revolucionaria. Se consideraba que el nivel cultural de la mujer era bajo y que carecía de° la suficiente concientización° política para cooperar efectivamente en el nuevo orden. En 1959 si la mujer trabajaba, de ordinario lo hacía como maestra, enfermera o sirvienta. Sin embargo para 1964 ya se habían incorporado la mayoría de las mujeres a la fuerza laboral del país. El propósito era elevar el nivel político y cultural de la mujer cubana a la par del que tenían los hombres. Se fundaron centros dedicados al cuidado de los niños para que sus madres tuvieran libertad de trabajar. Actualmente° estos centros cuidan más de 80.000 niños al día.

actualmente at present

La mujer cubana también participa en los trabajos más difíciles físicamente. Por ejemplo, grupos voluntarios de mujeres de la FMC recogen° dos tercios de la cosecha° del café en la provincia de Oriente. Estas voluntarias también colaboran en la readaptación de las reclusas° y les ayudan a integrarse en la sociedad. Más del 25 por ciento de las mujeres trabajan actualmente en puestos para los cuales antes no estaban entrenadas. Hoy en día Cuba está a la cabeza en Latinoamérica en el número de mujeres que trabajan.

recogen gather
cosecha crop
reclusas female prisoners

A. Su opinión.

1. ¿Cree usted que es muy diferente la situación en Cuba y en los Estados Unidos?
2. ¿Cree usted que la mujer debe trabajar o que debe quedarse en casa cuidando de los niños?
3. ¿Qué opina usted de la «nueva moral»? ¿Debe ser «la virginidad» un requisito para el matrimonio?
4. ¿Ve usted como positivos o negativos los cambios en la posición de la mujer cubana después de la Revolución?

B. Complete las siguientes frases y oraciones según la lectura.

1. Como el estado cubano necesitaba más trabajadores, animaba a las mujeres. . .
2. Al hacerse obligatoria la educación, las mujeres de Cuba entraron en profesiones antes dominadas por los hombres como. . .
3. El gobierno no ha podido eliminar las tradicionales «posadas» por. . .
4. Se fundaron centros dedicados al cuidado de los niños para que. . .
5. Actualmente Cuba está a la cabeza en Latinoamérica en. . .

Actividades comunicativas

1. Lea Ud. las siguientes opiniones. Dé su reacción intelectual y emocional hacia cada declaración, y compárelas con las reacciones de sus compañeros de clase.

   a. En este mundo, la familia nuclear es la base de la sociedad.
   b. El amor romántico es una invención del «romanticismo» de siglos pasados.
   c. El amor hacia los padres es básicamente diferente del amor hacia el cónyuge *(spouse)*.
   d. El amor más fuerte es entre una madre y su hijo(-a).
   e. El aborto es inmoral y debe ser ilegal.
   f. Debe de legalizarse la eutanasia.
   g. Lo más importante en la vida es la salud.
   h. El dinero es la fuente de todo lo malo.
   i. Las supersticiones no tienen base en la verdad *(truth)*.

2. Las cuestiones políticas siempre son complejas a causa de los diferentes puntos de vista. Reaccione ante las siguientes afirmaciones *(assertions)* con un punto de vista positivo (a favor) y uno negativo (en contra). Luego compare sus reacciones con las de un(-a) compañero(-a) de clase.

   a. El capitalismo ha traído mucha miseria a la raza humana.
   b. La democracia es el mejor sistema político.
   c. Una dictadura puede traer beneficios a un país.
   d. Los problemas de la contaminación ambiental pueden resolverse con ayuda de los ciudadanos.
   e. El problema de la energía se resolverá utilizando la energía del sol.
   f. La liberación de la mujer en una sociedad latina la cambiará profundamente.

REPASO DE VERBOS

Repase la información del futuro, el potencial y los tiempos compuestos en el apéndice.

A. Conteste:

1. ¿Con quién habló usted anoche?
2. ¿Qué cursos estudiarás el año que viene?
3. ¿Qué comían ustedes para el desayuno?
4. ¿Has recibido mucho dinero de tus padres?
5. ¿Por qué no aprendes ruso?
6. Si tuvieras un millón de dólares, ¿qué comprarías?
7. ¿Habías estado jamás en España?
8. ¿Cuándo regresas a casa?
9. ¿Has comido bien hoy?
10. ¿Has vivido en Nueva Orleans?

B. Cambie los verbos al futuro y al potencial:

1. Yo no tomo cerveza.
2. ¿Qué lenguas hablas?
3. ¿Por qué no escribimos cartas a las chicas?
4. Mi madre no lava los platos.
5. Mis abuelos viven en Nueva York.
6. ¿Comes fruta?
7. Elena prepara las comidas.
8. Los estudiantes aprenden español.
9. Mis hermanas cosen su propia ropa.
10. Alberto nunca recibe dinero.

GRAMATICA Y EJERCICIOS

El futuro

1. **Llegará** el año que viene.   *He will arrive next year.*

   The future tense is generally used as in English, although in Spanish it is used mostly in writing and in formal speech. In informal conversation, use *ir a* + infinitive to express future actions.

   Voy a estudiar esta noche.   *I will study tonight.*

   If willingness, instead of futurity, is intended, **querer** is used.

¿Quiere usted ir al teatro conmigo?   *Will you (are you willing to, do you wish to) go to the theater with me?*

A. Exprese estas ideas de una manera más informal usando *ir a* y un infinitivo.

MODELO: Mi padre llegará pasado mañana.
Mi padre va a llegar pasado mañana.

1. Vendrán mis tíos el mes que viene.
2. Mis amigos y yo visitaremos el museo mañana.
3. Yo escribiré una novela de mis experiencias.
4. Marta no tomará la medicina porque sabe mal.
5. Tú tendrás que decidir si quieres ir con nosotros.
6. Venderemos el coche porque es viejo.
7. Me verán en San Francisco el día 8 de julio.
8. Estudiaremos la lección para mañana.
9. Les daré las noticias mañana a mis primas.
10. El domingo mi hermana irá a Chicago.

---

2. VERBOS IRREGULARES EN EL FUTURO

caber	*to fit*	**cabré**
decir	*to tell, say*	**diré**
haber	*to have*	**habré**
hacer	*to do, make*	**haré**
poder	*to be able to*	**podré**
poner	*to put, place*	**pondré**
querer	*to wish, want*	**querré**
saber	*to know, know how*	**sabré**
salir	*to go out*	**saldré**
tener	*to have*	**tendré**
valer	*to be worth*	**valdré**
venir	*to come*	**vendré**

The regular future endings **-é, -ás, -á, -emos, -éis,** and **-án** are added to these irregular future tense stems.

B. Hágale las siguientes preguntas a un(-a) compañero(-a) de clase.

1. ¿Podrás hacer un viaje fuera del país este año?
2. ¿Cuánto valdrá un boleto a España por avión?
3. ¿Cuándo bajarán los precios de los vuelos en avión?
4. ¿De qué aeropuerto saldrás si vas a Europa?
5. ¿Dónde comprarás el equipaje para el viaje?

6. ¿Cuánto costará pasar una noche en una habitación en un buen hotel de Madrid?
7. ¿Qué querrás hacer al llegar al hotel?
8. ¿Cuándo saldrá el autobús de Madrid para una excursión a Toledo?

C. Termine las siguientes oraciones siguiendo el modelo.

MODELO: Nunca sabemos la verdad y mañana tampoco la _____ .
Nunca sabemos la verdad y mañana tampoco la sabremos.

1. Yo no vengo hoy y tampoco _____ mañana.
2. Nadie puede levantar la roca ni tampoco la _____ mañana.
3. No digo eso ahora ni lo _____ mañana.
4. Hoy la criada pone la mesa y también la _____ mañana.
5. Diez personas no caben en mi Volkswagen ni _____ jamás.
6. Mis niños no hacen eso ahora ni lo _____ en el futuro.
7. Mis padres salen hoy a las ocho y mañana _____ a la misma hora también.
8. No tienen que ir a clase hoy ni tampoco _____ mañana.
9. Hoy mi casa vale mucho, pero ¿cuánto _____ el año que viene?
10. No sé esquiar en la nieve ahora y no lo _____ hacer nunca.

3. ¿**Tendrá** hambre?   *Can he be hungry?*

   Sí, **tendrá** mucha hambre.   *Yes, he is probably very hungry.*

The future tense is frequently used to express conjecture or probability at the present time.

D. Termine las siguientes oraciones usando el futuro para indicar probabilidad.

1. No tengo reloj. ¿Qué hora _____?
2. Yo pensaba que mis abuelos estarían aquí. Me pregunto cuándo _____
3. He buscado por todas partes. ¿Dónde _____ ese maldito libro de química?
4. Te llamé para saber si piensas salir esta noche. ¿_____ al teatro?
5. Yo he comido bien hoy, pero esos niños, ¿_____ hambre?
6. Mi novio dice que tiene veinte años, pero quién sabe cuántos años _____ en realidad.

El potencial *(The conditional)*

1. Yo sabía que ella lo **estudiaría.**   *I knew that she would study it.* [1]

    The conditional tense is usually used as in English.

    _____

    E. Diga si usted haría o no las siguientes cosas si tuviera *(you had)* el tiempo y el dinero suficientes. Diga por qué sí o no.

    MODELO: comer en un buen restaurante
                        Sí, si tuviera dinero yo comería en un buen restaurante.

    1. ir de vacaciones
    2. comprar un carro nuevo
    3. montar a caballo
    4. pasar una semana esquiando
    5. estudiar en una universidad en el extranjero

    _____

2. Los verbos que siguen tienen formas irregulares en el tiempo potencial.

FUTURO	POTENCIAL
cabré	**cabría**
diré	**diría**
habré	**habría**
haré	**haría**
podré	**podría**
pondré	**pondría**
querré	**querría**
sabré	**sabría**
saldré	**saldría**
tendré	**tendría**
valdré	**valdría**
vendré	**vendría**

    Verbs that are irregular in the future tense are also irregular in the conditional. The regular conditional endings **-ía, -ías, -ía, -íamos, -íais,** and **-ían** are added to the irregular future tense stems.

    _____

    F. Hágale las siguientes preguntas a un(-a) compañero(-a) de clase.

    Si tuvieras mucho dinero . . .

    1. ¿Harías un viaje? ¿Adónde?
    2. ¿Podrías pasar el verano sin trabajar?

1. *Would* in the sense of *used to* is often equivalent to the Spanish imperfect.
    A veces **llegaba** tarde.   *At times I would arrive (used to arrive) late.*

3. ¿Tendrías un carro lujoso o uno pequeño?
4. ¿Dirías que tener dinero trae la felicidad?
5. ¿Pondrías mucho de tu dinero en el banco?
6. ¿Querrías impresionar a los que conoces?
7. ¿Sabrías gastar tu dinero prudentemente?
8. ¿Valdría la pena trabajar?
9. ¿Habría tiempo en tu vida para ver a tus antiguos amigos?
10. ¿Harías construir una casa grande en el campo?

---

3. ¿Qué hora **sería?** *I wonder what time it was?*

Serían las nueve. *It was probably nine o'clock.*

The conditional tense may express conjecture or probability in the past.

El presente perfecto

1.

comprar	*to buy*	**comprado**	*bought*
comer	*to eat*	**comido**	*eaten*
vivir	*to live*	**vivido**	*lived*

The past participle is formed in verbs of the first conjugation by adding **-ado** or **-ido** to the stem.

2. FORMAS IRREGULARES DEL PARTICIPIO PASADO

abrir	*to open*	**abierto**	*open(ed)*
cubrir	*to cover*	**cubierto**	*covered*
decir	*to say, tell*	**dicho**	*said, told*
escribir	*to write*	**escrito**	*written*
ir	*to go*	**ido**	*gone*
hacer	*to do, make*	**hecho**	*done, made*
morir	*to die*	**muerto**	*died*
poner	*to put, place*	**puesto**	*put, placed*
romper	*to break*	**roto**	*broken*
ver	*to see*	**visto**	*seen*
volver	*to return*	**vuelto**	*returned*

3. **Hemos recibido** la carta. *We have received the letter.*

¿Le **ha hablado** usted hoy? *Have you spoken to him today?*

The present perfect tense consists of the present of **haber** plus the past participle. It expresses past action closely related to the present.

G. Diga si usted ha hecho o no las siguientes acciones.

1. comer langosta
2. subir una montaña a pie
3. visitar un museo de arte
4. vivir en un país extranjero
5. ir a Europa
6. tener una operación seria
7. estar en el hospital
8. ser presidente de alguna organización
9. subir un volcán
10. estudiar chino
11. comer tacos
12. poner su dinero en el banco
13. romperse un hueso
14. escribir una novela original
15. decir una mentira a su profesor(-a)
16. fumar un cigarro
17. ver un robo
18. hacer una cosa de la cual tiene vergüenza

H. Pregúntele lo siguiente a un(-a) compañero(-a) de clase.

MODELO: si ha visto a su mejor amigo(-a) hoy.
¿Has visto a tu mejor amigo(-a) hoy?
Sí, he visto a mi mejor amigo(-a) hoy.

1. si ha escrito una carta amorosa a un(-a) novio(-a)
2. si ha visto una buena película nueva
3. si les ha dicho siempre la verdad a sus padres
4. si ha vuelto a casa tarde después de la clase
5. si ha hecho todas sus lecciones de español este semestre

El pluscuamperfecto *(The pluperfect)*

Sabía que **habíamos partido.**   *You knew that we had left.*

The pluperfect tense consists of the imperfect of **haber** plus the past participle. It is generally used as in English.

I. Diga que las siguientes cosas pasaron ayer en vez de hoy.

MODELO: Carlos dice que me ha visto hoy.
Carlos decía que me había visto ayer.

1. El profesor sabe que yo he estudiado hoy.
2. Pienso que mi hermana ha venido hoy.
3. Sabemos que Paula y Marta no han vuelto hoy.
4. Mis padres creen que mi tío ha muerto hoy.
5. Sé que los niños de mis vecinos me han roto el vaso hoy.

El pretérito anterior *(The preterit perfect)*

Luego que **hubo llegado** (llegó), le di el regalo.

As soon as he had arrived, I gave him the gift.

The preterit perfect tense consists of the preterit of **haber** plus the past participle. It is used with time conjunctions such as the following.

apenas	*scarcely, hardly*
luego que	*as soon as*
cuando	*when*
después (de) que	*after*
antes (de) que	*before*

In conversation, the preterit perfect tense is ordinarily replaced by the preterit.

El futuro perfecto

1. Lo **habré leído** para el domingo.   *I will have read it by Sunday.*

   The future perfect tense consists of the future of **haber** plus the past participle. It is generally used as in English.

2. ¿Lo **habrá escrito** Carlos?   *I wonder if Charles has written it?*

   Lo **habrá escrito**.   *He must have written it./He has probably written it.*

   The future perfect tense can express conjecture or probability in past time.

El perfecto de potencial *(The conditional perfect)*

1. Sabía que **habría visto** a Marta.   *I knew that he would have seen Martha.*

   The conditional perfect tense consists of the conditional of **haber** plus the past participle. It is generally used as in English, and translates as *have* or *had* plus the past participle.

2. ¿Le **habría dicho** la verdad?   *I wondered if he had told her the truth?*

   Se lo **habría dicho** antes.   *He would have probably told her before.*

   The conditional perfect tense can express conjecture or probability in the past. It is generally used as in English and translates as *had* or *would have* plus the past participle.

J. Usted trabaja de traductor para un periódico. Traduzca las siguientes oraciones.

1. We will have read the play by Monday.
2. I wonder if Mary has broken her promise.
3. She must have seen him arrive.
4. They thought we would have covered the lesson by now.
5. I wonder if they had said it or if she was lying.

Saber y conocer

1. ¿**Sabe** usted conducir el coche?   *Do you know how to drive the car?*

    Sabemos que el profesor es inglés.   *We know that the professor is English.*

    ¿**Sabe** usted español?   *Do you know Spanish?*

    Saber means *to know how, to know a fact, to know thoroughly,* or *to know by heart.*

2. **Conozco** al Dr. Mendoza.   *I know Dr. Mendoza.*

    ¿**Conoce** usted bien esta ciudad?   *Do you know this city well?*

    Conocer means *to know or to be acquainted with* (persons or places).

3. The choice between **saber** and **conocer** depends on the meaning the speaker intends to convey.

    Sé que es verdad.   *I know that it is true.*

    Conozco que es verdad.   *I know (am aware, recognize) that it is true.*

    Conozco la lección.   *I know the lesson. (I'm acquainted with it.)*

    Sé la lección.   *I know the lesson. (I know it thoroughly.)*

4. Note the distinction between **saber** and **poder,** both of which can mean *can* in English. If the verb indicates 'to know how', **saber** is used. If the verb expresses physical ability, **poder** is used.

    ¿**Sabe** usted **hablar** español?   *Can you speak Spanish?*

    ¿**Puede** usted **levantar** la silla?   *Can you lift the chair?*

K. Conteste las siguientes preguntas imitando el modelo.

MODELO: ¿Conoce usted a Diego?
No, no conozco a Diego.
¿Sabe usted dónde vive?
No, no sé dónde vive.

1. ¿Conoce usted el museo de arte moderno? ¿Sabe dónde está?
2. ¿Conoce usted a la señorita que está sentada detrás de usted? ¿Sabe dónde estudia?
3. ¿Conoce usted a un buen médico? ¿Sabe cómo se llama?
4. ¿Conoce usted la biblioteca del Congreso? ¿Sabe dónde está?
5. ¿Conoce usted España? ¿Sabe hablar español?
6. ¿Conoce usted Portugal? ¿Sabe hablar portugués?
7. ¿Conoce usted a mi prima? ¿Sabe su edad?
8. ¿Conoce usted la Universidad de México? ¿Sabe dónde está?

---

5. **Conocí** a Elena González en Madrid.   *I met Elena González in Madrid.*

¿Cuándo **supo** usted las noticias?   *When did you find out the news?*

In the preterit tense **conocer** means *to meet, to make the acquaintance of*; **saber** means *to know, to learn, to find out about.*

L. Complete las siguientes frases con **sé** o **conozco.**

MODELO: _____ a mi profesora.
        Yo conozco a mi profesora.

1. _____ donde enseña mi profesor.
2. _____ a la Dra. Mendoza.
3. _____ que tiene horas de consulta hoy.
4. _____ que Susana Martínez es española.
5. _____ dónde tiene el licenciado Bernardo Valle su oficina.

M. Diga si usted sabe hacer las siguientes cosas.

1. esquiar en el agua
2. jugar ajedrez (*chess*)
3. cantar
4. recitar un poema de memoria
5. jugar fútbol
6. pintar un cuadro
7. predecir el futuro
8. nadar
9. montar a caballo
10. esquiar

El papel de la mujer

RITA: El otro día mis amigos y yo discutíamos el papel de la mujer en la vida moderna.

PEDRO: Y, ¿qué decidieron ustedes?

RITA: Pues, los de la escuela tradicional opinaban que el papel de la mujer debe ser limpiar la casa, cuidar de los niños y preparar las comidas.

DOLORES: Esa me parece una noción anticuada que pertenece a épocas ya pasadas. En estos días la mujer debe ser mucho más que criada, cocinera o niñera.°

niñera nursemaid

RITA: Estoy de acuerdo contigo. Pienso casarme algún día, pero a la vez quiero tener libertad para seguir una carrera.

DOLORES: Creo que la mujer no debe ser la sirvienta del marido. El marido debe colaborar en la limpieza de la casa, el cuidado de los niños y la preparación de las comidas.

RITA: De acuerdo. Así los hombres y las mujeres serán iguales en todo el sentido de la palabra. De lo contrario la mujer no será más que una esclava. Y sobre esto, ¿qué piensan los hombres?

PEDRO: Nosotros los jóvenes pensamos que el papel de la mujer será el que ella quiera. Pero tengo algunos amigos tradicionales que opinan que la mujer debe quedarse en casa.

ANGEL: Yo también soy algo tradicional. Yo digo que debe permitírsele a la mujer que trabaje, pero sólo en ciertos casos.

RITA: ¿Por ejemplo?

ANGEL: Si no tiene hijos, podrá trabajar fuera de la casa. Pero si tiene hijos, creo que es importante que se quede en casa para criarlos.

DOLORES: ¿No se puede emplear una niñera?

ANGEL: Una niñera no es nunca lo mismo que una madre. Una madre es más cariñosa y más concienzuda.° Además, una vez que los hijos estén crecidos, la madre puede salir a trabajar. Es sumamente importante que la madre cuide bien de los niños durante sus años formativos.

concienzuda conscientious

DOLORES: Creo que hay niñeras concienzudas en quienes se puede confiar. Además, insisto en que el esposo debe ayudar a la mujer en la tarea de criar a los pequeños. Los chicos necesitan tanto del padre como de la madre.

ANGEL: Estoy de acuerdo. El padre puede llevar a los niños a un partido de béisbol o fútbol, o sacarlos al parque o a la playa para que la esposa descanse. Esto contribuiría a establecer cierta división de las tareas domésticas y a la vez ayudaría a la igualdad de los sexos.

DOLORES: Pero yo creo que es importante que el padre debes de bañar y dar de comer a los niños también. Llevarlos a un partido no es suficiente. ¿Y si la mujer sigue una carrera? En este caso el hombre puede quedarse en casa para criar los niños mientras *ella* trabaja. Esta sería la verdadera igualdad.

Comprensión

1. ¿Qué ha sido papel tradicional de la mujer?
2. ¿Cree usted que debemos mantener este papel tradicional? ¿Por qué?
3. ¿En su opinión en qué sentido deberían ser iguales las mujeres y los hombres?
4. ¿Qué piensa la mayoría de los jóvenes hoy día acerca del papel de la mujer?
5. ¿Bajo qué condiciones se puede permitir a la mujer que trabaje?
6. ¿Cuáles son las ventajas y las desventajas de emplear a una niñera?
7. Según Angel, ¿cómo podría el marido ayudar a su esposa para establecer la igualdad de los sexos? ¿Según Dolores?
8. ¿Cómo debe ser la relación entre el hombre y la mujer?

Plática espontánea

Un grupo de estudiantes hablan del papel de la mujer en la sociedad actual. Discutan las siguientes preguntas.

1. ¿Quién debe quedarse en casa para cuidar de los niños, preparar las comidas, hacer las camas, limpiar la casa y hacer todos los quehaceres domésticos: la mujer o el hombre?
2. Si en una pareja los dos trabajan, ¿cómo pueden cuidar de los niños?
3. ¿Qué obligación tiene la sociedad con la mujer que tiene niños y quiere—o debe—trabajar?
4. ¿En qué consiste la verdadera igualdad entre los sexos?

MODISMOS Y EXPRESIONES

A. Use los siguientes modismos en una oración completa.

a su turno	in your (his, her, its, their) turn
carecer de	to lack
consistir en	to consist of
de paso	incidentally
de un golpe	all at once
desde luego	of course
lo mismo que	the same as
por otra parte	on the other hand
sin embargo	nevertheless, however
tanto. . .como	both. . .and; as much. . .as

B. Complete las siguientes frases con el modismo apropiado de la lista de arriba.

1. _____ el hombre puede quedarse en casa.
2. El niño no debe de _____ del amor de los dos padres.
3. José fue a la biblioteca _____ María.
4. _____ Jaime _____ Marta fueron al teatro.
5. _____ yo estudio por la noche.
6. _____ yo voy al partido de fútbol mañana.
7. _____ yo no voy al cine esta noche.

PRACTICA ESCRITA

Traducción

Traduzca este diálogo para un amigo suyo que no hable español.

I wonder what George and Anna are doing. — They are probably reading a novel for their course in Spanish literature. — I wonder if they are hungry. — They have been in the library for three hours.

(George speaks.)

— What time can it be?
— It is probably six o'clock.
— My friends are probably wondering where I am. They must be thinking that something bad has happened to me.

Composición sobre el diálogo

Escriba una composición sobre el papel de la mujer en nuestra sociedad. Incluya las siguientes ideas.

1. el papel de la mujer según la escuela tradicional
2. el papel de la mujer de hoy en día
3. cómo alcanzar la igualdad de los sexos, si es posible

Un barrio hispánico en los Estados Unidos

LECCION 3

LECTURA — Las minorías hispánicas de los Estados Unidos: el caso del puertorriqueño

Hay tres importantes minorías hispánicas en los Estados Unidos: la mexicana, la cubana y la puertorriqueña. Desilusionados con las condiciones en que vivían bajo el régimen de Castro, los cubanos vinieron a este país en busca de libertad política, religiosa y económica. Los mexicanos y los puertorriqueños preferentemente emigraron a los Estados Unidos buscando trabajos y oportunidades económicos que no pudieron hallar en su propia tierra. Estos hispanos° están esparcidos° en el territorio estadounidense,° en comunidades a veces aisladas.° Pertenecen° a una minoría básicamente pobre y silenciosa que vive en una nación próspera pero plagada de° problemas raciales. Muchos hispanos viven en las barriadas° miserables de las grandes ciudades norteamericanas y muchas veces ganan sueldos muy bajos. Desafortunadamente, pocos son los líderes° que se han atrevido° a luchar por su causa.

hispanos Hispanics
esparcidos scattered
estadounidense American,
    pertaining to the United
    States
aisladas isolated
pertenecen they belong
plagada de plagued with
barriadas districts
líderes leaders
se han atrevido have dared

41

Esta creciente minoría hispánica ha encontrado serios obstáculos
que le han impedido asimilarse adecuadamente° a la vida
norteamericana. Uno de ellos es la lengua. Para superar° este obstáculo,
se han creado los programas bilingües con los cuales se intenta ayudar al
hispano a acomodarse a su nueva circunstancia.

Nos ocuparemos por ahora exclusivamente del° caso de la minoría
puertorriqueña. En Chicago hay cerca de 113.000 puertorriqueños que
constituyen la segunda comunidad de la urbe.° En Nueva York la
población° puertorriqueña casi sobrepasa° el millón, pero a pesar de los
grandes números todavía el hispano carece de° influencia política.

Los puertorriqueños están enfrentados° a un problema particular.
En primer término° la situación política de Puerto Rico es incierta hasta
el punto que su destino nadie lo puede vaticinar.° Esta incertidumbre° se
refleja en las actitudes opuestas de los activistas políticos: unos exigen°
plenos derechos° como ciudadanos estadounidenses, mientras otros
reclaman° la completa independencia de la isla. Otro obstáculo para los
puertorriqueños es el *status* temporal que adquieren muchos en la
sociedad norteamericana. Esto ocurre cuando los puertorriqueños no
echan raíces° en esta tierra porque prefieren ganar dinero aquí y luego
volver a la isla a establecerse cómodamente° en Puerto Rico. El tercer
factor que aumenta la incertidumbre del puertorriqueño en los Estados
Unidos es la actitud de los isleños° hacia los que regresan y a quienes se
tiene° como nuevos ricos.

Aunque la situación no es igual para todos, muchos puertorriqueños
residentes en los Estados Unidos ocupan viviendas° pobres e
inadecuadas. En general no están bien preparados para el nuevo medio
ambiente.° Inicialmente deben enfrentarse a los problemas asociados con
la búsqueda de vivienda, empleo y un medio de transporte barato; luego
viene el proceso de adaptación y la necesidad de ganarse la confianza y el
respeto de otros en ciudades donde el recién llegado casi siempre se
siente inseguro. Los jóvenes inmigrantes a menudo° tienen que hacer
cambios drásticos en el nuevo medio ambiente.

El puertorriqueño constituye un nuevo tipo de inmigrante; no es un
europeo que ha dejado su tierra para siempre, esforzándose° por
americanizarse, sino un ciudadano norteamericano que viene a buscar
trabajo y regresa a su isla cada vez que tiene el dinero para hacerlo.
Tampoco es, como otros estadounidenses, un fugitivo de persecusiones
raciales o religiosas, sino un expatriado por voluntad propia.° Con
frecuencia los puertorriqueños que quieren mantener su identidad se
llaman a sí mismos «hispanos» o «latinos».

Parece que lo que está ocurriendo actualmente° es un constante ir y
venir de jóvenes puertorriqueños entre los Estados Unidos y la isla. En
los Estados Unidos les recuerdan que son puertorriqueños, en tanto que

adecuadamente adequately
superar overcome

nos ocuparemos... del we
  shall concern ourselves...
  with
urbe city

población population
sobrepasa surpasses
carece de lacks
enfrentados a faced with

término place

vaticinar predict
incertidumbre uncertainty
exigen demand
plenos derechos full rights

reclaman claim

echan raíces take root

cómodamente comfortably

isleños islanders

a quienes se tiene who are
  held (considered)

viviendas housing

medio ambiente
  environment

a menudo often

esforzándose striving

por voluntad propia by his
  own will

actualmente at present

en Puerto Rico les dicen que hablan español «con acento inglés» y que en realidad «no son parte» de ellos. El joven puertorriqueño vive preguntándose, «¿quién soy yo?»

Hoy en día el término «neorriqueño» se usa para el producto de la mezcla de la cultura neoyorquina° con la puertorriqueña, o sea, una persona híbrida° que habla y piensa en dos lenguas pero que se siente extranjera en una o en otra tierra. El problema del «neo-riqueño» es complejo, pues se trata de° un problema de identidad. El puertorriqueño que vive en Puerto Rico no tiene la necesidad de estar recordando el lugar de su nacimiento; el «neorriqueño», por el contrario, para no perder su identidad debe repetirse a cada momento que es puertorriqueño.

neoyorquina New Yorker, of New York
híbrida hybrid

se trata de it is a question of

A. Conteste usted las siguientes preguntas.

1. ¿Cuáles son las tres principales minorías hispánicas en los Estados Unidos?
2. ¿Por qué vinieron los cubanos a los Estados Unidos?
3. Generalmente, ¿dónde viven las minorías hispánicas?
4. ¿Por qué emigraron a los Estados Unidos los mexicanos y los puertorriqueños?
5. ¿Cuál es uno de los obstáculos que les ha impedido asimilarse a nuestro tipo de vida?
6. ¿De qué carecen muchos puertorriqueños de Nueva York a pesar de su gran población?
7. ¿Por qué adquieren muchos puertorriqueños un *status* temporal en los Estados Unidos?
8. ¿Cuál es la actitud de los isleños con respecto a los que regresan a Puerto Rico?
9. ¿Cuáles son algunos problemas que muchos puertorriqueños deben enfrentar?
10. ¿Por qué constituye el puertorriqueño un nuevo tipo de inmigrante?
11. ¿Qué quiere decir el término «neorriqueño»?

B. Complete las siguientes frases y oraciones según la lectura.

1. Los cubanos vinieron a los Estados Unidos en busca de. . .
2. Muchas veces los hispanos son los herederos de. . .
3. Pocos son los líderes que. . .
4. En Nueva York la población de puertorriqueños casi sobrepasa. . .
5. Para superar *(solve)* el problema de la lengua se han creado. . .
6. Inicialmente los puertorriqueños tienen que enfrentarse a los problemas de. . .

7. Con frecuencia los puertorriqueños que quieren mantener su identidad se llaman a sí mismos. . .
8. Las minorías hispánicas de los Estados Unidos viven en una nación próspera pero. . .
9. Los puertorriqueños, a diferencia de otras minorías, no quieren. . .
10. El puertorriqueño no es un fugitivo de persecuciones raciales o religiosas sino. . .
11. Parece que lo que actualmente está ocurriendo a los jóvenes puertorriqueños es. . .

Actividades comunicativas

1. Haga una lista de diez cosas que podemos hacer para mejorar las relaciones entre los norteamericanos y las varias minorías en los Estados Unidos. Comparta sus ideas con la clase.

2. En un grupo, discutan ustedes la siguiente afirmación: «Todos los estudiantes deben estudiar una lengua extranjera por un mínimo de dos años.» La mitad de los estudiantes debe argüir en contra de esta afirmación y la otra mitad a favor.

3. Usted es un(-a) consejero(-a) que escribe para un periódico local y recibe la siguiente carta.

   Estimado Consejero(-a):

   Yo creo que los inmigrantes tienen la obligación de aprender la lengua del país en que viven. Por lo tanto no debemos permitir los letreros en dos o tres idiomas. ¿Está usted de acuerdo?

   Un lector de Sacramento, California

Escriba una contestación a esta carta y después léala a la clase. Compare sus ideas con las de los otros estudiantes.

REPASO DE VERBOS

A. Repase los verbos **dar** y **ver** en el apéndice. Luego conteste las siguientes preguntas, según el modelo.

MODELO: ¿Va usted a darles algo a los pobres?
No, yo nunca les doy nada.
Sí, yo siempre les doy algo.

1. ¿Vamos a ver a tu familia este fin de semana?
2. ¿Vamos a darles a tus sobrinas esta ropa?
3. ¿Va usted a dar un concierto el viernes?
4. ¿Va usted a darme dinero para comprar el libro?
5. ¿Va usted a ver una película esta noche?

B. Cambie los verbos a los tiempos indicados:

1. ¿Qué has visto en el teatro? (futuro)
2. ¿Por qué no dabas dinero a los niños? (presente)
3. ¿Qué película vio Carlota anoche? (imperfecto)
4. ¿Quién te dará dinero para tus libros? (pretérito)
5. ¿Ves el partido de fútbol la semana que viene? (potencial)
6. ¿Por qué no has dado nada a los pobres? (imperfecto)
7. ¿Verás a tus abuelos muy a menudo? (futuro)
8. Si tuvieras mucho dinero, ¿cuánto darías a tu universidad? (presente de los dos verbos)
9. Si vieras al presidente, ¿qué le darías? (pluscuamperfecto de subjuntivo y condicional perfecto)
10. ¿Cuándo te darán dinero tus padres? (pretérito)

GRAMATICA Y EJERCICIOS

El género de los sustantivos

1. el libro   *the book*

Nouns ending in **-o** are usually masculine. A common exception is **la mano,** *the hand.* Some nouns have one meaning in the feminine gender and another in the masculine.

| **el capital** | *the capital (money)* | **la capital** | *the capital (of a country)* |

el cura	*the priest*	la cura	*the cure*
el orden	*the order (in a series)*	la orden	*the order (command)*

2. la tinta   *the ink*

Nouns ending in **-a** are usually feminine. Following are some common exceptions.

el clima	*the climate*	el mapa	*the map*
el día	*the day*	el problema	*the problem*
el drama	*the drama*	el telegrama	*the telegram*

3.
la muchedum-bre	*the crowd*	la lección	*the lesson*
		la bondad	*the kindness*
la libertad	*the liberty*	la serie	*the series*

Nouns ending in **-umbre, -ión, -ie, -tad,** and **-dad** are usually feminine. A common exception is **el pie,** *the foot.*

4.
la pared	*the wall*	el lápiz	*the pencil*

Since the gender of many nouns cannot be determined from their meaning or form, you should learn the gender along with each such noun.

A. Use las siguientes palabras en una oración completa. Tenga cuidado con el género.

1. mano
2. vez
3. médico
4. telegrama
5. cura
6. mujer
7. coche
8. representante
9. lápiz
10. papel

El plural de los sustantivos

1.
la mesa	*the table*
las mesas	*the tables*

The plural of nouns ending in a vowel is usually formed by adding **-s**. Note that nouns ending in an accented vowel or a stressed diphthong whose last letter is y usually take on **-es** to form the plural.

el rubí	*the ruby*	los rubíes	*the rubies*
el rey	*the king*	los reyes	*the kings*
but:			
el café	*the coffee*	los cafés	*the coffees*

2. la pared	*the wall*	**las paredes**	*the walls*
la lección	*the lesson*	**las lecciones**	*the lessons*

Nouns ending in a consonant take on **-es** to form the plural. Nouns ending in **-z** change **-z** to **-c** before **-es.**

el lápiz	*the pencil*	**los lápices**	*the pencils*
la luz	*the light*	**las luces**	*the lights*

B. Cambie al plural los sustantivos en las siguientes oraciones.

1. Tengo un lápiz largo y viejo.
2. Hay una botella abierta en la mesa.
3. Es la luz principal.
4. ¿Donde está el rey?
5. Conozco al hindú sentado a su derecha.

Los artículos definidos

	MASCULINE	FEMININE
SINGULAR	**el**	**la**[1]
PLURAL	**los**	**las**

The definite article occurs more frequently in Spanish than in English.

1. **La libertad** es preciosa.   *Liberty is precious.*

Las bibliotecas son necesarias.   *Libraries are necessary.*

The definite article is used before a noun in an abstract sense and in a generic sense.

2. **El señor García** está presente.   *Mr. García is present.*

El pobre Carlos se enfermó.   *Poor Charles got sick.*

but:

Buenos días, **Sr. García.**   *Good morning, Mr. García.*

Carlos está aquí.   *Charles is here.*

The definite article is used before titles, except in direct address, and before a person's name when modified by an adjective. The definite article is not used before **don, doña, San, Santo,** and **Santa.**

Es el día de **San Fermín.**   *It is St. Fermin's day.*

---

1. The article **la** is replaced by **el** when the noun begins with a stressed **a** or **ha:**
       el hacha   *the axe*
       el agua   *the water*
   This does not change the gender of the noun. The plurals are **las hachas** and **las aguas.** Adjectives also must agree with the real gender: **El agua está fría. El hacha está perdida.**

3. **El español** no es difícil.   *Spanish is not difficult.*

The definite article is used with names of languages. The article is not used, however, after the prepositions **en** and **de** and after such common verbs as **hablar, saber, enseñar, aprender,** and **estudiar.**

Mi profesor **de español** es   *My Spanish teacher is nice.*
simpático.

Escribo una carta **en español.**   *I'm writing a letter in Spanish.*

Aprendo **español.**   *I'm learning Spanish.*

4. Voy a **Chile.**   *I'm going to Chile.*

Vive en **España.**   *He lives in Spain.*

Names of countries, cities, and other geographical points are usually used without the definite article. Note, however, the following important exceptions:

la Habana	*Havana*
el Canadá	*Canada*
el Japón	*Japan*
el Perú	*Peru*
la Argentina	*Argentina*
el Brasil	*Brazil*
el Ecuador	*Ecuador*
los Estados Unidos	*the United States*
el Uruguay	*Uruguay*

The definite article is normally used before a geographical name if it is modified by an adjective.

Vive en **la bella España.**   *He lives in beautiful Spain.*

5. Voy al parque **los sábados.**   *I go to the park on Saturdays.*

Ha llegado **la primavera.**   *Spring is here.*

Son **las dos.**   *It is two o'clock.*

The definite article is used before days of the week, seasons, and other expressions of time. When used with days of the week, the article may mean *on.*

6. **El estudiar** es necesario.   *Studying is necessary.*

The definite article is used before infinitives that function as nouns.

7. diez centavos **la libra**   *ten cents a pound*

un dólar **la docena**   *a dollar a dozen*

dos veces **al día**   *twice a day*

The definite article is used before nouns denoting weight and measure. English uses the indefinite article in such cases.

8. Se quitaron **el sombrero.**   *They took off their hats.*

Se lavó **las manos.**   *He washed his hands.*

The definite article is used with articles of clothing or parts of the body, provided that the possessor has previously been clearly identified. English, in contrast, uses the possessive adjective.

C. Complete las siguientes frases y oraciones, usando el artículo definido cuando sea necesario.

1. Esta es _____ Sra. Blanco. Buenos días, _____ Sra. Blanco.
2. _____ pintura es un arte.
3. Mis primos han aprendido _____ portugués.
4. Venecia está en _____ gloriosa Italia.
5. Estas papas cuestan cinco centavos _____ libra.
6. Nos pusimos _____ guantes cuando hacía frío.
7. _____ pasearse es agradable.
8. _____ Argentina está en la América del Sur.
9. Guillermo llegó _____ semana pasada.
10. Los trabajadores se lavaron _____ manos después de trabajar.
11. Es _____ una y cinco.
12. _____ estudiar es necesario.
13. _____ pobre Juan no está con su familia.
14. Voy al cine _____ sábados.
15. Marcos se pone _____ chaqueta cuando sale.

Las contracciones con el artículo definido

$$de + el \rightarrow \textbf{del}$$
$$a + el \rightarrow \textbf{al}$$

Di el libro **al** muchacho.   *I gave the book to the boy.*

Tengo el lápiz **del profesor.**   *I have the teacher's pencil.*

The prepositions **a** and **de** contract with the definite article **el.**

D. Diga que . . .

1. el libro pertenece a estas personas:
   Es el libro de . . .
   (maestro, muchachas, señor, señorita)
2. nosotros vamos a estos lugares:
   Vamos a . . .
   (cine, playa, Las Vegas, cuarto)

3. tú tienes las plumas que pertenecen a estas personas:
   Tengo las plumas . . .
   (alumna, estudiantes, médico, abogados)
4. usted ve a este gente:
   Veo a . . .
   (tío, jóvenes, profesor, novios)

Los artículos indefinidos

	MASCULINE	FEMININE	
SINGULAR	**un**	**una**	*a, an*
PLURAL	**unos**	**unas**	*some*

The indefinite article is not used as frequently in Spanish as in English. **Un** is used before a feminine noun that begins with a stressed **a** or **ha.** If the first syllable is not stressed, the usual feminine article remains.

un hacha	*an ax*
un ala	*a wing*
but:	
una hacienda	*a ranch*
una artista	*an artist*

1. | Soy **profesor.** | *I am a teacher.* |
   |---|---|
   | Es **cubana.** | *She is a Cuban.* |
   | Soy **católico.** | *I am a Catholic.* |
   | Es **republicana.** | *She is a Republican.* |

The indefinite article is not used before an unmodified predicate noun denoting occupation, nationality, or political or religious affiliation. When the noun is modified or stressed, however, the article is used.

Es **una buena abogada.**	*She's a good lawyer.*
¡Es **un médico fantástico!**	*He's a fantastic doctor!*

2. | **mil estudiantes** | *a thousand students* |
   |---|---|
   | **otro hombre** | *another man* |
   | **¡Qué payaso!** | *What a clown!* |
   | **¡Tal cuento!** | *Such a story!* |

The indefinite article is not used before **cien,** *one hundred,* **cierto. . . ,** *a certain. . . ,* **medio,** *(a) half,* **mil,** *a thousand,* **otro,** *another,* and after **qué,** *what (a),* and **tal,** *such (a).*

3. Salió **sin sombrero.**   *He left without a hat.*

     No tengo libro.   *I do not have a book.*

The indefinite article is usually omitted after the preposition **sin** and after a verb in the negative.

4. **un hombre y una mujer**   *a man and a woman*

     el papel y la tinta   *the paper and ink*

In Spanish, both the indefinite and definite articles are repeated before each noun in a series, except when nouns of the same gender are considered to be a unit.

     el amor y cariño   *love and affection*

E. Exprese en español las siguientes ideas.

     MODELO: He is a nurse, a great nurse.
                Él es enfermero, un enfermero excelente.

1. She is a doctor, a fine doctor.
2. Mario is a teacher, a great teacher.
3. Don Urbano is a Cuban, a very handsome Cuban.
4. Mr. Moreno is a grandfather, a very friendly grandfather.
5. Mrs. Blanco is an actress, a very good actress.
6. Sra. López is a businesswoman, quite a rich businesswoman.
7. The maid is a Spaniard, a very young Spaniard.
8. Elena is an athlete, and a very good athlete.
9. Antonio is a lawyer, but a terrible lawyer.
10. Juan is a student, a very poor student.

El artículo neutro *lo*

Lo peor era que no tenía dinero.   *The worst thing was that he had no money.*

Lo dicho no es verdad.   *What has been said is not true.*

The neuter article **lo** is combined with adjectives or past participles to form nouns used in an abstract sense.

F. Conteste las siguientes preguntas según su propia opinión.

1. De los estudios universitarios, ¿qué considera usted. . .
lo peor, . . .lo mejor, . . . lo fácil, . . . lo difícil?
2. Cuando usted viaja, ¿qué considera usted . . .

lo más interesante, . . .lo más difícil, . . . lo más agradable . . . lo más emocionante?

Lo que significa ser puertorriqueño

ANA: Buenas tardes, Andrés. Hace mucho tiempo que no te veo. ¿Dónde has estado?

ANDRES: Estuve de visita en Puerto Rico donde tengo familia. ¿No sabías que toda la familia vive en San Juan.

ANA: Sí, pero se me había olvidado. ¿Piensas volver a la Universidad de Nueva York en septiembre?

ANDRES: Sí, pienso hacer el doctorado en sociología. Tengo la intención de trabajar por mi gente aquí en Nueva York. Tú sabes que a los puertorriqueños nos consideran las autoridades gubernamentales° uno de los problemas de la ciudad.

ANA: ¿Cómo es eso?

ANDRES: Los puertorriqueños casi siempre vienen a los Estados Unidos buscando empleo en un lugar donde el desempleo ya está alto.

ANA: Me parece que ninguna ciudad norteamericana está con capacidad de recibir todos los que quieren emigrar a este país.

ANDRES: Tienes razón. Pero cada ciudad necesita la juventud para mantener viva la cultura y la economía del país.

ANA: Muchos norteamericanos no saben que el puertorriqueño es ciudadano americano y los que lo saben, emocionalmente lo toman por extranjero de todos modos.

ANDRES: Y a la vez nos consideran miembros de otra raza. En realidad los puertorriqueños formamos un grupo étnico especial: algunos somos blancos, otros negros, y los demás una mezcla de blanco y negro, es decir, mulatos.

ANA: Sufrimos el dilema de no ser entendidos ni por los negros ni por los blancos.

ANDRES: Los negros no comprenden por qué nosotros no nos hemos unido con ellos en la lucha por los derechos civiles. Los blancos nos toman por miembros de un grupo que no es blanco, es decir, una minoría.

ANA: Esa palabra «minoría» tiene otro significado en Puerto Rico: se refiere a un partido político que ha perdido las elecciones.

ANDRES: Me parece que la nueva generación de puertorriqueños en Nueva York dará una dimensión nueva al concepto de la democracia pluralística: lucharemos por mantener nuestra rica cultura. Otros jóvenes puertorriqueños, por el contrario, han cambiado sus valores,

gubernamentales
governmental

su cultura y aún el nombre de sus padres para volverse «norteamericanos.»

ANA: Creo que el nuevo puertorriqueño podrá enfrentarse a la realidad tradicional e histórica para mejorar la imagen de la vida americana y la suya propia.°

la suya propia his own

ANDRES: Será una lucha por la dignidad humana como la del movimiento para los Derechos Civiles.

ANA: Sí, pero esa dignidad también la tenemos los puertorriqueños. Rechazamos las ideas estereotipadas que se asocian con el color de la piel en los Estados Unidos.

ANDRES: Dicen que los puertorriqueños que vivían en Chicago durante la década de los sesentas formaron un grupo de activistas llamado los *Young Lords,* cuyo lema° era «Todo el poder para el pueblo.»

lema slogan

ANA: Sí, ellos lucharon por los derechos de los puertorriqueños. Recuerdo algo de mi clase de literatura latinoamericana, algo que escribió Eugenio María de Hostos: «La lucha por la libertad se hace cada vez más° difícil. Los anglosajones lucharán por la libertad, pero una vez ganada, no la querrán para los otros.» Pero creo que sería un grave error atribuir esta actitud a todos los anglosajones.

cada vez más more and more

Comprensión

1.   ¿Qué estudios piensa hacer Andrés? ¿Con qué fin?
2.   ¿Por qué dice Andrés que a los puertorriqueños se les considera un problema en Nueva York? ¿Tiene fundamento esta afirmación?
3.   ¿Tienen los norteamericanos ideas equivocadas sobre los puertorriqueños?
4.   ¿Constituyen los puertorriqueños un grupo racial?
5.   ¿Qué diferencia existe entre el puertorriqueño norteamericanizado y el de la nueva generación?
6.   ¿Es semejante la lucha social del puertorriqueño y la del negro de los Estados Unidos?
7.   ¿Quiénes formaron el grupo llamado los *Young Lords?* ¿Cuál era su lema?
8.   ¿Qué escribió Eugenio María de Hostos sobre la lucha por la libertad? ¿Considera usted su actitud hacia los anglosajones como una generalización correcta?

Plática espontánea

Un grupo de estudiantes va a hablar sobre los problemas que tienen los puertorriqueños que viven en los Estados Unidos. La mitad hace el papel de norteamericanos y otra mitad hace el papel de puertorriqueños. Los norteamericanos hacen las preguntas y los puertorriqueños contestan. Sugerencias para las preguntas.

1. los estudios en la universidad norteamericana
2. el propósito de estos estudios
3. el puertorriqueño en busca de trabajo
4. la actitud general de los norteamericanos hacia los puertorriqueños
5. los puertorriqueños: ¿el único grupo étnico que está integrado en los Estados Unidos?
6. el significado de la palabra «minoría» en los Estados Unidos y en Puerto Rico
7. la nueva generación de puertorriqueños y sus valores—¿son nuevos?
8. la lucha en pro de la dignidad
9. los activistas de Chicago en los años sesenta
10. la lucha por la libertad, según Hostos

MODISMOS Y EXPRESIONES

A. Use cada modismo en una oración original y completa.

a la vez	at the same time
a pesar de que	in spite of the fact that
darse cuenta de	to realize
en pro de	on behalf of
estar de visita	to be visiting
estar en capacidad de	to have the capacity to
por el contrario	on the contrary
según	according to (what)
tomar por	to take for
volverse	to become

B. Complete las siguientes oraciones con el modismo apropiado de la lista de arriba.

1. Muchos puertorriqueños de la nueva generación quieren _____ norteamericanos.
2. Hay personas que trabajan _____ la raza humana.
3. Muchos me _____ latinoamericano cuando hablo español.
4. _____ entiendo, Anita sale mañana.
5. _____ Carlos, Anita no sale mañana sino pasado mañana.
6. ¿No _____ usted de que soy puertorriqueño?
7. _____ me has dicho la verdad, no la creo.
8. Yo quiero creer lo que ella dice pero _____ tengo mis dudas.
9. En junio van a _____ mis padres.
10. Yo no _____ iniciar otro proyecto ahora.

Traducción

Traduzca esta historia para un amigo que no hable espanol.

My aunt and uncle arrived last month. Because it was raining, I went to meet them at the airport. I put on my raincoat, but left without an umbrella. One also needs a hat and coat when it is cold.

On reaching the airport, I learned that the airplane had already arrived. My uncle saw me coming and rushed to embrace me. He is a lawyer in Argentina, a very good lawyer.

"Do you have any American money?" he asked me. "Do you have five dollars? My son is in the restaurant. He has already eaten four sandwiches!"

Composición sobre el diálogo

Escriba un diálogo imaginario entre dos estudiantes, Elvira, una puertorriqueña y Jim, un norteamericano, sobre lo que significa ser puertorriqueño. Usted puede incluir las siguientes ideas en el diálogo.

1. por qué regresa Elvira a la Universidad de Cornell
2. por qué vino a los Estados Unidos inicialmente
3. qué estudian los dos
4. por qué los puertorriqueños forman un grupo étnico especial
5. los problemas de los puertorriqueños
6. la actitud de la nueva generación puertorriqueña en Nueva York

Composición sobre la lectura

Escriba una composición sobre las minorías hispánicas en los Estados Unidos, o escoja una (la chicana, la cubana, la puertorriqueña) y elabore las siguientes ideas sobre ella.

1. por qué esta minoría vino a los Estados Unidos
2. dónde vive generalmente
3. en qué condiciones vive
4. las oportunidades de educación y empleo
5. los obstáculos que enfrentan en la vida norteamericana
6. la nueva generación de esta minoría
7. los problemas políticos que se encuentran
8. la actitud general de los anglosajones hacia esta minoría

Pablo Neruda,
poeta chileno,
ganador del
Premio Nobel

LECCION 4

LECTURA Los ganadores hispánicos del Premio Nobel de literatura

químico chemist
ingeniero engineer
sueco Swedish
procuró he tried to
a este fin with this goal
premios prizes

Hoy en día vivimos en la edad nuclear. Con la tecnología que ya varias naciones poseen es posible destruir la civilización. En el siglo pasado el inventor de la dinamita, Alfred Nobel, químico° e ingeniero° sueco,° se hizo millonario en poco tiempo con la fabricación de éste y otros explosivos. A su muerte en 1896, procuró° compensar los aspectos negativos de su invento y con este fin° dejó la mayor parte de su fortuna para establecer cinco premios° que reconocieran las contribuciones de distinguidos científicos, escritores y otros intelectuales del mundo entero. Se crearon así los premios de la paz, la física, la química la medicina y la literatura.

Es bien conocido el éxito del escritor colombiano Gabriel García Márquez, ganador del Premio Nobel de literatura en 1982. Famoso

mundialmente worldwide
se destaca stands out

mundialmente° por sus colecciones de cuentos y por sus novelas, entre las cuales se destaca° la fascinante *Cien años de soledad,* García Márquez capta la esencia de la vida y de la gente latinoamericana.

57

lo compartió shared it
provenzal from Provence,
    France, where
    troubadours developed a
    standard local Romance
    language in the Middle
    Ages. This tradition was
    continued by Mistral.
galeoto go-between
Ibsen, Henrik
    (1828—1906)
    Norwegian poet and
    dramatist
calumnia calumny, slander
la locura heredada
    inherited insanity
dramaturgo dramatist
Los intereses creados
    Bonds of Interest
commedia dell'arte Italian
    comedy performed in the
    16th to 18th centuries by
    actors trained to
    improvise dialogue.
campesinos farmers
pérdida loss
otorgado granted, awarded
jurado jury
le concedió awarded him

se trasladó he moved

guatemalteco Guatemalan

se sometió submitted
yugo falangista phalangist
    (right wing
    military/political) party
pervivencia survival

García Márquez no es el primer escritor del mundo hispánico que recibe el Premio Nobel en Literatura; el primero fue el escritor español José Echegaray, quien lo compartió° en 1904 con el poeta provenzal° Frédéric Mistral. Su obra maestra, *El gran galeoto,*° es un drama influido por Ibsen° que trata del tema de la calumnia° y de los problemas de la locura heredada.°

El segundo ganador hispánico del prestigioso Premio fue el dramaturgo° español Jacinto Benavente. Su obra más conocida, *Los intereses creados*° (1907), pertenece al teatro poético y contiene sátira moral y la filosófica a la manera de la *commedia dell'arte.*°

Gabriela Mistral, bautizada Lucila Godoy Alcayaga, fue el primer escritor latinoamericano en recibir el Premio Nobel: lo ganó en 1945. Ella era hija de campesinos° de Chile donde muy joven llegó a ser maestra de escuela. Durante su juventud se enamoró de un joven quien poco después se suicidó. La Mistral sufrió mucho la pérdida° de su novio y viajó al sur de Chile para borrar el recuerdo de la tragedia. En aquella región desolada escribió un volumen de versos titulado *Desolación* por el cual le fue otorgado° el Premio Nobel.

Juan Ramón Jiménez, poeta español, ganó el Nobel de Literatura en 1956. Entre su extensa colección de obras, el jurado° que le concedió° el Premio tuvo en cuenta especialmente *Platero y yo* (1914). Esta es una colección de cuentos en la que el autor recrea la vida de Moguer, su pueblo natal; es una autobiografía lírica del poeta. Juan Ramón Jiménez llegó a ser profesor de la literatura española en la Universidad de Maryland. Después se trasladó° a Puerto Rico por razones de salud. Recientemente la Universidad de Maryland lo honró dando su nombre al edificio de lenguas.

Otros dos importantes escritores hispanoamericanos han ganado el Premio Nobel: Miguel Angel Asturias, novelista guatemalteco,° y Pablo Neruda, notable poeta chileno. Asturias fue premiado por *El señor presidente* (1946), una novela sobre el tema de la dictadura. Neruda recibió la distinción en 1971 por la calidad de su poesía.

La Academia Sueca concedió el Premio Nobel de Literatura a Vicente Aleixandre en 1977. Aleixandre era un poeta surrealista español poco conocido que vivió fuera de España por mucho tiempo. Durante la Guerra Civil (1936-1939), permaneció en su país pero nunca se sometió° al yugo falangista,° convirtiéndose en símbolo de la pervivencia° espiritual de España.

Conteste usted las siguientes preguntas.

1. ¿Por qué es conocido Alfred Nobel?
2. ¿Con qué propósito dejó la mayor parte de su fortuna?

3. ¿En qué año ganó Gabriel García Márquez el Premio Nobel? ¿Cuál de sus obras es la más conocida?
4. ¿Quién ganó el Premio Nobel en 1904? ¿De qué trata su obra maestra?
5. ¿Quién fue el segundo español que ganó el Premio Nobel? ¿Qué contiene su obra maestra?
6. ¿Por qué viajó Gabriela Mistral al sur de Chile? ¿Cómo se llama su volumen de versos por el cual recibió el Premio?
8. ¿Quién escribió *Platero y yo*? ¿De qué se trata esta obra?
9. ¿Qué tema presenta la novela de Asturias *El señor presidente*?
10. ¿Por qué le concedió La Academia Sueca el Premio a Neruda?
11. ¿Quién es Vicente Aleixandre? ¿Qué actitud asumió Aleixandre durante la guerra civil española?
12. ¿Qué opina usted del Premio Nobel? ¿Sabe usted de otros ganadores de este premio? ¿Lo merecen en su opinión?

Actividades comunicativas

1. Considere la siguiente lista de profesiones. Explique (1) la carrera que se estudia para llegar a ejercer esta profesión, (2) los aspectos positivos de la profesión y (3) los aspectos negativos de ella. Compare sus observaciones con la de los (las) otros(-as) estudiantes en la clase.

abogado(-a)	mecánico(-a)
médico(-a)	trabajador(-a) de la construcción
piloto(-a)	arquitecto(-a)
negociante	escritor(-a)
profesor(-a) universitario(-a)	artista/pintor
maestro(-a)	actor (actriz)
chófer	cantante
dueño(-a) de negocio	cómico(-a)
enfermera(-o)	recepcionista
técnico médico	secretaria(-o)
agrónomo	político

2. Entreviste a un(-a) compañero(-a) de clase. Pídale su opinión sobre la vida estudiantil en general. Específicamente pregúntele qué opina sobre las ventajas y las desventajas de la vida del (de la) estudiante. Informe su opinión a la clase.

3. Escriba diez cosas que usted acostumbraba hacer en la escuela secundaria y diez que acostumbra hacer ahora en su vida de estudiante universitario(-a). Compare las dos listas destacando tanto las semejanzas como las diferencias. Informe a la clase sus conclusiones.

4. Traiga a la clase una foto de una persona que usted admira. Puede ser una persona a quien conoce personalmente o una persona de quien usted sabe mucho. Describa esta persona a la clase y diga por qué usted lo (la) admira tanto.

REPASO DE VERBOS

A. Repase los verbos **ser** y **estar** en el apéndice. Describa las siguientes personas, usando **ser** y por lo menos cinco adjetivos descriptivos para cada una.

MODELO: mi hermana
Mi hermana es rubia, inteligente, sincera, alta y delgada.

1. mi mamá
2. mi mejor amigo(-a)
3. yo

4. mis hermanos y yo
5. mis abuelos
6. mi médico

B. Piense en las siguientes personas. Explique donde están en este momento y qué están haciendo.

MODELO: mi tío favorito
En este momento mi tío Juanito está en Chicago trabajando en su oficina.

1. mis padres
2. mi novio(-a)
3. mi jefe

4. mis hijos(-as)
5. mi profesor(a) de español y yo
6. mi enemigo(-a)

GRAMATICA Y EJERCICIOS

Spanish possesses two verbs **ser** and **estar** which correspond to English *to be*. These verbs are never used interchangeably: in general, **ser** denotes characteristic or intrinsic qualities while **estar** is used to describe states and conditions or to indicate location.

El verbo *ser*

1. **Julia es mi hermana.**   *Julia is my sister.*

     Mis dos hermanos mayores son médicos.   *My two older brothers are doctors.*

     ¿Quién es ella? Es peruana.   *Who is she? She's Peruvian.*

Ser is used with a predicate noun, a pronoun, or an adjective used as a noun used to identify people or things.

2. La muchacha **es muy bonita.**   *The girl is pretty.*

     La biblioteca **es grande.**   *The library is big.*

     Mi máquina de escribir **es portátil.**   *My typewriter is portable.*

     Miguel **es amable.**   *Miguel is friendly.*

Ser is used with a predicate adjective to express inherent qualities such as size, shape, color, or personal characteristics.

A. Hágale las siguientes preguntas a un(a) compañero(a) de clase.

1. ¿Es usted cubano? ¿mexicano? ¿puertorriqueño?
2. ¿Son médicos algunos de sus amigos?
3. ¿Cómo es su profesor(-a)? ¿Es alto(-a)? ¿Es sincero(-a)?
4. ¿Es amable su madre? ¿Es bonita? ¿Es generosa?
5. ¿Es grande o pequeña su casa? ¿Es lujosa o modesta?
6. ¿Cómo es su padre? ¿Es deportista? ¿Es trabajador?

---

3. **¿De quién es** este cuaderno? Es de Marta.   *Whose notebook is this? It's Martha's.*

     ¿De qué es este reloj? **Es de oro.**   *What is this watch made of? It's (made) of gold.*

     Esta casa **es de mi suegro.**   *This house belongs to my father-in-law.*

     ¿De dónde es usted? Soy de París.   *Where are you from? I'm from Paris.*

     Este vestido **es de seda.**   *This dress is made of silk.*

Ser is used with a prepositional phrase to express ownership, material, or origin.

B. Diga de dónde son originalmente las siguientes personas.

1. usted
2. sus padres
3. sus abuelos
4. sus bisabuelos (*great-grandparents*)
5. su profesor(-a)
6. el (la) estudiante a su lado

C. Diga de dónde son las siguientes cosas.

1. los tulipanes
2. el petróleo
3. las manzanas
4. las naranjas
5. los tacos
6. el espagueti
7. la Torre Eiffel
8. las mejores cámaras
9. los mejores carros
10. los diamantes

---

4. **¿Qué hora es?** *What time is it?*

Son las tres y veinte. *It is three-twenty.*

Es la una menos un minuto. *It is one minute to one.*

Eran las cinco cuando llegaron. *It was five o'clock when they arrived.*

Ser expresses the hour of the day. Note that only the imperfect tense of **ser** is used to tell past time.

5. **Es lástima.** *It is a shame.*

Es evidente. *It is evident.*

Ser is used in impersonal expressions.

6. **La carta fue escrita por María.** *The letter was written by Mary.*

Ser is used in passive constructions. (The passive construction is reviewed in *lección once.*)

El verbo *estar*

1. El Ecuador **está al norte del Perú.** *Ecuador is to the north of Peru.*

Estuvimos en el Teatro Nacional anoche. *Last night we were in the National Theater.*

Estar expresses location of people or objects, whether permanent or temporary.

¿**Dónde es** la fiesta? Será en mi casa. *Where is the party? It will be at my house.*

Note that **ser** is used to describe the location of an event.

D. Diga dónde están los siguientes lugares turísticos.

1. El Gran Cañón
2. Machu Picchu
3. la pirámide de Teotihuacán
4. el lago Titicaca
5. La Costa del Sol
6. la estatua de la Libertad
7. la Torre Eiffel
8. Disneylandia

---

2. El agua **está fría.** *The water is cold.*

La ropa **estaba mojada.** *The clothes were wet.*

La ventana **está cerrada.**	*The window is closed.*
Las cartas **están firmadas.**	*The letters are signed.*

Estar used with an adjective or past participle denotes a state or condition. The adjective or past participle agrees with the subject in gender and number.

———————————

E. En las siguientes oraciones haga primero una pregunta y después contéstela.

MODELO: Juan abrió la puerta.
¿Cómo está la puerta?
La puerta está abierta.

1.   El profesor cerró las ventanas.
2.   Los alumnos cerraron los libros.
3.   María rompió la taza.
4.   La lavandera lavó la ropa.
5.   Los jefes firmaron las cartas.
6.   Pablo rompió los platos.
7.   Las criadas limpiaron las habitaciones.
8.   Yo ordené los papeles.

———————————

3.

El pescado **está bueno.**	*The fish is (tastes) good.*
Los lunes **están muy tristes.**	*Mondays are (seem to me) very blue.*
Ay, ¡**está muy fría** el agua hoy!	*Oh, the water is so cold today!*

Estar denotes taste, appearance, or personal reaction. It is often used in descriptions which differ from an expected norm.

———————————

F. Usted está comiendo. Describa cómo están (le parecen) las siguientes cosas hoy.

1.   las legumbres
2.   la ensalada
3.   los tacos
4.   los duraznos *(peaches)*
5.   la carne
6.   las naranjas

———————————

4.

Estoy leyendo una novela muy interesante.	*I am reading a very interesting novel.*
Ayer **estaba durmiendo** cuando me llamaste.	*Yesterday I was sleeping when you called.*

Estar, in combination with the gerund, forms the progressive tenses.

———————————

G. Pregúntele a un(a) compañero(a) qué estaba haciendo ayer a las siguientes horas.

MODELO: a las tres y media de la tarde
¿Qué estabas haciendo a las tres y media de la tarde?
A las tres y media de la tarde yo estaba lavando el carro.

1. a las ocho de la mañana
2. a las tres de la tarde
3. a las siete de la noche
4. a las doce (mediodía)
5. a las cinco de la tarde
6. a las diez de la noche

5. The following adjectives often have one meaning when used with **ser** and another when used with **estar.**

	USED WITH **SER**	USED WITH **ESTAR**
alegre	*happy (by nature)*	*happy, merry (temporary state)*
bueno	*good, kind*	*good (taste)*
cansado	*tiresome, boring*	*tired*
enfermo	*sickly*	*sick*
listo	*clever, smart*	*ready*
loco	*silly, foolish*	*crazy*
malo	*bad, wicked*	*bad (taste)*
nuevo	*new (newly made)*	*new (unused, as good as new)*
seguro	*sure (reliable)*	*sure (safe, protected)*
triste	*sad (by nature)*	*sad, gloomy (temporary state)*
vivo	*keen, lively*	*alive*

When used with **bien** or **mal, estar** expresses a state of health.

Estoy bastante **bien** hoy.   *I'm fairly well today.*

H. Empleando los siguientes adjetivos, un(-a) estudiante debe hacer preguntas, primero con **ser** y después con **estar,** y otro(-a) estudiante debe contestarle. Recuerde que el significado del adjectivo será diferente en cada caso.

MODELOS: triste
—*¿Es usted triste?*
Sí, mi vida ha sido difícil.
—*¿Está usted triste?*
Sí, perdí a mi perro hoy.

1. listo(-a)
2. cansado(-a)
3. loco(-a)
4. enfermo(-a)
5. alegre
6. vivo(-a)

DIALOGO — Encuentro en la universidad

discúlpeme pardon me

RUBEN: Discúlpeme,° señorita, ¿Puedes decirme por dónde se va a la biblioteca?

colina hill
plazuela small town square

GRACIELA: Con mucho gusto. Primero tienes que subir la colina° hasta la plazuela° donde hay una estatua de Washington. Pasa por esta plazuela hasta dar con una fuente. Esa es la calle Elm. Sigue luego derecho por tres cuadras y encontrará la biblioteca a la izquierda. Está frente a la Unión Estudiantil.

RUBEN: Muchas gracias; has sido muy amable. Acabo de llegar a esta universidad. Permíteme presentarme: soy Rubén Morelos y soy de Dallas, Tejas.

GRACIELA: Mucho gusto. Me llamo Graciela Rodriguez y soy de Nueva York. Soy estudiante en el Departamento de Español y Portugués.

RUBEN: Encantado. Soy estudiante graduado y me especializo en computadoras. La semana próxima empiezo los cursos para el título de «máster.»

campo field

GRACIELA: Me parece que hay un futuro estupendo en ese campo.° Puesto que yo también voy a la biblioteca, te acompaño.

rumbo a bound for

(Charlan mientras caminan rumbo a° la biblioteca.)

RUBEN: Prefiero preparar mis tareas en un sitio que es más tranquilo y así puedo hacer más. En la residencia donde vivo, mis amigos ponen la radio toda la noche.

GRACIELA: Comprendo perfectamente lo que quiere decir. Yo tengo un apartamento cerca de la universidad donde pasa lo mismo. Mis vecinos ponen discos con el volumen tan alto que me molesta. De ordinario preparo mis lecciones en la oficina de la universidad.

RUBEN: Es una buena idea. ¿Eres estudiante graduada?

GRACIELA: Sí, trabajo para una maestría en español y educación: me preparo para enseñar español en la escuela secundaria. Pero le confieso que estoy un poco cansada de tanto estudiar.

gradas steps

(Llegan a las gradas° de la biblioteca.)

placer pleasure

GRACIELA: Fue un placer.° Espero verle pronto. ¿Te gusta bailar?

RUBEN: Sí, ¡cómo no!

GRACIELA: En ese caso te invito a una discoteca que está cerca de aquí.

RUBEN: Ya sé dónde está. ¿Se llama «El Bongó»?

GRACIELA: Esa es. ¿Cuándo quieres ir? ¿Qué te parece el sábado por la noche?

RUBEN: Encantado. ¿A las nueve?

GRACIELA: Está bien. ¿Dónde vives?

RUBEN: En la calle Alvaro, número 117. Hasta entonces.
GRACIELA: Hasta entonces.

Comprensión

1. ¿Por dónde se va a la biblioteca?
2. ¿Quién es Rubén? ¿De dónde es?
3. ¿Quién es Graciela? ¿De dónde es?
4. ¿Por qué prefiere Rubén preparar sus tareas en la biblioteca?
5. ¿Qué pasa en la vecindad de Graciela?
6. ¿Para qué carrera se está preparando Graciela?
7. ¿A qué lo invita Graciela?
8. ¿Cómo se llama la discoteca?
9. ¿Cuándo van los dos a la discoteca?
10. ¿Dónde vive Rubén?

Plática espontánea

1.   Explique a otro(-a) estudiante por dónde se va al correo, a la biblioteca y a la Unión Estudiantil.
2.   Preguntele a otro(-a) estudiante por qué va a la biblioteca, al correo y a la Unión Estudiantil.

MODISMOS Y EXPRESIONES

A. Use cada modismo en una oración completa.

a la izquierda	on the left
al aire libre	in the open air
alegrarse de	to be glad
dar con	to come upon
derecho	straight ahead
disculparse	to excuse oneself
guardar silencio	to keep silent
¿Por dónde se va a . . . ?	How does one get to . . . ?
tardar en	to be late in

B. Complete las siguientes frases con el modismo apropiado de la lista de arriba.

1. La biblioteca está allí _____ .
2. El café está _____ .
3. _____ de haber visto la película.
4. Juan _____ volver a casa.
5. Usted ha sido severo _____ .
6. _____ la residencia?
7. _____ por haberte molestado.

8. Siga _____ hasta la oficina de correo.
9. Elena _____ en la calle.
10. En el salón de lectura hay que _____ .

PRACTICA ESCRITA

Traducción

Traduzca la siguiente narrativa para su amigo que no hable español.

I am studying to be an actress, a good actress. I am from Madison, Wisconsin, where I studied drama for three years at the University. When I arrived in Hollywood, the studios were closed because of a strike by the electrical workers. I was furious and went into a restaurant to calm my frustration with a cup of coffee. It tasted good and and the waiter told me that it was from Colombia. He was quite handsome so I talked with him for an hour. Before I left at ten to five, I made a date to see him later that evening.

Composición sobre el diálogo

Escriba un diálogo sobre un encuentro entre dos estudiantes universitarios(-as). Uno(-a) está recién llegado y desea saber las siguientes cosas.

1. por dónde se va al Edificio de Lenguas Extranjeras
2. en qué piso está la biblioteca del Departamento de Español y Portugués
3. en dónde se pueden preparar mejor las lecciones
4. por qué no se puede estudiar mucho en las residencias estudiantiles
5. cuál es el tema del ensayo que tiene que escribir la clase de español
6. quién puede ayudarle con sus lecciones de español
7. por qué van muchos(-as) estudiantes a la Unión Estudiantil
8. por qué hay tanta animación frente a la biblioteca

Composición sobre la lectura

Escriba una composición sobre los ganadores hispánicos del Premio Nobel de literatura. Use algunas de las siguientes ideas.

1. la fortuna de Nobel y los varios premios que estableció
2. José Echegaray y su obra maestra
3. Jacinto Benavente y su obra famosa
4. Gabriela Mistral y su volumen de versos
5. Juan Ramón Jiménez y su obra maestra
6. dos escritores hispanoamericanos: Asturias y Neruda
7. Vincente Aleixandre, poeta español

Una manifestación
popular contra NATO en Barcelona

LECCION 5

LECTURA   Los derechos humanos

Un tema de interés general en el mundo contemporáneo es el de los derechos humanos. En Hispanoamérica y en algunas zonas del Tercer Mundo el tema adquiere especial importancia debido a las circunstancias económicas y socio-políticas que afectan la estabilidad de los gobiernos y al surgimiento de regímenes° militares que alteran la vida y el proceso democrático de las naciones. Casi todos los escritores de nota en Hispanoamérica han escrito sobre los derechos humanos y sobre la necesidad de que el voto popular y la plena libertad se establezcan como normas inviolables en todos los países donde los ciudadanos deben gozar° de los mismos privilegios políticos que tienen los habitantes en Europa y en los Estados Unidos. Octavio Paz, Gabriel García Márquez, Mario Vargas Llosa y muchos otros intelectuales hispanoamericanos se han manifestado en contra de los que violan los derechos humanos, ya que en toda sociedad democrática estos derechos están protegidos por la ley y por una larga tradición de justicia que es común a todos los pueblos.

regímenes regimes

gozar enjoy

Los derechos humanos es un término del siglo XX aplicado a lo que generalmente se conoce con el nombre de derechos naturales, o derechos del hombre. La idea de una ley° natural, como ley universal que trasciende las leyes ordinarias, es un concepto que ha estado presente en el pensamiento de Occidente por más de 2.000 años y es principio° básico que aparece integrado a las constituciones de las naciones democráticas. En Hispanoamérica esta idea sirvió de bandera° durante las guerras de independencia, que fueron inspiradas por la ideología liberal de la independencia norteamericana y de la revolución francesa.

En los Estados Unidos una convención representativa que se reunió° en Filadelfia en 1776, aprobó° una declaración de derechos cuya primera cláusula estipulaba que los hombres son por naturaleza° libres e independientes y poseen ciertos derechos que se deben preservar para las futuras generaciones: el derecho a la libertad, a vivir libremente, a tener propiedad y a buscarse su propia felicidad.° Las enmiendas° de 1789, hechas a la Constitución, definieron más precisamente estos derechos. La Constitución concedió a las gentes la libertad de cultos° y de expresión, aseguró la prensa libre, la inviolabilidad de los hogares° y de los documentos personales, el derecho de los acusados por algún delito° a tener un juicio° imparcial, y el de los ciudadanos para votar libremente, sin que se tuvieran en cuenta° factores de raza o color.

La declaración francesa de los derechos del hombre defendía la libertad plena, excepto cuando su ejercicio podía ir en detrimento de la libertad de otros. Tanto en Francia, como en los Estados Unidos, seguían una vieja tradición, existente ya en algunos estados griegos,° donde, además de la libertad de expresión y la igualdad ante la ley, se concedía° a los ciudadanos otros derechos inherentes a su condición de seres humanos y racionales.

A esta tradición pertenecen° también los países de Hispanoamérica que deben mantener° a toda costa° el respeto por la ley y el respeto por los derechos humanos.

A. Conteste usted las siguientes preguntas.

1. ¿Por qué el tema de los derechos humanos adquiere especial importancia en algunas zonas del Tercer Mundo?
2. ¿Quiénes han escrito sobre los derechos humanos en Hispanoamérica?
3. ¿Qué protege la existencia de los derechos humanos en una sociedad democrática?
4. ¿Cuándo nació la idea de los derechos del hombre?
5. ¿Cuándo usaron los hispanoamericanos como bandera la idea de los derechos del hombre?

Glosario (margen):

ley law

principio principle
bandera flag

se reunió met
aprobó approved
por naturaleza by nature

buscarse su propia felicidad to seek their own happiness
enmiendas amendments
cultos religion
hogares homes
delito crime
juicio trial
sin que ... cuenta without taking into account

griegos Greeks

se concedía were granted

pertenecen belong
mantener maintain
a toda costa at all cost

6. ¿Qué estipulaba la primera cláusula de la declaración de derechos de una convención que se reunió en Filadelfia en 1776?
7. ¿Qué concedieron a las gentes las enmiendas de 1789 hechas a la Constitución?
8. ¿Qué defendió la declaración francesa?
9. ¿Qué concepto de los derechos humanos existía entre los griegos?

B. Dé usted su opinión sobre las siguientes preguntas.

1. ¿Por qué cree usted que los derechos humanos es un tema que interesa a toda la humanidad?
2. ¿Qué ideas tiene usted acerca de los derechos humanos?
3. ¿Considera usted que el tema es de importancia especial en relación con Hispanoamérica? ¿Por qué?
4. ¿En los Estados Unidos existen todos los derechos humanos? ¿Existe, por ejemplo, el derecho a tener un empleo? ¿el derecho a tener comida? ¿una casa?
5. ¿Hay derechos que usted considera universales?

C. Escoja de la columna B las correspondencias respectivas en A:

A		B	
1.	Constitución de los EE.UU.	a.	1789
2.	Convención representativa	b.	defensores de los derechos humanos
3.	Octavio Paz, Gabriel García Márquez, Mario Vargas Llosa	c.	principio integrado a las constituciones democráticas
4.	Enmiendas hechas a la Constitución de los EE.UU.	d.	1776
5.	derechos humanos	e.	libertad de cultos y de expresión, prensa libre, etc.

Actividades comunicativas

1. Discuta la política con un(-a) compañero(-a) de clase. Hágale preguntas usando las siguientes como sugerencias para iniciar la conversación: ¿Es usted miembro de algún partido político? ¿Por qué sí o no? ¿Es usted de una familia que tiene fuertes sentimientos políticos hacia un partido político u otro? ¿Por qué? ¿Votó usted en las últimas elecciones? ¿Cambiaría su voto si tuviéramos las mismas elecciones hoy? ¿Cree usted que el derecho del voto es importante? ¿Por qué sí o no? ¿Hay diferencias mayores entre los dos partidos políticos de los Estados Unidos?

2. Presente una discusión en forma de *panel* sobre la siguiente afirmación: «El sistema comunista (o socialista) es el más adecuado para un país subdesarrollado.» La mitad del grupo debe argüir a favor y la otra mitad en contra.

3. Seleccione un país hispánico y describa (1) su estado económico de desarrollo y (2) su sistema político. Dé estas descripciones a la clase. Después de escuchar las opiniones de los otros estudiantes, discuta la siguiente pregunta: ¿Existe una relación directa o indirecta entre el sistema político y el estado de desarrollo económico de un país?

REPASO DE VERBOS

A. Repase los verbos **decir** y **hacer** en el apéndice y complete las siguientes oraciones usando el tiempo apropiado del verbo principal.

1. Yo casi siempre decía la verdad, pero ayer no . . .
2. Mis padres siempre hacían muchos viajes, pero mañana no . . .
3. Generalmente ellos me dicen todo, pero mañana no me lo . . .
4. ¿Quién hizo el error? Yo no lo . . .
5. Antes nunca decíamos eso, pero mañana lo . . .

6. Ellos casi siempre hacen la cama rápidamente, pero ayer . . .
7. ¿Dijeron ustedes la verdad? Hoy no la . . .
8. Antes yo no hacía muchas cosas interesantes, pero hoy las . . .
9. A veces digo buenas cosas, pero mi padre . . .
10. Hoy hace buen tiempo, pero ayer . . .

B. Conteste:

1. ¿Cuándo se lo dijiste a tu madre?
2. ¿Qué hacías en la biblioteca?
3. ¿Por qué dices que va a llover?
4. ¿Qué hizo usted anoche?
5. ¿Cuándo dirás la verdad?
6. ¿Cuándo harás tu trabajo?
7. ¿Quién dice eso?
8. ¿Quién ha hecho la lectura?
9. ¿Qué le decía el profesor?
10. ¿Qué hace el estudiante?

GRAMATICA Y EJERCICIOS

A personal

Veo **a María,** pero no veo **a Jaime.**	*I see María, but I don't see Jaime.*
Saludamos **a la bandera** americana.	*We salute the American flag.*

When the direct object of a verb is a person or a personified object, the person or object is preceded by **a.**

A. Forme oraciones con las siguientes combinaciones de palabras.

MODELO: el coche/Juan
Veo el coche, pero no veo a Juan.

1. el tranvía/Marta
2. la casa/Luis y Concha
3. la universidad/los alumnos
4. el jardín/las señoritas
5. los aviones/mis parientes
6. el tribunal/el acusado

Pronombres personales

SUBJECT	INDIRECT OBJECT	DIRECT OBJECT	PREPOSI-TIONAL	REFLEXIVE PREPOSITIONAL
yo	me	me	mí	mí
tú	te	te	ti	ti
usted	le (se)	la, lo, le	usted	sí
él	le (se)	lo, le[1]	él	sí
ella	le (se)	la	ella	sí
nosotros, nosotras	nos	nos	nosotros, nosotras	nosotros, nosotras
vosotros, vosotras	os	os	vosotros, vosotras	vosotros, vosotras
ustedes	les (se)	los, las, les	ustedes	sí
ellos	les (se)	los, les	ellos	sí
ellas	les (se)	las	ellas	sí

When used with the preposition **con,** the pronouns **mí, ti,** and **sí** become **conmigo, contigo,** and **consigo.**

Usted and **ustedes** are the formal forms of address in Spanish. **Tú** and **vosotros** are familiar forms, used to address members of one's own family, friends, children, God, and animals. The plural of **tú** is **ustedes** in Latin America and **vosotros(-as)** in Spain. **Usted** is abbreviated **Ud. Vd.,** and **V. Ustedes** is abbreviated **Uds., Vds.,** and **VV.**

Los pronombres personales usados como sujetos

Yo puedo hacerlo pero **él,** no.   *I can do it, but he can't.*

Because the Spanish verb usually indicates both person and number, most subject pronouns are used only for emphasis or contrast. The subject pronoun **usted** and **ustedes,** however, are used more frequently.

Yo iba al parque todos los domingos.   *I used to go to the park every Sunday.*

Ella iba al parque todos los domingos.   *She used to go to the park every Sunday.*

B. Traduzca las siguientes oraciones al español.

1. Who came in? *I* did.
2. *He* knows how to do it, but *she* does not.
3. *She* was right, but *he* was wrong.

---

1. Le(s) is used as a direct object pronoun for people (males) in Spain only.

4. *She* is not here, but *he* can help you.
5. We know that *you* were here yesterday, but where was *he*?

Los pronombres usados como objetos directos

1. ¿Quién tiene **el libro?**   *Who has the book?*

    Lo tengo yo.   *I have it.*

    ¿Has visto **los libros?**   *Have you seen the books?*

    No, no **los** he visto.   *No, I haven't seen them.*

The direct object pronoun replaces a noun used as a direct object, and agrees with it in gender and number. Object pronouns precede conjugated verb forms.

C. Hágale a un(a) compañero(a) de clase estas preguntas. Use un pronombre en su respuesta.

> MODELOS: ¿Tienes la pluma?
> *Sí, la tengo.*
> ¿Tienes los libros?
> *No, no los tengo.*

1. ¿Tienes el papel?
2. ¿Traes los lápices?
3. ¿Necesitas la carta?
4. ¿Buscas las invitaciones?
5. ¿Quieres la lista?
6. ¿Compras los regalos?
7. ¿Vendes los zapatos?
8. ¿Traes el paraguas?
9. ¿Recibes las flores?
10. ¿Necesitas el abrigo?

D. Hágale a un(a) compañero(a) de clase estas preguntas. Use un pronombre un su respuesta.

> MODELO: ¿Estudió usted la lección?
> *Sí, la estudié.*

1. ¿Aprendió usted los verbos irregulares?
2. ¿Aprendieron los alumnos las canciones de Navidad?
3. ¿Estudió usted la nueva lección?
4. ¿Leyó usted la nueva novela de García Márquez?
5. ¿Llevó usted su nuevo vestido el domingo pasado?
6. ¿Saludó usted al profesor cuando entró en la clase?

7. ¿Tomó usted el café esta mañana?
8. ¿Comió usted la manzana ayer?
9. ¿Recibieron sus vecinos el periódico esta mañana?
10. ¿Recibió usted una carta de su novio (-a) este mes?

E. Hágale a un(a) compañero(a) de clase estas preguntas. Use un pronombre en su respuesto.

MODELO: ¿Lavaste tu carro ayer?
Sí, lo lavé.

1. ¿Comiste huevos en el desayuno ayer?
2. ¿Lavó tu papá los platos ayer?
3. ¿Perdió tu hermana las llaves ayer?
4. ¿Limpió tu mamá la cocina ayer?
5. ¿Cerró usted la casa con llave al salir ayer?
6. ¿Escribiste una carta a tu novio(-a) ayer?
7. ¿Viste a su compañero(-a) de cuarto ayer?
8. ¿Miró tu hermano la televisión ayer?
9. ¿Escuchó su mamá la radio ayer?
10. ¿Contestó la criada el teléfono ayer?

---

2. Estoy estudiándo**lo**.   *I am studying it.*
Lo estoy estudiando.

Voy a estudiar**lo**.   *I am going to study it.*
Lo voy a estudiar.

When a direct object pronoun is used with a verb plus a gerund, it can either precede the conjugated verb or be attached to the gerund. Note that when a pronoun is added to a gerund there must be a written accent on the verb. Likewise, when an object pronoun is used with a verb followed by an infinitive, it can precede the conjugated verb or be attached to the infinitive if it is the object of the infinitive. If it is the object of the conjugated verb, however, it precedes the conjugated verb.

La invité a venir conmigo.   *I invited her to come with me.*

F. Responda positiva o negativamente a las siguientes oraciones. Use un pronombre en su repuesta.

MODELO: Quiero ver *la película.*
Quiero verla también.
o
Yo no quiero verla.

1. Quiero comer *pan.* *(las frutas, los dulces, el postre, las papas)*
2. Quiero beber *leche.* *(el café, el té, la cerveza, el vino)*
3. Quiero ver *la obra.* *(los cuadros, la casa, el libro, la película)*
4. Quiero comprar *el regalo.* *(los regalos, la caja, las rosas, el lápiz)*
5. Quiero traer *los flores.* *(los vasos, el papel, las uvas, los dulces)*

---

3. **Tómelo,** señor.   *Take it, sir.*

   Tómalo, Luis.   *Take it, Louis.*

   No lo tome usted.   *Don't take it.*

Object pronouns are attached to direct affirmative commands, but precede negative commands.

4. **Que lo tome** su madre.   *Let your mother take it.*

   Que no lo tome su hermano.   *Don't let your brother take it.*

Object pronouns precede indirect commands.

G. Diga que *no* deben hacerse las siguientes acciones.

   MODELO: ¡Ponga los platos en la mesa!
   ¡No los ponga en la mesa!

1. ¡Escriba la carta ahora!
2. ¡Deje la carne en la mesa!
3. ¡Limpie su cuarto ahora!
4. ¡Haga los ejercicios mañana!
5. ¡Explique las lecciones a los estudiantes!
6. ¡Mande las cartas en seguida!
7. ¡Muestre el mapa ahora!
8. ¡Devuelva el libro a la biblioteca!

H. Diga que usted quiere hacer las siguientes cosas.

   MODELO: ¿El dinero? ¡No lo preste usted!
   Pero quiero prestarlo.

1. ¿Las plantas? ¡No las den ustedes!
2. ¿La carta? ¡No la escriba!
3. ¿El dinero? ¡No lo ponga usted en la caja!
4. ¿La regla? ¡No la explique usted ahora!
5. ¿El televisor? ¡No lo quite usted de allá!
6. ¿Los libros? ¡No los devuelva usted hoy!
7. ¿Las tostadas? ¡No las coma usted tan rápidamente!
8. ¿Los cuadernos? ¡No los traiga usted!

9. ¿La carta? ¡No la mande usted hoy!
10. ¿Los ejercicios? ¡No los escriba usted!

I. Complete estas oraciones. Use un pronombre.

MODELO: Yo leo la revista «Geomundo» pero María no _____ .
Yo leo la revista «Geomundo» pero María no la lee.

1. Yo como mucha fruta pero Juan no _____ .
2. Yo no bebo café pero mi hermana sí _____
3. Jorge y Matilde no han podido abrir la caja de galletas pero yo _____ .
4. No pueden cerrar las ventanas pero yo sí _____ .
5. Yo puedo ver las manzanas pero mi prima no _____ .
6. ¿Come usted naranjas? Yo no quiero _____ .
7. Ana leyó el periódico; después yo _____ .
8. Rodrigo fue a comprar lápices pero yo no _____ .
9. El hombre no vende máquinas de escribir; ni yo tampoco _____ .
10. Nosotros no hemos visto el sombrero pero Ana sí _____ .

---

4. ¿**Son** españoles?   *Are they Spaniards?*

Sí, **lo son.**   *Yes, they are.*

¿**Está** usted cansado?   *Are you tired?*

Sí, **lo estoy.**   *Yes, I am.*

The neuter pronoun **lo** is combined with **ser** and **estar** to refer to a preceding statement or idea without repeating it. When **todo** is used as the object of the verb, the neuter pronoun **lo** precedes the verb.

Lo sabe **todo.**   *She knows everything.*

J. Hágale preguntas con los siguientes sustantivos a un(a) compañero(a) de clase. Luego el (la) compañero(a) las contestará afirmativamente sustituyendo los sustantivos por pronombres.

MODELO: norteamericanos
¿Son norteamericanos?
Sí, lo son.

1. estudiantes   4. médicos
2. muchachos   5. señoras
3. franceses   6. primas

K. Hágale preguntas con los siguientes adjetivos a un(a) compañero(a) de clase. Luego el (la) compañero(a) las contestará afirmativamente sustituyendo los adjetivos por pronombres.

MODELO: enfermos
             ¿Están ustedes enfermos?
             Sí, lo estamos.

1. preocupados
2. contentos

3. satisfechos
4. tristes

---

5. Los libros **los** tenemos aquí.   *The books, we have them here.*

When a direct object precedes the verb, a corresponding object pronoun is used.

L. Crea una oración original usando los siguientes sustantivos como complementos del verbo.

MODELO: los libros
             Los libros los quiero vender.

1. las cartas
2. el dinero
3. la caja

4. las plumas
5. los lápices
6. las mesas

Los pronombres usados como objetos indirectos

1. **Le** explicó la lección Margarita.   *Margaret explained the lesson to him.*

Le he explicado la lección muchas veces.   *I have explained the lesson to her many times.*

Me arreglaron el televisor.   *They fixed the television set for me.*

The indirect object pronoun replaces a noun used as the indirect object. It tells to or for whom the action is done.

2. **Le** quiero explicar la lección.
Quiero explicar**le** la lección.   *I want to explain the lesson to her (him).*

Le estoy explicando la lección.
Estoy explicándo**le** la lección.   *I am explaining the lesson to her (him).*

Indirect object pronouns may follow and are attached to gerunds and infinitives. Note that if the indirect object pronoun is attached to a gerund, it must carry a written accent.

3. **Le** dieron el libro a María.   *They gave the book to Mary.*

When an indirect object follows the verb, a corresponding indirect object pronoun is frequently used before the verb to anticipate the indirect object. The anticipatory pronoun is used especially with **decir, pedir,** and **preguntar.**

Le **diré** el cuento a mi padre.   *I will tell the story to my father.*

_____

M. Seleccione el pronombre correcto según el sentido del contexto.

1. El profesor _____ preguntó a Jorge si sabía la respuesta. Jorge _____ dijo que no y luego _____ preguntó a María y a Blanca si ellas lo sabían. Ellas _____ dijeron que no la sabían tampoco. Luego _____ preguntó a mí pero desgraciadamente yo tampoco no la sabía.

2. Mi mamá _____ preguntó, —¿Crees tú que _____ van a mandar a nosotros un regalo este año? —¿Quiénes? _____ pregunté. —Los padres de tu novia, _____ respondió. —No sé, _____ dije, pero yo voy a comprar _____ a ella un bonito collar. —¿Y qué piensa ella regalar _____ a ti? —No sé, no _____ he preguntado.

_____

El complemento indirecto con los verbos intransitivos

Me gusta el libro.   *I like the book.*
                                                          (literally, *The book pleases me.*)

Les faltan lápices.   *They need pencils.*
                                                          (literally, *Pencils are lacking to them.*)

Nos parece caro.   *It seems expensive to us.*

Some concepts are expressed in Spanish by intransitive verbs with indirect objects. The most common of these verbs are as follows:

gustar   *to please or be pleasing to*

faltar   *to lack, need*

parecer   *to seem, appear, look*

importar   *to be important to*

quedar   *to be remaining to*

Note that the order of **gustar** and **faltar** is the reverse order of subject and object in English. For example, in English we say, "I like the movie;" in Spanish we say, «Me gusta la película,» or "The movie pleases *me*." In this case, the Spanish subject is the equivalent of the English object and vice versa.

_____

N. Explique usted lo que les falta a las siguientes personas.

MODELO: a mí
A mí me falta un coche nuevo.

1. a su padre
2. al Presidente de los Estados Unidos
3. al (a la) profesor(-a) de español

4. a los estudiantes
5. a mis abuelos
6. a los pobres

O. Dé usted su opinión sobre las siguientes preguntas.

1. ¿Le gustan a usted las novelas románticas?
2. ¿Les gustan a sus amigos las películas románticas?
3. ¿Les gustan a sus padres los dramas?
4. ¿Les gustó a usted y a sus amigos la última película que vieron?
5. ¿Le gusta a usted la comida italiana?

P. Hágale a un(a) compañero(a) de clase preguntas según el modelo.

MODELO: ti/nadar
¿A ti te gusta nadar?
Sí, a mí me gusta nadar en el mar.

1. a tu hermana/coser
2. a tu mamá/correr
3. a nosotros/charlar
4. a ti y a tus hermanas/esquiar
5. a ti/la comida japonesa
6. a ti y a tu novio(a)/las películas extranjeras
7. a tu novio(a)/las revistas de noticias
8. a tus abuelos/las telenovelas

Q. Hágale a un(a) compañero(a) de clase preguntas según el modelo.

MODELO: a mi vecina/el fútbol
¿A mi vecina le gusta el fútbol?
Sí, a ella le gusta el fútbol.

1. a tus vecinos/la corrida de toros
2. a ti/la carta que recibiste de tu padre
3. a ti/las discotecas
4. a ti y tus hermanos/las fiestas
5. a tu hermana/la química

R. Hágale a un(a) compañero(a) de clase preguntas según el modelo.

MODELO: a ti/el libro
¿*A ti te pareció interesante el libro?*
No, me pareció aburrido.

1. a ti/la novela *Don Quijote*
2. a él/la comedia *La vida es sueño*
3. a ellos/el drama *Don Juan Tenorio*

4. a nosotras/el poema del Cid
5. a ustedes/el cuento de Poe
6. a ella/la historia de Mariana

El uso especial del objeto indirecto

Le compré un libro **a Juan.**	*I bought a book from John.*
Nos han robado el dinero.	*They have stolen the money from us.*
El miedo **me ha quitado** el apetito.	*Fear has taken away my appetite.*
Le pidió un peso **a su padre.**	*He asked his father for a peso.*
No me pierdas los sombreros.	*Don't lose my hats.*

Verbs such as **comprar, pedir, perder, robar,** and **quitar** that denote loss, gain, or a change of ownership, are used with an indirect object indicating the person involved and the direct object indicating the thing. The pronouns often have no exact English equivalents.

S. Complete estas oraciones.

1. ¿Qué _____ pasó a ustedes? ¡ _____ robaron $500!
2. ¿A quién _____ compraste el coche? A Juan. ¿ _____ vendieron el coche por solamente $2000?
3. ¿Qué _____ pasó a Juan? Está triste porque _____ quité $30. _____ debía el dinero desde hace dos meses.

Dos pronombres usados como objetos del verbo

1.   ¿El dinero? **Me lo** dio ayer.   *The money? He gave it to me yesterday.*

An indirect object pronoun precedes another object pronoun.

2.   ¿El billete? Voy a dár**selo** a usted mañana.   *The ticket? I'm going to give it to you tomorrow.*

When two third person pronouns are used together, the indirect object pronoun **le** or **les** changes to **se.**

T. Hágale a un(a) compañero(a) de clase estas preguntas.

> **MODELOS:** ¿Me vas a dar la rosa?
> *Ya te la di.*
> ¿Quién le dio las manzanas a María?
> *Yo se las di.*

1. ¿Quién me dio el libro?
2. ¿Me vas a preparar la comida?
3. ¿Me puedes planchar esta camisa?
4. ¿Me vas a vender la corbata?
5. ¿Le vas a enseñar las lecciones a Dolores?
6. ¿Le vas a explicar la historia a Pilar?
7. ¿Le vas a traer los discos a Jorge?
8. ¿Me vas a mostrar el coche nuevo?
9. ¿Quién le entregó los libros a José?
10. ¿Quién le escribió la carta al Presidente?

Los pronombres preposicionales

1. Lo compré **para mí**.   *I bought it for myself.*

   Aquí está la caja, pero no hay nada **en ella**.   *Here is the box, but there is nothing in it.*

Prepositional pronoun forms are used with any preposition. These forms are identical to subject pronouns with the exception of **mí, ti,** and **sí.** When used with **con,** the three forms become **conmigo, contigo,** and **consigo:**

   María va **conmigo** no **contigo**.   *Mary is going with me, not with you.*

2. Voy a **dárselo a ella,** no a **él**.   *I'm going to give it to her, not to him.*

   El **me lo dio a mí** y no a mi hermano.   *He gave it to me and not to my brother.*

Prepositional forms may be used in conjunction with indirect or direct objects for clearness or emphasis.

3. Juan sólo piensa **en sí mismo**.   *John only thinks of himself.*

   Las muchachas siempre hablan **de sí mismas**.   *The girls always talk about themselves.*

When following a preposition the pronoun **sí** is used to refer to a third person subject, masculine or feminine, singular or plural. **Mismo (-a, -os, -as)** is used for emphasis.

The following words, *not* considered prepositions in Spanish, take subject rather than object pronouns.

como	*as*
entre	*between, among*
excepto	*except*
incluso	*including*
según	*according to*

Haga **como yo.**	*Do as I do.*
Entre tú y yo, creo que la novela no es muy buena.	*Between you and me, I don't think the novel is very good.*
Todos fueron, **incluso yo.**	*All went, including me.*
Según él, sus primos no vienen hoy.	*According to him, his cousins are not coming today.*

U. Diga que el regalo que se compró fue para otra persona.

> MODELO: El regalo, ¿fue para usted?
> *No, para mí no, fue para él.*

1. El libro, ¿fue para ellos?
2. La máquina de escribir, ¿fue para mí?
3. El coche nuevo, ¿fue para ella?
4. La casa, ¿fue para nosotros?
5. Las flores, ¿fueron para ti?

V. Diga que los hermanos Morelos van con otra persona.

> MODELO: ¿Van los hermanos Morelos conmigo?
> *No, no van contigo, van con ella.*

1. ¿Van los hermanos Morelos con ellos?
2. ¿Van con nosotros?
3. ¿Van con María?
4. ¿Van con ellos?
5. ¿Van con usted?

DIALOGO   Una discusión sobre los derechos humanos

(En la cafetería de cualquier universidad donde un grupo de estudiantes discute el tema de los derechos humanos)

EMILIO: Mi padre me trata mal y abusa de mí en estos días, y así no puedo estudiar. Sé que tengo mis derechos pero no sé exactamente qué hacer.

comportamiento behavior

JORGE: ¿No tienes ni idea a qué se debe ese comportamiento° contigo?

EMILIO: No estoy seguro, pero creo que bebe demasiado.

ROSA: ¿Se lo has contado a tu madre?

se debe a is due to

EMILIO: Sí, y ella cree que todo se debe a° que no ha podido obtener el aumento de sueldo que esperaba.

JORGE: ¿Qué piensas hacer? ¿Vas a consultar a un abogado?

EMILIO: Tal vez. Primero voy a hablar con mi consejero para ver si tiene algunas sugerencias.

ROSA: En los Estados Unidos existe el derecho de protección de los hijos contra el abuso y abandono de los padres.

JORGE: ¿Por qué no consigues un apartamento o vives en las residencias?

EMILIO: Eso no es fácil. Sólo tengo diez y ocho años. Dependo de mis padres. Antes viví con ellos, pero ahora vivo con un amigo mío.

ROSA: El otro día estábamos discutiendo los derechos humanos en la clase de sociología. La profesora dijo que cree que nadie tiene el derecho de controlar la mente, la conciencia o la voluntad de otra persona.

JORGE: Sí, y también dijo que todos tenemos el derecho a la libertad de cultos, sin interferencias del Estado. Según ella, ningún individuo ni gobierno pueden imponer a° la gente una creencia en particular.

imponer a to impose on

las personas de edad the elderly

EMILIO: Recuerdo que otro profesor opinaba que a las personas de edad° debía permitírseles que siguieran teniendo un papel activo en la sociedad. Mi abuelo que cumplió ya setenta y seis años continúa trabajando. Todavía está sano° y fuerte.

sano healthy

ROSA: Pienso que todos tenemos el derecho de decidir cómo y por quiénes vamos a ser gobernados.

JORGE: Yo también creo que ningún gobierno ni agencia pública pueden sentirse con el derecho de explotar los recursos que controlan.

EMILIO: Ustedes hoy me han dado nuevas perspectivas sobre lo que significan los «derechos.»

respaldar to support

ROSA: Me parece que tenemos la obligación de proteger y respaldar° los derechos humanos de todos.

JORGE: Tú sabes que eso es diferente a la política de dar tratamiento preferencial a ciertos países o individuos.

ROSA: Creo que la gente de los Estados Unidos no puede limitarse a mostrar su simpatía por la causa de la justicia; también debe oponerse enérgicamente a los países que violen los derechos humanos.

Comprensión

1. ¿De qué se queja Emilio?
2. ¿A qué se debe el comportamiento de su padre?
3. Según la madre, ¿cómo se explica el comportamiento de su marido?
4. ¿Con quién va a hablar Emilio primero?
5. ¿Por qué no puede Emilio vivir en un apartamento ni en las residencias?
6. ¿Cuántos años tiene Emilio?
7. ¿Qué cree una profesora de sociología acerca de los derechos humanos?
8. ¿Por qué a las personas de edad debería permitírseles que siguieran teniendo un papel activo en la sociedad?
9. Según Rosa, ¿qué obligación tenemos todos respecto a los derechos humanos? ¿Qué cree ella que debe hacer la gente de los Estados Unidos?

Plática espontánea

Un grupo de estudiantes charla sobre los derechos humanos. Sugerencias para el tema de discusión:

1. uno se queja del abuso de sus padres
2. los problemas cuando se vive fuera del hogar
3. el problema moral de controlar la mente, la conciencia y la voluntad de otra persona

MODISMOS Y EXPRESIONES

A. Use cada modismo en una oración completa.

además de	in addition to
de cerca	closely
en cambio	on the other hand
gozar de	to enjoy
hacer caso omiso de	to omit, overlook; to ignore
no obstante	nevertheless
por lo tanto	therefore
querer decir	to mean
tener el derecho de (a)	to have the right to
tener _____ años de edad	to be _____ years old

B. Conteste las siguientes preguntas.

1. ¿Cree usted que tiene el derecho a un sueldo justo? ¿Por qué sí o no?
2. En este país, ¿quién goza de los derechos humanos?

3. Además del derecho de vivir libremente, ¿qué otros derechos humanos hay?
4. ¿Quiénes han estudiado de cerca los derechos humanos?
5. ¿Qué quiere decir el derecho moral?
6. Muchos creen que los derechos económicos son más importantes que los políticos. En cambio hay los que no creen en los derechos económicos. ¿Qué opina usted?
7. ¿De qué derecho humano han hecho caso omiso casi todos los gobiernos?
8. ¿Por qué hay que luchar por los derechos humanos no obstante la presión política?

PRACTICA ESCRITA

Traduccción

Traduzca el siguiente párrafo al español.

Upon returning home, I found my roommate writing a postcard to his friend in San Francisco. "When do you intend to send it to her?" I asked him. "Probably tonight," he replied to me. "Will you please pass me that book? I need it to study my Spanish," I asked him. After a while he looked at me and asked me, "Can you explain these rules about *ser* and *estar* to me? Explain them to me now if you can! I have a test tomorrow!" I said nothing to him. "Why are you so quiet?" he asked me again. "All right, then, don't explain them to me. Dolores will explain them to me tomorrow. She has already explained them to her friends, so I'm sure she won't mind explaining them to me again."

Composición sobre el diálogo

Escriba una composición sobre los derechos humanos con referencia a su propia situación. Incluya algunas de las siguientes ideas.

1. el problema de los derechos humanos y sus varios aspectos
2. a qué se debe que existan los derechos humanos
3. las opciones: hablar con el consejero, abogado, etc.; vivir lejos del hogar, . . .
4. su propio concepto sobre los derechos
5. la solución de problema, si hay alguna

Composición sobre la lectura

Escriba una composición sobre los derechos humanos en sus diferentes formas. Trate de incluír las siguientes ideas.

1. las ideas de los escritores de nota en Hispanoamérica sobre los derechos humanos
2. los derechos humanos según la declaración de 1776
3. las enmiendas hechas a la Constitución de los EE.UU. en 1789
4. la declaración francesa de los derechos del individuo
5. la ley natural como ley moral universal

Las cataratas
de Iguazú entre Argentina, Paraguay y Brasil

LECCION 6

LECTURA El mundo hispánico y el futuro de la humanidad

se incremente increases

recursos resources

ponen de manifiesto make manifest

adquirir acquire

desarrolladas developed

proporcionar to provide

a medida que as

a su vez in its turn

exigirá will demand

El futuro de América Latina, como el del mundo entero, depende de la proporción en que la gente nazca y muera, de la forma en que se incremente° la producción agrícola, de la industrialización de algunas zonas ahora poco explotadas, de la rapidez con que se desarrollen nuevos recursos,° etc. Todos estos factores están relacionados entre sí y ponen de manifiesto° un problema que si no se resuelve puede adquirir° serias proporciones en áreas poco desarrolladas° como las que ocupan las naciones latinoamericanas.

El uso creciente de ciertos recursos naturales: tierra, agua, energía, minerales, y un medio ambiente apropiado y saludable, serán esenciales en el futuro para proporcionar° las condiciones adecuadas que requiere la vida moderna. A medida que° la población aumente se irá acentuando la demanda de materiales y de servicios públicos, lo cual a su vez° exigirá° un constante progreso tecnológico y una vasta organización para atender las necesidades de las gentes. Tales perspectivas son las que

91

tienen que considerar los países ricos y pobres si quieren enfrentar° con éxito° los problemas que puedan surgir° en el siglo XXI.

Hoy en día° cerca de un tercio de la población del mundo vive en las naciones más industrializadas y le corresponde el 85% de la ganancia de capital° y de los recursos del globo. Por otra parte,° la gente que habita en los países menos industrializados, aproximadamente dos tercios de la población del mundo, tiene que trabajar con el 15% de los recursos y del capital. El resultado de esta situación ha sido la prosperidad para la gente en las zonas favorecidas, mientras que los habitantes de otras regiones, como las de los países latinoamericanos, se ven en dificultades para mantener un aceptable nivel de vida.

La prosperidad de las naciones ricas se ha logrado° mediante° la explotación sistemática de las mejores tierras, las fuentes° de energía más accesibles y los depósitos de minerales más abundantes. Corresponde ahora a las naciones pobres que no están suficientemente industrializadas, pero que poseen abundantes recursos naturales, emular el ejemplo y emprender° el camino de la industrialización.

Existen dos puntos de vista diferentes acerca del efecto que los problemas de orden económico pueden tener en el futuro de la humanidad. El primero considera que la escasez° de alimentos,° energía y materias primas, producirá graves conflictos políticos que pueden conducir a un holocausto nuclear. El segundo, por el contrario, ve a la humanidad cercana a° la edad de oro de la tecnología, en la cual la abundante producción de energía y los vastos recursos de minerales, depositados en el fondo° de los mares y en el interior de las rocas, permitirán la explotación a grande escala° de las materias primas necesarias para el progreso y para alimentar° a la población del mundo.

Hay, sin embargo,° un tercer punto de vista que tal vez responda con mayor objetividad a los problemas del mundo futuro y a los que posiblemente tengan que enfrentar los países del mundo hispánico. Constituye una modificación o síntesis de los anteriores. Sus proponentes buscan el control de la natalidad, la conservación y uso adecuado de los recursos naturales, el desarrollo de nuevas fuentes de energía y producción de alimentos, una drástica reforma en los impuestos, la adopción de sistemas más democráticos de gobierno y un proceso de industrialización acorde con las necesidades de cada país. La idea que persiguen° es reorientar el comportamiento humano y armonizarlo con el medio ambiente y preparar al hombre para que, mediante su trabajo y esfuerzo,° pueda esperar el futuro con fe y optimismo.

A. Conteste usted las siguientes preguntas.

1. Nombre algunos de los factores que tendrán una gran influencia en el futuro de la raza humana.
2. ¿Qué será necesario para proporcionar las condiciones que requiere la vida moderna?
3. ¿Qué causará la demanda de materiales y de servicios públicos?
4. Aproximadamente, ¿qué porcentaje de la población del mundo vive en las naciones más industrializadas? ¿las menos industrializadas?
5. ¿Qué porcentaje de la ganancia de capital y de recursos del globo le corresponde a los países industrializados? ¿a los menos industrializados?
6. ¿Cuál ha sido el resultado de esta situación?
7. ¿Cómo se ha logrado la prosperidad de las naciones ricas?
8. ¿Qué tienen que hacer ahora las naciones pobres?
9. ¿Qué diferentes puntos de vista existen acerca del efecto que los problemas económicos pueden tener en el futuro de la humanidad?
10. ¿Cuál es el tercer punto de vista? ¿Qué idea persiguen sus proponentes?
11. En su opinión, ¿qué se necesita hacer para ayudar a que Latinoamérica alcance su prosperidad?

B. ¿Puede usted definir los siguientes términos y palabras?

1. medio ambiente
2. materias primas
3. recursos naturales
4. industrialización
5. nivel de vida
6. explotación a grande escala
7. síntesis
8. comportamiento humano

Actividades comunicativas

1. Haga una lista de los cinco problemas que usted considera que afectan más hoy en día a la raza humana. Ordénelos comenzando con lo que usted cree más importante. Compare su lista con la de los otros miembros de la clase.

2. Se ha afirmado que el control de la natalidad es el problema más importante que enfrenta la humanidad. ¿Qué opina usted?

3. Supongamos que los miembros de la clase son delegados ante la Asamblea General de las Naciones Unidas. Cada estudiante debe escoger un país al cual representará. La propuesta a discutir es la siguiente: «Las naciones desarrolladas (incluyendo tanto los países capitalistas como los comunistas y socialistas) deben vender alimentos a precios reducidos a los países subdesarrollados.» Cada estudiante presentará su punto de vista (es decir, el de su propio país), y después se votará sobre la resolución.

REPASO DE VERBOS

A. Repase los verbos **haber** e **ir** en el apéndice. Luego complete las siguientes oraciones con el tiempo o modo apropiado del verbo.

1. La semana pasada yo no había ido a la biblioteca, pero ayer . . .
2. Pronto irá Marta a casa, pero hoy . . . al cine.
3. Anteayer fuimos al laboratorio, pero hoy . . .
4. El mes pasado iban mis padres a tomar vacaciones, pero el mes que viene . . .
5. Los sábados íbamos al cine, pero hoy . . .
6. ¿Hay sellos? No, pero el mes que viene . . .
7. ¿Hubo gente? No, pero el domingo que viene . . .
8. ¿Habrá mexicanas? No, pero ayer . . .
9. ¿Ha habido sol? No, pero hoy . . .
10. ¿Hubo luna? Sí, pero esa noche no . . .

B. Conteste:

1. ¿Por qué no vas al cine hoy?
2. ¿Por qué no has ido a tu clase?
3. ¿Hay sol hoy?
4. ¿Hubo luna anoche?
5. ¿A dónde fuiste anteayer?
6. ¿Cuándo irás a la ópera?
7. ¿Había muchos estudiantes en la clase?
8. ¿A dónde vamos mañana?
9. ¿Ha habido mucha gente en el teatro?
10. ¿Por qué no fueron los estudiantes a México?

GRAMATICA Y EJERCICIOS

Los pronombres, adjetivos y adverbios indefinidos

AFFIRMATIVE		NEGATIVE	
algo	*something, somewhat (rather)*	**nada**	*nothing, not anything*
alguien	*someone*	**nadie**	*no one, nobody, not any one*
algún **alguno**	*some, either (one)*	**ningún** **ninguno**	*no, none, not any, neither*
alguna		**ninguna**	
algunos		**ningunos**	
algunas		**ningunas**	
siempre	*always*	**nunca, jamás**	*never, not ever*
también	*also*	**tampoco**	*neither, not either*
o . . . o	*either . . . or*	**ni . . . ni**	*neither . . . nor*

Usos de las palabras indefinidas negativas

1. **Alguien** viene.   *Somebody is coming.*

   Tengo **algo** para usted.   *I have something for you.*

   Affirmative words are normally used the same in English as in Spanish.

2. **No** viene **nadie**.   *Nobody is coming.*

   Nadie viene.

A negative word may be placed either before or after the verb. When the negative word precedes the verb it is not necessary to use **no**.

3. Me habló **alguno** de los niños. *One of the children spoke to me.*

   No me habló **ninguna** de las niñas. *None of the girls spoke to me.*

   Alguien está en casa. *Somebody is at home.*

   Nadie está en casa. *Nobody is at home.*

   Alguno and **ninguno** refer to a previously-mentioned person; **alguien** and **nadie** do not refer to a definite person.

4. Tiene (**algún**) objeto en hacerlo. *She has some reason for doing it.*

   No tiene (**ningún**) objeto en hacerlo. *He has no reason for doing it.*

   Alguno and **ninguno** lose the final **o** and become **algún** and **ningún** before a masculine singular noun. **Algún** and **ningún** are ordinarily used for emphasis alone.

5. **No** tengo **nada**. *I haven't anything.*

   No veo a **nadie**. *I don't see anybody.*

   Unlike their English equivalents *something* and *someone*, **algo** and **alguien** are never used in negative sentences: they are replaced by **nada** and **nadie**, respectively.

6. **No** tiene **importancia alguna**. *It doesn't matter at all.*

   El lo hizo **sin duda alguna**. *He did it without any doubt at all.*

   No tengo **libro alguno**. *I don't have any book at all.*

   In a negative sentence, **alguno** stands after the noun.

7. Veo a **alguien**. *I see someone.*

   No veo a **nadie**. *I don't see anyone.*

   Because the pronouns **alguien** and **nadie** refer only to persons, the personal **a** is needed when they are used as pronoun objects of the verb.

8. Es la montaña más alta que **jamás** (**nunca**) haya visto yo. *It is the tallest mountain I have ever seen.*

   ¿Le ha hablado **alguna vez**? *Have you ever spoken to her?*

   Jamás and **alguna vez,** meaning *ever,* are used after a superlative or in a question, respectively.

9. Es un libro **algo** interesante. *It's a rather interesting book.*

   No es **nada** inteligente. *She's not at all intelligent.*

   No me gusta **nada**. *I don't like it at all.*

   Algo and **nada** are sometimes used as adverbs. In this case, **nada** follows the verb.

10. **(O)** démelo **o** préstemelo.   *Either give it to me or lend it to me.*

     No tengo **(ni)** papel **ni** lápiz.   *I have neither paper nor pencil.*

     In correlation, **(o) . . . o** means *(either)* . . *or;* **(ni) . . . ni** means *(neither) . . . nor.*

11. **Tampoco** iré.   *Neither will I go.*

     No iré **tampoco.**   *I will not go either.*

     (Ni) yo **tampoco.**   *Nor I either.*

     Besides its use alone and with **no, tampoco** can be used with **ni,** in which case it means *nor . . . either.*

12. **No** pido **nunca nada** a **nadie.**   *I never ask anything of anyone.*

     Two or more negatives in a Spanish sentence do not make it affirmative.

     Nunca pido **nada** a **nadie.**   *I never ask anything of anyone.*

     If one of the negative words is placed before the verb, **no** is omitted.

A. Reaccione usted negativamente a las siguientes oraciones, imitando el modelo.

     MODELO: Alguien entró en la casa.
                 No es verdad, no entró nadie en la casa.

     1. Alguien canta desafinado *(out of tune)*.
     2. Tengo algo para mi novia.
     3. Algún amigo mío me envió una tarjeta de España.
     4. Juan es algo extraño.
     5. Alguna de las muchachas me dijo el secreto.
     6. ¡O entre o salga!
     7. ¡Cante usted alguna canción mexicana!
     8. Alguien quiere verme.
     9. Esa nueva novela es algo interesante.
     10. ¿Vamos a Rusia algún día?
     11. El resultado fue algo serio.
     12. Yo tengo una revista también.
     13. Aquí se puede hacer algo.

B. Usted no está acuerdo. Exprese las siguientes ideas en una forma afirmativa.

     MODELO: No tiene nadie el ejercicio.
                 No es verdad. Alguien sí tiene el ejercicio.

     1. Nadie tiene la revista.
     2. ¿Ninguno de ustedes quiere una limonada?
     3. Nunca tomamos el colectivo.
     4. Tampoco recibí una carta.

5. La alumna no es ni perezosa ni triste.
6. Miguel no tiene nada en la mano.
7. No viene nadie a ver la película.
8. Ninguna de las alumnas faltaba a la clase.
9. Nunca pongo azúcar en el café.
10. Tampoco pueden asistir a la reunión.

Los números cardinales

1.

0	cero	30	treinta
1	uno(-a), (un)	31	treinta y un(o) (-a)
2	dos	40	cuarenta
3	tres	50	cincuenta
4	cuatro	60	sesenta
5	cinco	70	setenta
6	seis	80	ochenta
7	siete	90	noventa
8	ocho	100	cien, ciento
9	nueve	101	ciento uno
10	diez	102	ciento dos
11	once	200	doscientos
12	doce	300	trescientos
13	trece	400	cuatrocientos
14	catorce	500	quinientos
15	quince	600	seiscientos
16	diez y seis (dieciséis)	700	setecientos
17	diez y siete (diecisiete)	800	ochocientos
18	diez y ocho (dieciocho)	900	novecientos
19	diez y nueve (diecinueve)	1.000	mil
20	veinte	2.000	dos mil
21	veintiuno(-a) (veintiún)	1.000.000	un millón
22	veintidós	2.000.000	dos millones
23	veintitrés		

2. Numbers beyond twenty-nine are written as three words.

treinta y cuatro

cincuenta y ocho

3. **Ciento** becomes **cien** before nouns and before **mil** and **millones.**

cien terremotos	*one hundred earthquakes*
cien mil fracasos	*one hundred thousand failures*
But:	
ciento diez epidemias	*one hundred ten epidemics*

4. In Spanish-speaking countries, the decimal point is used where we use a comma, while the comma is used where we use a decimal point:

100,000 is written **100.000,** *4.8* is written **4,8.**

5. **Mil** is used in dates.

mil novecientos cuarenta y dos *1942*

6. **Un** is used with the noun **millón,** which takes **de** when a noun follows.

un millón de vacas *a million cows*

dos millones de mujeres *two million women*

Los números ordinales

1.

primero	*first*	**sexto**	*sixth*
segundo	*second*	**séptimo**	*seventh*
tercero	*third*	**octavo**	*eighth*
cuarto	*fourth*	**noveno**	*ninth*
quinto	*fifth*	**décimo**	*tenth*

Primero and **tercero** drop the final **-o** before a masculine singular noun.

el primer día *the first day*

el tercer miércoles *the third Wednesday*

2. **el primero de junio** *the first of June*

el tres de julio *the third of July*

Primero is the only ordinal number used in dates. Beyond the first of the month, cardinal numbers are used.

3. **Carlos Quinto** *Charles V (the Fifth)*

Juan Pablo Segundo *John Paul II (the Second)*

Alfonso Doce *Alfonse XII (the twelfth)*

Juan Veintitrés *John XXIII (the Twenty-third)*

Titles of rulers and popes take ordinal numbers through **décimo** and cardinal numbers thereafter.

4. **la sexta página** *the sixth page*

la página seis *page six*

capítulo quince *chapter fifteen*

Pages, chapters, and volumes may be designated by either cardinal or ordinal numbers. Beyond **décimo,** only cardinal numbers are used.

———————

C. Exprese los siguientes números en español.

1. 1066
2. 1492
3. seventh
4. 100,000
5. 3,000,000
6. 150
7. 945

8. ninth
9. 537
10. 1,000
11. 759
12. fourth
13. 1776
14. sixth

La hora

¿Qué hora es? Es la una.	*What time is it? It's one o'clock.*
¿A qué hora? A la una.	*At what time? At one.*
Es la una y cuarto.	*It is a quarter after one.*
Es la una y quince.	*It is fifteen minutes after one.*
but:	
Son las dos.	*It is two o'clock.*
Son las tres.	*It is three o'clock.*
Son las cuatro y media.	*It is half-past four.*
Son las cinco menos diez.	*It is ten minutes to five.*
Son las dos menos cuarto.	*It is a quarter to two.*
Es mediodía.	*It is noon.*
Es medianoche.	*It is midnight.*
a las tres de la madrugada	*at three in the morning*
a las siete de la mañana	*at seven in the morning*
a las dos de la tarde	*at two in the afternoon*
a las diez de la noche	*at ten in the evening*

When a definite time is given, **de** is equivalent to *in*. When no definite time is expressed, **por** is equivalent to *in*.

Estudio **por la noche.**	*I study at night (in the evening).*

The imperfect tense expresses time in the past.

Eran las tres cuando llegaron.	*It was three o'clock when they arrived.*

D. Escriba las horas en español.

1. 1:25
2. 12:34
3. 5:15
4. 6:12
5. 7:05 A.M.
6. 11:40 P.M.

7. 8:50 A.M.
8. 3:30
9. 4:55
10. 9:28
11. 10:20
12. 2:14 A.M.

Las estaciones

la primavera	*spring*
el otoño	*fall*
el verano	*summer*
el invierno	*winter*

Los días de la semana

el domingo	*Sunday*	**el jueves**	*Thursday*
el lunes	*Monday*	**el viernes**	*Friday*
el martes	*Tuesday*	**el sábado**	*Saturday*
el miércoles	*Wednesday*		

Note that Spanish uses the definite article in cases in which English uses *on*.

Voy a la ópera los jueves.   *I go to the opera on Thursdays.*

Los meses del año

enero	*January*
febrero	*February*
marzo	*March*
abril	*April*
mayo	*May*
junio	*June*
julio	*July*
agosto	*August*
septiembre	*September*
octubre	*October*
noviembre	*November*
diciembre	*December*

As are the days of the week, the months of the year are masculine in Spanish.

———————————

E. Conteste las siguientes preguntas.

1. ¿Cuáles son los días de la semana?
2. ¿Cuáles son los meses del año?
3. ¿Cuáles son las estaciones del año?
4. ¿En qué días de la semana asiste usted a la escuela?
5. ¿En qué meses del año hace frío? ¿calor?
6. ¿Cuál es su estación favorita? ¿Por qué?

DIALOGO — En el consultorio médico

TERESA: Buenos días, doctora. No me siento bien. Por eso he venido a verla.

DOCTORA: Buenos días, Teresa. ¿Quieres sentarte aquí? ¿Qué te pasa?

TERESA: Tengo dolor de cabeza y me duele la garganta.

DOCTORA: Por favor, saca la lengua. Ay, está descolorida. Enfermera, tómele la presión de la sangre, por favor. Teresa, ¿has tenido fiebre?°

fiebre fever

TERESA: Sí, por dos días.

DOCTORA: Voy a tomarte la temperatura. A ver, abre la boca, para colocarte° el termómetro entre los dientes.

colocarte place

(Después de un rato . . .)

ENFERMERA: La presión está normal, doctora.

DOCTORA: Muy bien, gracias. Veamos ahora la temperatura. ¡Dios mío sí que tienes fiebre! Déjame examinarte la garganta.

TERESA: ¿Qué pasa, doctora?

has cogido you have caught

DOCTORA: Has cogido° un virus. Para bajar la temperatura debes tomar medicina. Quiero que descanses en cama por una semana y luego que vengas a verme.

TERESA: Muchas gracias, doctora. Hasta luego.

(Teresa sale y entra Jaime.)

ENFERMERA: Doctora, aquí está Jaime que se ha fracturado una pierna practicando el fútbol.

DOCTORA: Lo siento. ¿Te duele mucho?

muletas crutches

JAIME: Sí, bastante. Tengo que usar estas muletas° que me prestó un amigo del equipo de fútbol, Joaquín Alvarez.

rota broken

DOCTORA: Sí, lo conozco bien. Se fracturó una pierna el mes pasado. Ahora necesitamos sacar radiografías para saber si tienes rota° la pierna.

(Más tarde . . .)

DOCTORA: Jaime, lamento mucho tener que decirte que tienes la pierna quebrada en dos lugares.

JAIME: ¡Ay, ay, ay! Eso quiere decir que no podré jugar al fútbol el resto de la temporada.°

temporada season
yeso plaster

DOCTORA: Exacto. Vamos a colocar la pierna en un molde de yeso;° eres menos afortunado que Joaquín. Después tus amigos podrán escribir sus nombres en el molde. Quiero que te quedes aquí en la clínica por unos días antes de caminar con muletas. Lo siento mucho, pero no hay remedio.

(En ese momento llega un grupo de estudiantes con una máquina de video. Habla uno de ellos.)

entretenerte entertain
   yourself

PEPE: Jaime, te hemos traído esta máquina de *video*. Así podrás entretenerte° mirando los partidos de fútbol y aprendiendo algo más de la estrategia del juego.

JAIME: ¡Qué suerte! ¡Gracias, amigos!

DOCTORA: ¿Necesitas algo más?

JAIME: No, mil gracias, no necesito nada más.

Comprensión

1. ¿Por qué va Teresa a visitar a la doctora?
2. ¿Cuánto tiempo hace que tiene fiebre?
3. ¿Quién toma la presión de la sangre?
4. Según la doctora, ¿qué tiene Teresa?
5. ¿Qué le da la doctora para bajar la fiebre?
6. ¿Cómo se ha dañado Jaime una pierna?
7. ¿Qué usa para poder caminar?
8. ¿Quién se las prestó?
9. ¿Cómo van a saber si está quebrada la pierna?
10. ¿Por qué está triste Jaime?
11. ¿Qué van a hacer con la pierna fracturada?
12. ¿Por cuánto tiempo tiene que permanecer en la clínica Jaime?
13. ¿Quiénes llegan y qué le han traído a Jaime?
14. ¿Qué hace usted cuando está enfermo(-a)?

Plática espontánea

Un grupo de estudiantes participa en una consulta imaginaria con el doctor/la doctora. Uno hace el papel del médico y los otros hacen el papel de pacientes.

1. El doctor/la doctora le hace preguntas a un paciente acerca de su salud. Use las siguientes palabras y frases en sus preguntas.

   a. cómo está
   b. qué le duele
   c. cuánto tiempo hace que está enfermo
   d. qué hace para curarse
   e. cuál es su temperatura
   f. la receta *(prescription)*
   g. lo que debe hacer
   h. guardar cama

2. El primer paciente se queja de dolor de cabeza y de garganta. Use las siguientes palabras y frases para contestar las preguntas del médico y para describir su condición.

   a. fiebre
   b. resfriado
   c. cuánto tiempo ha guardado cama

3. Luego otro paciente le explica al doctor/a la doctora por qué se siente enfermo. Explique usando las siguientes palabras y frases.

   a. se ha dañado la pierna en un partido de baloncesto
   b. rayos equis *(x-rays)*
   c. rota
   d. guardar cama
   e. estudiar

MODISMOS Y EXPRESIONES

A. Use cada modismo en una oración completa.

guardar cama	to be sick in bed
depender de	to depend on
el medio ambiente	the environment
me duele la cabeza	I have a headache (my head aches)
a causa de	because of
me duele la garganta	I have a sore throat (my throat hurts)
no hay remedio	it can't be helped
sentirse bien (mal)	to feel well (ill)
tratar de	to try to

B. Conteste usted las siguientes preguntas.

1. ¿Cómo se siente usted hoy?
2. ¿Hay algo que le duele ahora?
3. ¿Generalmente, de qué depende la buena salud?
4. ¿Trata usted de mantener la buena salud? ¿Cómo?
5. ¿Qué efecto tiene el medio ambiente en la salud?
6. ¿Cuándo es necesario guardar cama?
7. La mala salud es a causa de. . . .

PRACTICA ESCRITA

Traducción

Traduzca el siguiente diálogo al español.

— Pablo, what did the doctor tell you about sleeping with the windows open?
— He/she didn't tell me anything about that. Why do you ask?
— I know that you smoke a lot when you read in bed at night. It would be a good idea to ventilate the bedroom every day.
— The doctor suggested that I breath deeply several times a day to exercise my lungs.
— Why don't you give up smoking? Start now. They have a program on campus. If you don't investigate, you will never know the truth.
— That is somewhat difficult, but thanks for the suggestion.
— I think that once in the program, you won't find it difficult at all. Besides, none of the other players on the team smokes.

Composición sobre el diálogo

Escriba una composición sobre una visita al médico. El(la) paciente puede ser usted u otra persona. Incluya las siguientes ideas.

1. cómo se siente el(la) paciente hoy
2. qué le duele
3. por cuánto tiempo le ha dolido
4. lo que hizo para curarse
5. la fiebre
6. la receta del médico
7. cuánto tiempo ha guardado cama
8. la reacción del(de la) paciente hacia el malestar (*discomfort*)

Composición sobre la lectura

Escriba una composición sobre el desarrollo económico en Latinoamérica. Incluya las siguientes sugerencias.

1. los factores que afectan la economía
2. el uso de ciertos recursos naturales en Latinoamérica
3. las minorías y las mayorías
4. la prosperidad de las naciones ricas
5. los puntos de vista diferentes acerca del futuro de la humanidad

Un penitente en
las procesiones
de Semana Santa
en Sevilla

LECCION 7

LECTURA El sentimiento religioso

La presencia de la religión es constante en el mundo hispánico y afecta al individuo, a la familia y aun a la política pues tradicionalmente en algunos países el Estado mantiene estrechas relaciones con la Iglesia, lo cual puede influir para que el pueblo acepte o rechace° al gobierno que detenta el poder.° El papel religioso que desempeña° la Iglesia se percibe en la vida diaria y en las actividades ordinarias de pueblos y ciudades. El sacerdote,° como representante de la Iglesia, se hace presente en los momentos más trascendentales para el creyente: el bautismo, el matrimonio y la muerte. Aunque hoy en día ha disminuído un poco el fervor religioso, buena parte de las fiestas que se observan en el mundo hispánico son religiosas e incluso la más importante, la de carnaval, marca el comienzo de la Cuaresma.° En todos los países se celebra la Navidad, y cada pueblo tiene su santo patrón a quien se dedica un día del año.

rechace rejects

detenta el poder retain power

el papel ... desempeña the role ... plays

sacerdote priest

Cuaresma Lent

109

muestra shows

lucharon fought
izaron hauled up
banderas flags
Cruzadas Crusades

gallega Galician
se convirtió became
peregrinación pilgrimage

Semana Santa Holy Week

Domingo de Ramos Palm
   Sunday
sortilegio magic spell
se hincan de rodillas kneel
aproximarse approach
pasos floats
clavado nailed
descalzos barefooted
bonetes puntiagudos
   pointed hats (or hoods)
hermandades (cofradías)
   brotherhoods
se extrema el cuidado
   special care is taken
cejas eyebrows
pelo hair
vidrio glass

se destacan stand out

barrio gitano gypsy quarter

proviene comes

muestras signs, tokens

exacerbado exacerbated

se aproxima approaches

brota ... saeta There
   blossoms a sustained song
   or saeta

rasgo feature
tener en cuenta to bear in
   mind
a cabalidad exactly

La historia de España también muestra° la importancia que la religión ha tenido para definir el carácter de sus habitantes. A principios del siglo VIII la Península fue invadida por los árabes y desde entonces, por ocho siglos, los españoles lucharon° por la reconquista de su tierra que se logró por fin en 1492 cuando los Reyes Católicos izaron° sus banderas° sobre las torres de Granada. En la época de las Cruzadas° los monarcas enviaban tropas para combatir por la fe, y fue precisamente en la ciudad gallega° de Santiago de Compostela donde se construyó un santuario que se convirtió° en uno de los centros más conocidos de peregrinación° en Europa. Otro centro de peregrinaje famoso en el mundo hispánico es la basílica de Nuestra Señora de Guadalupe, en la ciudad de México, que atrae miles de peregrinos en ocasiones especiales como la Semana Santa,° fiesta que los hispanos celebran con especial solemnidad.

Uno de los espectáculos de más profunda religiosidad es sin duda la procesión de la Semana Santa en Sevilla. Los ocho días de la Semana Santa, que se inicia por el Domingo de Ramos,° actúan como un sortilegio° sobre los espectadores, muchos de los cuales se hincan de rodillas° al ver aproximarse° los pasos° con el Cristo clavado° en la cruz. Tras los pasos vienen los penitentes. Muchos de ellos marchan descalzos° llevando túnicas negras, blancas o rojas y bonetes puntiagudos.° Las hermandades (cofradías)° se distinguen por el color de la túnica que usan sus miembros. Algunos pasos necesitan hasta 36 hombres para sostenerlos. Los más populares son los de «La Virgen María» y «El Cristo Crucificado.» En ellos se extrema el cuidado° para que las figuras parezcan vivas. En la imagen de la Virgen María, sus cejas° son de pelo° verdadero y de sus ojos caen lágrimas de vidrio° que parecen reales. La figura se adorna con una rica profusión de joyas y el esplendoroso brillo de 150 velas encendidas. Dos pasos de la Virgen se destacan° en especial: el de «La Esperanza», del barrio gitano° de Triana, y el de «La Macarena» cuyo nombre proviene° de una princesa mora. A ella se dedican las muestras° de devoción más fervientes de la Semana Santa. El espectáculo produce una impresión de exacerbado° misticismo que causa sorpresa y aun estupor en el no iniciado. El lugar central de la procesión es la estrecha callejuela de La Sierpes donde el paso se aproxima° tanto a los espectadores que todos participan de la extraña fascinación del instante. De vez en cuando entre la multitud brota un canto sostenido, o saeta,° expresión espontánea y personal de éxtasis religioso.

El sentimiento religioso influye profundamente en la vida del hombre hispánico y constituye un rasgo° que siempre hay que tener en cuenta° si se quieren comprender a cabalidad° su cultura, su sicología y su manera peculiar de ver el mundo.

Conteste usted las siguientes preguntas.

1. ¿Cuál es el resultado de las estrechas relaciones entre el Estado y la Iglesia en el mundo hispánico?
2. ¿En qué momentos se hace presente el sacerdote como representante de la Iglesia?
3. ¿Cuáles son algunas de las fiestas religiosas más importantes en el mundo hispánico?
4. ¿Qué fue la Reconquista en la historia de España?
5. ¿Dónde se encuentran dos santuarios famosos que atraen peregrinos de toda la Cristiandad?
6. ¿Cómo se celebra la Semana Santa en Sevilla?
7. ¿Cuáles son los pasos más populares?
8. Describa usted la imagen de la Virgen María en la procesión.
9. ¿Por qué es importante la callejuela de La Sierpes?
10. De vez en cuando, ¿cómo expresa la multitud su éxtasis religioso?

Actividades comunicativas

1. Considere la siguiente lista de religiones (usted puede añadir otras si conoce algunas que falten) e indique (a) dónde nació la religión, (b) quién(-es) fue(-ron) su(-s) líder(-es) y (-c) cuáles son algunas de sus creencias básicas. Comparta su lista con la clase para aprender algo que no sabía antes sobre las religiones.

el budismo	el cristianismo:
el Islamismo	(el catolicismo
el judaísmo	el protestantismo
	el mormonismo)

2. Se ha dicho que las religiones tienen mucho en común. Haga una lista de «mandamientos» *(commandments)* que en su opinión son aceptables en

todas o casi todas las religiones. Compare su lista con la de un(-a) compañero(-a) de clase.

3. Seleccione uno de los días religiosos cuyo culto celebra un(-a) compañero(-a) de clase. Entrevístele para saber cómo celebró ese culto el año pasado.

REPASO DE VERBOS

A. Repase el verbo **jugar** en el apéndice. Luego complete las siguientes frases con la forma apropiada del verbo.

1. Ayer yo jugué al tenis y mañana _____ al golf.
2. Hoy mi prima juega al fútbol, pero ayer _____ al tenis.
3. Mientras nosotros _____ al ajedrez, mi primo nadaba en la piscina.
4. ¡_____ usted bien hoy si quiere ganar el campeonato!
5. Hoy las muchachas _____ al béisbol, pero ayer _____ al básquetbol.
6. ¿Qué deportes _____ usted?
7. ¿Por qué no _____ tú al golf?
8. ¿Qué deportes _____ sus amigos cuando eran niños?
9. ¿Qué deportes _____ usted el año pasado?
10. ¿Por qué no _____ Mario al fútbol?

B. Repase el verbo **oír** en el apéndice y complete las siguientes oraciones con la forma apropiada del verbo.

1. Yo _____ la radio todas las noches.
2. ¿Me _____ usted bien ahora?
3. Los políticos dijeron que no _____ las quejas.
4. Mañana ustedes no _____ el ruido porque van a cerrar la calle.
5. El mes entrante Ana María y yo _____ hablar al presidente en el estadio.
6. El anciano siempre me decía que no _____ muy bien.
7. ¿Han _____ ustedes la orquesta sinfónica de Nueva York?
8. Anoche nosotros _____ cantar a Pavarotti en una ópera en la televisión.
9. El profesor gritó, «¡ _____ me ustedes con atención si quieren salir bien en el curso!»
10. Yo no _____ cantar a Beverly Sills la otra noche cuando cantó en un programa especial.

Los adjetivos posesivos

Possessive adjectives are divided into two groups: those that precede the noun and those that follow it.

1. Possessive adjectives preceding the noun

SINGULAR	PLURAL	
mi	**mis**	*my*
tu	**tus**	*your (fam.)*
su	**sus**	*his, her, its, your*
nuestro, -a	**nuestros, -as**	*our*
vuestro, -a	**vuestros, -as**	*your (fam.)*
su	**sus**	*their, your*

2. **Mi ropa** está en el armario.   *My clothes are in the closet.*

Su casa está en Madrid.   *Their house is in Madrid.*

Vamos en **nuestro coche.**   *We are going in our car.*

Mi esposa y mi hijo están aquí.   *My wife and son are here.*

Possessive adjectives agree in gender and number with the thing possessed, not with the possessor. **Mi, tu,** and **su** have the same forms for both genders.

Since **su** may mean *your* (singular or plural), *his, her, their,* or *its,* an alternate construction is often used. The definite article is placed before the noun and the phrases **de él, de ella, de usted,** etc. are placed after the noun.

Es **su libro.**   *It's his (her, their, your) book.*

but:

Es **el libro de ella.**   *It's her book.*

A. Seleccione el pronombre posesivo más lógico.

1. Jorge, ¿dónde están _____ libros?

   En _____ cuarto, mamá.

2. Vamos, niños, apúrense porque vamos a visitar a _____ abuelos esta tarde.

   ¿Van a ir _____ primos también?

3. Papá, Alfredo tiene _____ bicicleta y no me lo quiere dar.

   Alfredo, ¿tienes la bicicleta de _____ hermano?

   Sí, papá, pero me gusta más _____ bicicleta que la mía.

4. Marta, ¿dónde están _____ llaves?

   ¿ _____ llaves? No las he visto.

   Tal vez las dejaste en _____ coche?

¿En _____ coche? ¡Imposible! ¿Tan tonta no soy!

_____

3. Possessive adjectives following the noun

SINGULAR	PLURAL	
mío, -a	**míos, -as**	*my*
tuyo, -a	**tuyos, -as**	*your* (fam.)
suyo, -a	**suyos, -as**	*his, her, its, your*
nuestro, -a	**nuestros, -as**	*our*
vuestro, -a	**vuestros, -as**	*your* (fam.)
suyo, -a	**suyos, -as**	*their, your*

4. Ven acá, **niña mía**.   *Come here, my child.*

   ¡Dios mío!   *My God!*

   Elena es **amiga suya**.   *Elena is a friend of his.*

Possessive adjectives following the noun have three major uses: in direct address, in exclamations, and as the equivalent of the English *of mine, of yours, of his, of hers,* and so on.

_____

B. Hágale a un(-a) compañero(-a) de clase estas preguntas para que conteste afirmativamente.

   MODELO: ¿Es Roberto un amigo de Carlos y Paco?
                 Sí, es amigo suyo.

   1. ¿Es Gilberto amigo de Luisa?
   2. ¿Es Vanesa prima de Martín y Carlos?
   3. ¿Es Matilde Rosales tía de nosotros?
   4. ¿Es Jaime amigo de usted?
   5. ¿Es usted mi amigo?

_____

Los pronombres posesivos

SINGULAR		
el mío	**la mía**	*mine*
el tuyo	**la tuya**	*yours* (fam.)
el suyo	**la suya**	*his, her, its, yours*
el nuestro	**la nuestra**	*ours*
el vuestro	**la vuestra**	*yours* (fam.)
el suyo	**la suya**	*theirs, yours*
PLURAL		
los míos	**las mías**	*mine*
los tuyos	**las tuyas**	*yours* (fam.)
los suyos	**las suyas**	*his, hers, its, yours*

los nuestros	las nuestras	*ours*
los vuestros	las vuestras	*yours* (fam.)
los suyos	las suyas	*theirs, yours*

1. Esta **alcoba** es más pequeña que **la mía.** — *This bedroom is smaller than mine.*

Este **coche** cuesta más que **el nuestro.** — *This car costs more than ours.*

Possessive pronouns substitute for a noun and are ordinarily used with the definite article.

2. ¿Tienes **el libro de Susana?** — *Do you have Susan's book?*

Sí, tengo tanto **el mío** como **el suyo (el de ella).** — *Yes, I have both mine and hers.*

¿Has visto **los cuadros de Susana?** — *Have you seen Susan's paintings?*

Sí, **los suyos (los de ella)** son más caros que **los míos.** — *Yes, hers are more expensive than mine.*

For clarity, **el suyo(-a)** and **los suyos(-as)** may be replaced by **el de él, el de ella, el de usted, el de ellas,** etc. Note these correspondences:

su libro	el suyo	el de él (ella, ellos, ellas, usted, utedes)
su casa	la suya	la de él (ella, ellos, ellas, usted, ustedes)
sus amigos	los suyos	los de él (ella, ellos, ellas, usted, ustedes)
sus plantas	las suyas	las de él (ella, ellos, ellas, usted, ustedes)

3. ¿**Cuál de los libros** desea usted? — *Which book do you want?*

El que deseo es **el suyo.** — *I want his.*

but:

¿De quién es esta **pluma? Es mía.** — *Whose pen is this? It's mine.*

Although the definite article immediately follows the verb **ser** in answering the question *which one . . .?* in Spanish, it is *not* used to answer the question *whose . . .?*

C. En cada una de las siguientes oraciones llene los espacios en blanco con un pronombre posesivo.

MODELO: ¿El lápiz de Mario? Mi lápiz es amarillo, pero _____ es rojo.

Mi lápiz es amarillo, pero el suyo es rojo.

1. ¿Mi libro? El libro de María es grande pero _____ es pequeño.
2. ¿Los libros de Martín? No tengo los libros de él pero sí tengo _____ .

3. Usted tiene mi paraguas pero Juan tiene _____ .

4. ¿El coche de los Rodríguez? Nuestro coche está en el garaje pero _____ está en la calle.

5. ¿Los carteles de Lisa? Los _____ están en la mesa pero _____ están aquí.

6. ¿Los consejos de mis padres? No quiero los _____ ni tampoco quiero _____ .

7. Déme los _____ , no quiero las _____ .

8. ¿La casa de los vecinos? Mi casa es pequeña pero la _____ es grande.

9. ¿Las novelas de Galdos? Las _____ están bien escritas.

10. ¿Mis bolígrafos? Los _____ son baratos pero éstos son caros.

D. Conteste las siguientes preguntas.

1. ¿De quién es la casa en que vive usted?
2. ¿Cuál de los coches nuevos prefiere usted?
3. ¿Cuál libro le interesa más a usted?
4. ¿De quiénes son las maletas que utiliza usted cuando viaja?
5. ¿Cuál de sus chaquetas le queda mejor?

Los adjetivos demostrativos

	SINGULAR		
MASCULINE	FEMININE		
este	**esta**	*this*	used with **aquí** (*here*)
ese	**esa**	*that*	used with **ahí** (*there*)
aquel	**aquella**	*that*	used with **allí** (*there*)

	PLURAL	
MASCULINE	FEMININE	
estos	**estas**	*these*
esos	**esas**	*those*
aquellos	**aquellas**	*those*

Demonstrative adjectives modify nouns. **Este, esta, estos,** and **estas** correspond in distance to the adverb **aquí** (*here, meaning near the speaker*). **Ese, esa, esos,** and **esas** correspond to **ahí** (*there, meaning near the person(s) spoken to*). **Aquel, aquella, aquellos** and **aquellas** correspond to **allí** (*there, meaning far away from the person(s) spoken to*).

Esta señora es mi esposa.	*This is my wife.*
Aquellos hombres son soldados.	*Those men are soldiers.*
Esta pluma y este lápiz son míos.	*This pen and pencil are mine.*

Demonstrative adjectives, like other adjectives, agree in gender and number with the noun they modify. They are repeated before each noun.

E. Sustituya los sustantivos indicados haciendo todos los cambios necesarios en las siguientes oraciones.

MODELO: Este lápiz es mío. *(pluma)*
Esta pluma es mía.

1. Ese zapato es mío. *(flor, libros, corbatas)*
2. Esta alcoba es pequeña. *(coche, maletas, platos)*
3. Aquellas casas son blancas. *(billete, lancha, calcetines)*
4. Ese chaleco es tuyo. *(camisa, zapatos, traje)*
5. Aquel hombre es rico. *(mujer, muchachas, señorita)*

Los pronombres demostrativos

SINGULAR

MASCULINE	FEMININE	
éste	ésta	*this one*
ése	ésa	*that one*
aquél	aquélla	*that one*

PLURAL

MASCULINE	FEMININE	
éstos	éstas	*these*
ésos	ésas	*those*
aquéllos	aquéllas	*those*

1. No quiero **estos** zapatos sino **aquéllos.**   *I don't want these shoes but those.*

Since demonstrative pronouns are stressed in speech, they differ from demonstrative adjectives in that they bear written accents.

2. Juan y José son hermanos; **éste** toca el piano y **aquél,** el violín.   *John and Joseph are brothers. The former plays the violin and the latter, the piano.*

The demonstrative pronouns **éste, ésta, éstos,** and **éstas** are sometimes used to indicate *the latter* and **aquél, aquélla, aquéllos,** and **aquéllas,** *the former.* Note that in Spanish, contrary to English, **éste** (*the latter*) usually comes before **aquél** (*the former*).

F. Imite el modelo sustituyendo en cada oración el sustantivo indicado por el pronombre demostrativo.

MODELOS: Esta flor es mía.
Esta es mía.
Este billete es mío.
Este es mío.

1. Ese lápiz es tuyo. *(corbatas, libros, caja)*
2. Aquellas cucharas son pequeñas. *(calcetines, maleta, billete)*
3. Este guante es bonito. *(cajas, flor, libros)*
4. Esta alcoba es amarilla. *(platos, coche, plumas)*
5. Ese traje es mío. *(chalecos, camisa, zapatos)*
6. Aquel caballero es mexicano. *(mujer, señoritas, muchacho)*
7. Esa familia es rica. *(leche, profesor, chicas)*

Usos especiales de los pronombres demostrativos *el, la, los* y *las*

Tengo mi traje y **el de Juan.**	*I have my suit and John's (that of John).*
Se venden libros en esta librería y también en **la de la esquina.**	*Books are sold in this bookstore and also in the one on the corner.*

The article **el, la, los,** or **las** is generally used before a phrase introduced by **de** to stand for an implicit noun (usually already mentioned).

G. Sustituya los sustantivos indicados haciendo todos los cambios necesarios en las siguientes oraciones.

MODELO: Estas flores y las del jardín son bonitas.   *(este árbol)*
Este árbol y el del jardín son bonitos.

1. Este lápiz y el de Juan son baratos.
(esta corbata, esos trajes, esas camisas)
2. Esa guitarra y la de María son pequeñas.
(aquellas cajas, este vestido, esos pañuelos)
3. Aquellas alcobas y las del palacio son grandes.
(esos cuartos, estas cocinas, estos coches)
4. Estos trajes y los de Alicia son caros.
(aquella pintura, ese coche, esas camisas)
5. Estas cartas y las del Sr. Gómez son importantes.
(aquel documento, esas maletas, estos libros)

Los pronombres demostrativos neutros

esto	*this*
eso	*that*
aquello	*that (remote in time)*
(lo) que	*what (that which)*

Esto no vale la pena.	*This isn't worth bothering about.*
Eso es magnífico.	*That (situation) is magnificent.*
Aquello pasó en 1492.	*That happened in 1492.*
No me gustó **lo que** hicieron.	*I didn't like what they did.*

Neuter demonstrative pronouns, which have no corresponding adjective forms, have no written accent. They refer to a statement, a general idea, or an object whose gender is unknown.

DIALOGO   Excursión a la Universidad de México

inscribirse registering
céntricas downtown

(Un grupo de estudiantes norteamericanos llegan en avión al aeropuerto de México. Después de inscribirse° en el Hotel Ritz, los estudiantes suben a un taxi para ir a la Universidad de México. Al pasar por las calles céntricas° miran los lugares de interés en la ciudad.)

CHOFER: Este es el Zócalo, la plaza principal. Al otro lado está la catedral.

KATE: Entiendo que data del siglo dieciséis; Cortés entró en la ciudad en 1519.

CHOFER: Es verdad. A su derecha están los edificios del gobierno.

PHILLIP: Qué bonitos son. Quiero ver las pirámides construidas por los aztecas.

CHOFER: Desafortunadamente no hay tiempo hoy para las pirámides pero mañana, sí. Ahora estamos pasando por el parque de Chapultepec, y pronto llegaremos a la Universidad.

MARK: Me interesa verla. Se llama la Universidad Nacional Autónoma de México o «UNAM», y es muy grande.

MARTHA: He oído decir que tiene edificios modernos que son lindos y que tienen una arquitectura interesante.

CHOFER: A su izquierda está el Palacio de Bellas Artes. Allí toca la sinfónica de México.

KATE: Mi maestra de español conoce a una profesora de literatura mexicana y me ha dado una carta de presentación. Se llama la Doctora Josefina Cabrera.

PHILLIP: A ver si podemos trabar conocimiento con° algunos estudiantes. Tal vez podamos hablar con ellos sobre las universidades mexicanas.

MARK: De acuerdo. Me impaciento también por conocer unos estudiantes mexicanos.

(Llegan a la UNAM y bajan del taxi. Dan las gracias al chófer. Después de poco entran en la oficina de la Dra. Cabrera.)

KATE: Permítame presentarme, Dra. Cabrera: soy Kate Carlson, y he venido de la Universidad de California. Mi profesora la Dra. Miller la conoce a usted.

DRA. CABRERA: Sí, sí, estaba esperándoles a ustedes. Recibí una carta de la Dra. Miller el otro día. ¡Bienvenidos todos!

KATE: Gracias. Estos son mis amigos Martha Stein, Mark Oliveri y Phillip Jackson. Todos estamos especializándonos en español para enseñarlo o usarlo en otra profesión algún día.

DRA. CABRERA: ¡Magnífico! ¿Quieren pasar a mi clase? Quiero que conozcan a mis estudiantes.

MARK: Con mucho gusto.

Comprensión

1. ¿Quiénes llegan a México?
2. ¿Cómo van a llegar a la Universidad ellos?
3. Al pasar por las calles céntricas, ¿qué ven?
4. Específicamente, ¿cuáles son algunos de los lugares de interés que ven?
5. ¿Cuándo entró Cortés en la ciudad de México?
6. ¿Quiénes construyeron las pirámides?
7. ¿Qué significa «UNAM»?
8. ¿Qué tipo de arquitectura tienen muchos de los edificios de la Universidad?
9. ¿Quién es Josefina Cabrera?
10. ¿Por qué quiere Phillip trabar conocimiento con estudiantes mexicanos?
11. ¿Adónde ha hecho usted un viaje recientemente?
12. ¿Qué cosas de interés ha visto?
13. ¿Qué personas conoció usted en el viaje?
14. ¿Qué países quisiera usted visitar? ¿Por qué?

Plática espontánea

Un grupo de estudiantes hace una excursión a la ciudad de México. En el diálogo en que participan, hacen las presentaciones antes de abordar un autobús.

Durante el viaje discuten lo que han visto, lo que ven y lo que van a ver. Incluya algunas ideas de la siguiente lista en el diálogo.

su llegada en el avión

los varios puntos de interés en la
ciudad

la plaza principal

los varios tipos de edificios

las pirámides

Cortés y su influencia sobre la
ciudad

la «UNAM»

Si no conocen la ciudad de México, pueden hablar de un viaje a un lugar de interés en los Estados Unidos.

MODISMOS Y EXPRESIONES

A. Use cada expresion en una oración completa.

a la vez	at the same time
cumplir con	to fulfill
en aquel entonces	at that time
en manos de	in the hands of
fijarse en	to notice
hacia adelante	forward
hacia atrás	backward
por todas partes	everywhere
tomar por	to take for

B. Conteste las siguientes preguntas.

1. Piense en su niñez. ¿Qué hacía usted en aquel entonces que le gustaba mucho?
2. Si usted sube un taxi está en manos del chófer. ¿Qué hace usted si el chófer no maneja bien?
3. ¿Siente usted a veces que va hacia adelante en sus estudios? ¿Qué va hacia atrás? ¿Cuándo? ¿Por qué?
4. Al pasar por la calle de la ciudad en que usted vive, ¿en qué se fija usted?
5. En las calles, ¿qué hay por todas partes?
6. A la vez que usted leía el periódico esta mañana, ¿que más pasaba en su casa?
7. ¿Cuándo usted comete un error en clase, ¿le toman por un payaso?
8. ¿Cumple usted sus promesas? ¿Por qué?

PRACTICA ESCRITA

Traducción

(A group of North American students has arrived at the Hotel Ritz in Mexico City. After registering at the hotel, they meet outside to board a bus for the university. The students speak.)

— Hello, I'm Jill Martin.
— Pleased to meet you. My name is Susan Taylor and I'm from New York. Do you know Steve?
— How are you, Steve? It's a great pleasure to meet you. Where are you from?
— I'm from Boston. I am studying at Boston University.
— Here comes the bus. Let's get on.

(During the trip to the University, the students continue conversing.)

— There's the cathedral of Mexico.
— This is the Zócalo, the main square.
— Why is the University called «UNAM»?
— Because it is the national autonomous University of Mexico.
— I hope to meet some Mexican students there.
— We have arrived! Let's go.

Composición sobre el diálogo

Escriba una carta a un(-a) amigo(-a) sobre un viaje a México u otro viaje que ha hecho usted. Incluya las siguientes ideas.

1. lo que vio usted desde el avión, el autobús, el tren o el barco.
2. una descripción del lugar donde estaba viviendo(-a) usted
3. el clima allí
4. qué hizo para conocer a la gente

Composición sobre la lectura

Escriba una composición sobre el sentimiento religioso en España. Incluya algunas de las siguientes ideas.

1. las estrechas relaciones entre el Estado y la Iglesia
2. la época de las Cruzadas
3. una descripción de las procesiones de la Semana Santa: los penitentes y los pasos
4. las cofradías o hermandades en España
5. el sentimiento religioso en la vida diaria del hombre hispánico

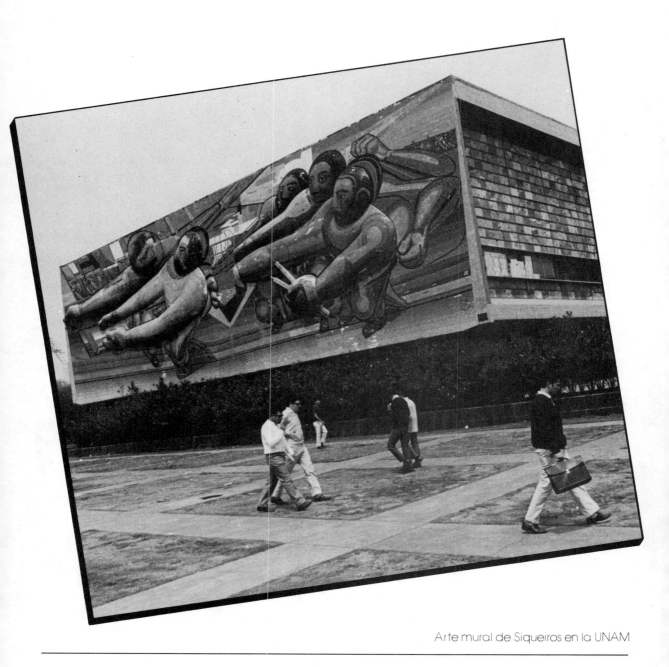

Arte mural de Siqueiros en la UNAM

LECCION 8

LECTURA

Una discusión en la clase de español sobre el arte hispánico

PROFESOR: El Museo del Prado en Madrid es uno de los mejores museos de arte en el mundo. Sus galerías tienen cuadros de El Greco, Velázquez, Goya y muchos otros pintores cuyo mérito artístico todavía no ha sido suficientemente reconocido.

PABLO: ¿No se encuentran muestras de sus cuadros en otras partes?

PROFESOR: Sí, incluso en los Estados Unidos. Pero la mejor y mayor colección está en España. Bien, Olga, ¿qué sabe usted de Velázquez?

OLGA: Velázquez nació en Sevilla donde estudió arte con su maestro Pacheco por cinco años. Después de casarse con la hija de Pacheco, se trasladó° a Madrid. Allí trabó amistad° con el poderoso Conde-Duque° de Olivares, quien presentó al joven pintor en la corte.

PROFESOR: Pablo, ¿qué recuerda usted del sevillano Velázquez?

PABLO: Velázquez pintó un retrato ecuestre° de Felipe IV que le ganó° inmediato reconocimiento; después fue nombrado pintor real° y

se trasladó he moved
trabó amistad struck up a friendship
Conde-Duque Count-Duke
retrato ecuestre equestrian portrait
que le ganó that earned him
real royal

125

tuvo un estudio en el palacio. El rey y Velázquez se hicieron buenos amigos y éste pintó retratos de todos los miembros de la familia real.

PROFESOR: Felipe, ¿la obra de qué pintores inspiró a Velázquez?

FELIPE: En Italia estudió las pinturas de Ticiano, Tintoretto y Veronese. Al volver a Madrid, el famoso pintor flamenco° Rubens lo visitó.

flamenco Flemish

PROFESOR: Miranda, ¿cuáles son las obras maestras de Velázquez?

MIRANDA: Entre las más notables se destacan° *La Rendición*° *de Breda* (también llamada *Las Lanzas*), *Las hilanderas*° y *Las meninas.*° El cuadro *Las meninas* capta° el momento en que Velázquez hacía un retrato de los Reyes Felipe y Mariana, cuando de pronto° entró la Princesa Margarita acompañada de sus meninas.

se destacan stand out
rendición surrender
hilanderas spinners
meninas court maidens
capta captures
de pronto suddenly

PROFESOR: Muy bien. En conclusión, Velázquez desarrolló un arte sutil e intelectual con colores de tono exquisito. En sus retratos de personajes reales pintaba a sus modelos como los veía. Se interesó en expresar la verdad, sin importarle° lo que pensaban los otros. Ahora díganme, ¿quién era el pintor por excelencia° de temas religiosos en el siglo dieciséis? ¿Quién sabe? ¿Olga?

sin importarle without it mattering to him
por excelencia preëminent

OLGA: El Greco.

PROFESOR: Eso es. Su verdadero nombre era Domenicos Theotocopoulos. Nació en Creta, estudió en Italia con Ticiano y al llegar a España se estableció en Toledo. De todos sus cuadros de tema religioso, el más conocido es *El entierro*° *del conde de Orgaz*, cuadro que contiene los retratos de muchos nobles toledanos de aquella época.

entierro interment, burial

MARTIN: ¿Por qué hay alargamiento° y contorsión en las figuras?

alargamiento elongation

PROFESOR: Pintaba así para expresar el éxtasis religioso. Además, las líneas parecen llamas° por el contraste entre la luz y la sombra; también hay colores fuertes que contrastan con el tono gris.

llamas flames

PABLO: A mí me interesa mucho el trabajo de Diego Rivera, pintor mexicano que fue influido por la pintura de El Greco.

PROFESOR: Sí, Rivera estaba convencido de que una nueva forma de arte debería corresponder al nuevo orden de cosas, y empezó a decorar las paredes y los muros° de los edificios públicos. Estas pinturas murales reflejan la vida, la historia y los problemas sociales de México. Sus frescos también se encuentran en los muros de algunos edificios públicos de San Francisco y Detroit. Igualmente famosos son otros pintores mexicanos como Orozco, Siqueiros y Tamayo.

muros (outside) walls

MIRANDA: ¿No se ve la influencia de Rivera en el arte chicano?

PROFESOR: Sí, hoy en día se ve el arte chicano en San Diego, Los Angeles y en otros lugares del suroeste° de los Estados Unidos.

suroeste southwest

Estos murales tienen un mensaje político-social que revela un marcado interés en los problemas de los chicanos.

Conteste usted las siguientes preguntas.

1. ¿Qué es el Museo del Prado?
2. ¿Dónde nació Velázquez?
3. ¿Con quién estudió por cinco años?
4. Al llegar a Madrid, ¿con quién trabó amistad Velázquez?
5. ¿Por qué fue Velázquez a Italia?
6. ¿Cuáles son algunas de las obras maestras de Velázquez?
7. ¿Qué sabe usted del arte de Velázquez?
8. ¿Por qué se llama El Greco así?
9. ¿Dónde se estableció El Greco?
10. ¿Cuál es su cuadro más conocido?
11. ¿Qué tema predomina en la obra de El Greco?
12. ¿Por qué se encuentran alargamiento y distorsión en las figuras de El Greco?
13. ¿Qué sabe usted del arte del pintor mexicano Diego Rivera?
14. ¿Dónde en los Estados Unidos se pueden ver muestras del arte chicano?

Actividades comunicativas

1. Traiga una reproducción de algún cuadro que le guste a usted especialmente. Muestre el cuadro a la clase describiéndolo detalladamente. Luego diga qué emociones le provoca el cuadro y por qué le gusta tanto.

2. Júntese con un(-a) compañero(-a) de clase. Entre los (las) dos, hagan una lista de las posibles funciones del arte en una sociedad moderna Luego, hagan otra lista de las funciones del arte en una sociedad antigua. Comparen las dos listas y traten de llegar a algunas conclusiones interesantes sobre la importancia del arte a través de la historia de la humanidad.

A. Repase los verbos **poner** y **poder** en el apéndice. Luego termine las siguientes oraciones de una manera lógica.

1. No he podido ayudar a mi hermano porque...
2. Pondremos el televisor allá porque aquí...
3. Nosotros no podemos más, así que ustedes tendrán que...
4. Jorge puso un telegrama ya que necesitaba...
5. ¿Puede usted prestarme una hoja de papel? Es porque...
6. Alvaro no se pone el sombrero cuando...
7. No podían sacar el coche del garaje porque...
8. La dependienta *(clerk)* ha puesto la chaqueta en el mostrador *(counter)* porque...
9. Gloria no puede venir hoy, pero mañana...
10. Marta y Luisa se han puesto los guantes porque creen que...

B. Llene los espacios que siguen con una forma de **poder** o **poner**. A veces hay varias posibilidades correctas.

1. Ella _____ el libro en la mesa antes de tu llegada.
2. No _____ ir al cine hoy porque tengo que estudiar.
3. _____ el diccionario en el estante *(shelf)* tan pronto como termine.
4. No _____ más porque está exhausto.
5. ¿ _____ el cojín *(cushion)* en el sofá para que el gato lo use?
6. ¿ _____ usted ver la nueva película que se está dando en el teatro Orfeón?
7. _____ el televisor todas las noches cuando éramos niños.
8. ¿ _____ ustedes acompañarnos al concierto esta noche?
9. _____ el traje en el mostrador porque creíamos que se iba a vender rápidamente.
10. No _____ ver bien porque se sentaron muy lejos de la pantalla *(screen)*.
11. _____ la radio tan pronto como lleguen.
12. ¿ _____ venir temprano si no tuvieras que trabajar?

GRAMATICA Y EJERCICIOS

Los adjetivos

1.	Es **un edificio alto**.	*It's a high building.*
	Es **una casa alta**.	*It's a tall house.*

Tengo **una bolsa gris**.			*I have a gray purse.*	

The feminine singular of adjectives ending in **-o** is formed by changing final **-o** to **-a.** Adjectives ending in any other letter remain the same in the feminine.

2. Es **española**.   *She is Spanish.*

Juana no es **holgazana** sino   *Jane is not lazy but talkative.*
    habladora.

but:

Ella es **menor** que él.   *She is younger than he.*

Adjectives of nationality ending in a consonant add **-a** for the feminine form. Adjectives ending in **-án, -ón,** and **-or** (but not the comparatives **mayor, menor, mejor,** and **peor**) also add **-a** for the feminine.

3.

blanco	blancos	blanca	blancas	*white*
difícil	difíciles	difícil	difíciles	*difficult*
andaluz	andaluces	andaluza	andaluzas	*Andalusian*

Adjectives ending in a vowel add **-s** to form the plural. Those ending in a consonant add **-es.** If the adjective ends in **-z,** the **-z** is changed to **-c** before adding **-es.**

4. **El paisaje y la gente** son   *The landscape and the people are*
    pintorescos.   *picturesque.*

An adjective modifying two nouns of different genders is generally masculine plural.

A. Sustituya los sustantivos en cada oración por las palabras en paréntesis y haga los cambios necesarios.

1. Es un coche blanco. *(pluma, flores, comedor)*
2. Tengo una cartera grande. *(lápices, manzanas, palacio)*
3. Vicente es español y Juanita es española. *(portugués, holandés, francés, andaluz)*
4. Carlos es hablador y Elena es habladora. *(holgazán, joven, estudioso)*
5. Alfonso y Gertrudis son simpáticos. *(Rita, Eduardo, las muchachas, Cristina y Tomás)*

La posición de los adjetivos

1. **Estos muchachos** son grandes.   *These boys are big.*

    Mis padres están con mi hija.   *My parents are with my daughter.*

    Quiero **dos manzanas.**   *I want two apples.*

    Algunas personas conocían a Luis.   *Some people knew Louis.*

    Varios coches están en la calle.   *A number of cars are on the street.*

    Hay **muchos libros** en la mesa.   *There are many books on the table.*

Limiting adjectives such as demonstratives, possessives, numerals, indefinites, articles, and quantitatives generally precede the noun.

2. Miguel es **un muchacho inteligente.**   *Michael is an intelligent boy.*

   Me gustan **las casas pequeñas.**   *I like (the) small houses.*

   Descriptive adjectives usually follow the noun when they emphasize, distinguish, or differentiate it from others of its class.

3. mis amigos **ricos**   *my rich friends (not all are rich)*

   mis ricos **amigos**   *my rich friends (all are rich)*

   When the adjective is emphasized, it usually follows the noun; when the noun is emphasized, it follows the adjective.

4. Es **un buen muchacho.**   *He's a good boy.*

   Es **una mala costumbre.**   *It's a bad custom.*

   Certain common descriptive adjectives have lost their differentiation force and often precede the noun.

5. **la blanca nieve**   *the white snow*

   un fiero tigre   *a fierce tiger*

   An adjective describing an inherent or logical characteristic may precede the noun.

6. un **pobre** muchacho   *a poor (unfortunate) boy*

   un muchacho **pobre**   *a poor (penniless) boy*

   una mujer **grande**   *a big (tall) woman*

   una **gran** mujer   *a great (important) woman*

   Some adjectives have a somewhat different meaning when they precede a noun than when they follow it.

7. Cervantes es un **famoso** autor **español.**   *Cervantes is a famous Spanish writer.*

   Es un hombre **alto y delgado.**   *He is a tall, thin man.*

   When two or more adjectives modify one noun, each is placed according to the rules given above; if both follow the noun, they are connected by **y.**

B. Use los siguientes adjetivos antes o después del sustantivo y explique la razón de su selección.

1. Me dijo Lucía que tenía lápices.   *(siete)*
2. Juan tiene dos corbatas.   *(azul)*
3. ¿Visitó usted el Palacio de Artes?   *(bello)*
4. Me gustan los exámenes.   *(difícil)*

5. El hombre me lo agradeció mucho.   (*pobre*, without money)
6. Quiero comprar una casa.   (*bonito*)
7. Las hermanas están aquí.   (*joven*)
8. La mujer tiene mala suerte.   (*pobre*, unfortunate)
9. Cristóbal Colón es un descubridor.   (*famoso*, *español*)
10. Han llegado hombres.   (*mucho*)
11. Ana es una muchacha.   (*inteligente*)
12. No he visto al hombre de que usted hablaba.   (*gordo*, *bajo*)
13. Vivo en un cuarto.   (*pequeño*)
14. María es una alumna.   (*malo*)
15. No tengo plumas.   (*mi*)

Las formas abreviadas de los adjetivos

1. Es un **buen** libro.   *It's a good book.*

   Llegamos el **tercer** día.   *We arrived the third day.*

   No veo **ningún** error en el texto.   *I don't see any errors in the text.*

   He leído **algunas** novelas.   *I have read some novels.*

   Bueno, malo, uno, alguno, ninguno, and **tercero** lose the final **-o** when placed before a masculine singular noun. **Algún** and **ningún** take written accents when the **-o** is dropped.

2. **San** Carlos   *Saint Charles*

   Santo Tomás   *Saint Thomas*

   Santa Teresa   *Saint Theresa*

   la **gran** señora   *the great lady*

   el **gran** capitán   *the great captain*

   cualquier hombre   *any man*

   cualquier cosa   *anything*

   cien dólares   *one hundred dollars*

   ciento diez mil estudiantes   *one hundred ten thousand students*

   Santo becomes **San** before a masculine singular noun unless the noun begins with **To-** or **Do-**. **Grande** becomes **gran** before a singular noun of either gender. **Cualquiera** also drops the **-a** before a noun of either gender. **Ciento** becomes **cien** before all nouns.

C. En las siguientes oraciones, reemplace los sustantivos por los indicados entre paréntesis y haga los cambios necesarios.

   1. ¡Qué buen amigo es! *(muchacha, platos, frutas)*
   2. Tuve un mal ejemplo. *(semana, frenos, llantas)*

3. Es un gran profesor. *(señores, mujer, persona)*
4. Necesito la tercera línea. *(número, cuenta, libro)*
5. Me gusta cualquier película. *(diccionario, maleta, baúl)*
6. ¿Han mandado alguna carta? *(cosas, recado, tarjeta)*
7. Le visité el primer día. *(semana, años, meses)*

D. Use los siguientes adjetivos antes o después del sustantivo y explique la razón de su selección.

1. Manuel vive en el piso. *(tercero)*
2. Nos bendijo *(blessed)* el cura. *(bueno)*
3. Tengo dinero. *(alguno)*
4. Ninguna persona sabe eso. *(perezoso)*
5. Washington era un hombre. *(grande)*
6. María es alumna. *(aplicado)*
7. Los muchachos no han venido a la clase. *(desaplicado)*
8. Esa mujer no puede comprar entrada para la ópera sin dinero. *(pobre)*
9. Roberto tiene seis pies de altura. Es joven. *(grande)*
10. Ella tiene dinero. *(su)*

Usos especiales de los adjetivos

Viven **contentos.**	*They live happily.*
La rubia es mi hermana.	*The blonde is my sister.*

Adjectives may be used as adverbs and as nouns.

Los adverbios

1.
rápido, -a	*rapid*	**rápidamente**	*rapidly*
triste	*sad*	**tristemente**	*sadly*
fácil	*easy*	**fácilmente**	*easily*

Adverbs are formed by adding **-mente** to the feminine singular form of the adjective. If the adjective has an accent, it is retained in the adverb form.

E. Usando adverbios en oraciones completas, describa sus propias acciones.

MODELO: Yo camino _____ .
Yo camino lentamente.

1. Esquío _____ .
2. Pronuncio el español
   _____ .
3. Hablo _____ .

4. Escribo _____ .
5. Corro _____ .
6. Leo _____ .

F. De la siguiente lista de adverbios, use el apropiado en cada oración: **exacta-mente, precisamente, desgraciadamente, generalmente, posiblemente, claramente.**

1. _____ corro para hacer ejercicio.
2. _____ hago los dibujos para mi clase de arte.
3. No tengo dinero _____
4. _____ vamos a ir con ustedes el sábado.
5. No sé _____ lo que ella dijo.
6. Estoy _____ enfermo.

---

2. Habla **lenta y claramente.**   *She speaks slowly and clearly.*

If two adverbs are connected by a conjunction, the first adverb drops **-mente.**

G. Describa las siguientes acciones de sus padres usando dos adverbios en cada oración.

MODELO: Mis padres hablan _____ y _____ .
Mis padres hablan clara y rápidamente.

1. Pronuncian _____ y _____ .
2. Manejan su carro _____ y _____ .
3. Bailan _____ y _____ .
4. Gastan dinero _____ y _____ .
5. Cantan _____ y _____ .
6. Caminan _____ y _____ .

---

3. Me asió **con violencia**   *He grabbed me violently.*
(violentamente).

In Spanish, adverbs may also be formed by using **con** plus a noun.

H. Describa las siguientes acciones de su hermano(-a), sustituyendo en cada oración el adverbio por *con* y un sustantivo.

MODELO: Mi hermano estudió la lección diligentemente.
Mi hermano estudió la lección con diligencia.

1. Abrió la carta de su novia cuidadosamente.
2. Repitió el mismo error frecuentemente.
3. Leyó la novela rápidamente.
4. Escribió la contestación inteligentemente.
5. Lo aprendió fácilmente.

DIALOGO   Pablo Picasso y el cubismo

(Un grupo de estudiantes asiste a una exhibición de los cuadros de Picasso en el Museo de Arte Moderno en Nueva York.)

controvertible
controversial

ROBERTO: Pablo Picasso es ciertamente el más controvertible° y tal vez el más admirado de los pintores de nuestro tiempo.

EVA: Dicen que Picasso no es sólo un representante de la pintura moderna sino también el pintor más moderno.

RUTH: Miren ustedes este cuadro de una figura de mujer. Está algo distorsionada,° ¿verdad?

algo distorsionada rather distorted

ROBERTO: Así es casi toda la obra de Picasso. Para él, el arte representaba un rechazo al convencionalismo, a los «prejuicios burgueses.»°

burgueses *bourgeois*

RUTH: Entiendo que Picasso creía que en el arte no podían existir normas obligatorias y tradicionales.

EVA: ¿Por qué no?

RUTH: Porque su sensibilidad no toleraba la existencia de doctrinas fijas° ni el control de la censura.

fijas fixed

ROBERTO: Sí, de esta manera Picasso se burlaba de los intentos de clasificación de su obra según las normas estilísticas aceptadas en la historia del arte.

RUTH: Me parece que Picasso tenía una orgullosa independencia con la cual quiso reivindicar° a los pintores de todos los tiempos.

reivindicar to recover

EVA: ¿Por qué dices eso?

se vengó de took revenge on

RUTH: Picasso se vengó de° las humillaciones y de todas las concesiones que el artista tenía que hacer en nombre de los convencionalismos y de lo que se llama el «buen gusto.»

ROBERTO: Está bien. Sigamos adelante. Me encanta su cuadro *Guernica*.

RUTH: ¿No fue uno de los pueblos destruidos por Franco durante la guerra civil en España?

RUTH: Es verdad. ¿Ven ustedes en el cuadro la figura de un toro? Es un símbolo de la fuerza masculina, lo que se llama el machismo.

ROBERTO: ¿Sabían ustedes que Picasso fue uno de los iniciadores del cubismo? Es decir, trabajaba con formas geométricas como el círculo y el rectángulo.

RUTH: A pesar de su tendencia revolucionaria, el cubismo conserva algo de la tradición clásica, ¿no les parece?

EVA: Tienes razón. Miren el cuadro *Las meninas*, donde se ve que Picasso siguió la tradición de Velázquez, el famoso pintor del siglo diecisiete.

ROBERTO: Sí, sí. Pero basta por ahora. He tenido suficiente lección de
arte. Volvamos al hotel.

Comprensión

1. ¿Qué museo visita el grupo de estudiantes?
2. ¿Quién fue Pablo Picasso?
3. ¿A qué se debe la distorsión de las figuras en la obra de Picasso?
4. En el arte de Picasso, ¿por qué no pueden existir normas fijas?
5. ¿De qué se burlaba Picasso?
6. ¿A quiénes quiso reivindicar Picasso?
7. ¿Cuál de los cuadros le encanta a Roberto?
8. ¿Qué representa el cuadro *Guernica*?
9. ¿Hay algún simbolismo en la figura del toro?
10. ¿Qué es el cubismo?
11. ¿Conserva el cubismo algunos elementos tradicionales?
12. ¿Qué cuadro de Picasso muestra la influencia de Velázquez?

Plática espontánea

1. ¿Qué sabe usted de Picasso?
2. ¿Le gusta su obra? ¿Por qué sí o no?
3. ¿Cree usted que Picasso tuvo éxito en su sátira contra los «prejuicios burgueses?»
4. ¿Conoce usted el cuadro *Guernica*? ¿Sabe usted algo de su historia?
5. ¿Qué importancia tiene Picasso en la historia del arte?

MODISMOS Y EXPRESIONES

Use cada expresion en una oración completa.

a grande escala	on a large scale
a la larga	in the long run
de esta manera	in this way
de pronto	suddenly
en relación con	in relation to
hacerse + *sustantivo*	to become + *noun*
interesarse en	to become interested in
proveer de	to provide with
trabar amistad con	to become friendly with
vengarse de	to take revenge on

Traducción

— My uncle is a short, fat man, but my aunt is the prettiest woman in the neighborhood. They live in that low building near the beautiful park.
— I know they speak Spanish, but are they Mexican or Colombian?
— Anyone could guess from their accent that they are Mexican.
— Is your aunt very talkative?
— No, and she's not lazy either, if you are looking for defects.
— Where do they live?
— They live in the St. Thomas district. They speak regularly and openly about political events at their club meetings.
— Do they live happily in that area of town?
— Yes, and they have a large family. Some of their eight daughters are wealthy.
— I don't find anything bad in that. What does your uncle do?
— He's a famous Mexican author.

Composición sobre el diálogo

Escriba una composición sobre el arte de Picasso. Use algunas de las siguientes sugerencias en la composición.

1. Picasso, representante del arte moderno
2. las figuras distorsionadas
3. la declaración de guerra al convencionalismo
4. el rechazo de las normas obligatorias y tradicionales
5. la sensibilidad de Picasso
6. la censura
7. *Guernica* y la guerra civil
8. la independencia de Picasso
9. la reivindicación de otros artistas por Picasso
10. el cubismo y sus formas geométricas: los círculos, los rectángulos, etc.
11. la relación entre el cubismo y la tradición clásica
12. *Las meninas* de Velázquez

Composición sobre la lectura

Escriba una composición sobre el arte hispánico. También puede ser un diálogo entre varios estudiantes o entre varios estudiantes y su profesor(a). Use algunas de estas sugerencias.

1. El Museo del Prado: dónde está; los nombres de sus más destacados pintores
2. Velázquez: dónde nació; con quién trabó amistad en Madrid; dónde estudió; sus cuadros más conocidos; su contribución al mundo del arte
3. El Greco: dónde nació; dónde se estableció en España; los temas de sus cuadros; el alargamiento y la distorsión en su obra: ¿por qué?
4. El arte chicano: en dónde se encuentra; sus temas

Los estudiantes siempre forman parte de la revolución.

LECCION 9

LECTURA   La revolución en Latinoamérica

apta suitable

Latinoamérica es considerada por muchos como tierra apta° para la revolución. Sin embargo casi todas las «revoluciones» que han tenido lugar en esta área no merecen tal nombre pues no han resultado en cambios drásticos. En algunos países la oportunidad de establecer gobiernos capaces de introducir reformas sociales se ha perdido en manos de la oligarquía, de los militares, o a través de elecciones fraudulentas. De esta manera las urgentes reformas sociales parecen aún lejanas en ciertas naciones donde es difícil que eche raíces° la democracia.

eche raíces take root

anhelan long for

Los hispanoamericanos anhelan° la libertad, la justicia económica y una independencia total, cosas que en realidad no se han logrado hasta el presente. No habrá que esperar mucho tiempo para que estos pueblos tracen° la ruta de su propio destino, no como satélites económicos de otras naciones sino de acuerdo con° sus necesidades inmediatas, su tradición cultural y sus más caros deseos y aspiraciones. Los latinoamericanos, como los demás seres humanos, quieren un futuro mejor y muchos creen que sólo ellos podrán forjárselo.°

tracen trace, outline
de acuerdo con in accord with

forjárselo forge it for themselves

139

anti-yanqui anti-American
("Yankee")
campañas campaigns,
crusades
hechos facts
palabrería empty talk
compleja complex
actual present

latifundismo large landed
estates
laborable arable, workable
analfabetismo illiteracy
mediante through, by
means of
explotación operation,
utilization
desnutrición malnutrition
crecimiento demográfico
population growth
éxodo exodus
campesinado *peasants*
asistencia social welfare

inversión investment
aumentar increase

aquejan afflict

justo fair

negar deny, refuse

lleve a cabo carry out
encaminadas directed

préstamos loans
onerosos burdensome
patrocinar fund

ampliar to expand

estaño tin

esforzarse por to strive to
apresurar to hasten
búsqueda search
impuestos taxes

La política exterior de los Estados Unidos en Latinoamérica ha estimulado el sentimiento anti-yanqui° en los países vecinos. Las campañas° en pro de los derechos humanos no se han basado en hechos° concretos sino en una vana palabrería° que no convence a nadie. Según un número de hispanos, se necesita ante todo que los Estados Unidos y los gobiernos latinoamericanos comprendan la compleja° situación actual° y la gravedad de los problemas para los cuales se están buscando diversas soluciones. Entre las varias soluciones posibles a los problemas de Latinoamérica se destacan la reforma agraria, que eliminaría el latifundismo° distribuyendo la tierra laborable° entre los campesinos, la eliminación del analfabetismo° mediante° la construcción de escuelas y la creación de programas oficiales que lleven la educación al pueblo. Además se necesita una adecuada explotación° agrícola que permita a los latinoamericanos cultivar sus propios productos y combatir la desnutrición.° Otro problema serio es el crecimiento demográfico,° uno de los más altos del mundo. La descentralización industrial se ha propuesto para evitar el éxodo° del campesinado° a las grandes ciudades. A la lista de soluciones posibles se pueden agregar la mejora en la asistencia social°, con ideas y técnicas nuevas, y el establecimiento de clínicas médicas en las áreas rurales. Se necesita asimismo estimular la inversión° extranjera para aumentar° la producción y la riqueza industrial.

Los latinos creen que el gobierno de los Estados Unidos debe darse cuenta de los problemas que aquejan° a sus vecinos latinoamericanos. Esperan que, evitando los errores pasados, se pueda iniciar una nueva política hacia Latinoamérica con base en un justo° sentido de igualdad y en un mutuo respeto. También opinan que el gobierno de Wáshington debería negar° ayuda a todo régimen dictatorial que viole los derechos humanos y que no lleve a cabo° reformas encaminadas° a mejorar la situación de la gente pobre. Muchos opinan que sería un grave error dejar que el bloque soviético monopolice todas las revoluciones que puedan ocurrir en Latinoamérica. Algunos han sugerido que, en vez de continuar los préstamos° o ayudas con intereses onerosos,° los Estados Unidos podrían patrocinar° la estabilización de los precios internacionales de algunos productos básicos, y promover la creación de un mercado común latinoamericano que sirva para defender y ampliar° la economía de los países de esta zona. Esto ayudaría a estabilizar el mercadeo de sus productos básicos de exportación: el café, el azúcar, el petróleo, el carbón, el cobre y el estaño.°

Por su parte los latinoamericanos tendrán que esforzarse por° apresurar° el cambio usando todos los medios a su disposición para encaminar a sus países hacia la búsqueda° de un futuro mejor. Muchos quieren modernizar la agricultura, innovar los sistemas de impuestos° y

logro achievement

esfuerzo conjunto joint effort

enfrentarse to confront

renovado renewed

cambiar ciertas estructuras económicas y sociales que han obstaculizado el desarrollo. Para el logro° de estas reformas se requiere, sin embargo, un esfuerzo conjunto° de los americanos del sur y del norte. En la unión está la fuerza que se necesita para enfrentarse° al destino con renovado° vigor.

A. Conteste las siguientes preguntas.

1. ¿Por qué no merecen todas las revoluciones en Latinoamérica el nombre de «revoluciones»?
2. ¿Por qué es difícil que la democracia eche raíces en ciertas naciones hispanoamericanas?
3. ¿Qué anhelan los hispanoamericanos respecto a su futuro político?
4. ¿Qué ha estimulado el sentimiento anti-yanqui en Latinoamérica?
5. ¿En qué deben basarse las campañas en pro de los derechos humanos?
6. Según muchos hispanos, ¿qué debe comprender el gobierno de los Estados Unidos?
7. ¿Cómo puede Latinoamérica mejorar su nivel de vida?
8. Según mucha gente hispanoamericana ¿a qué tipo de régimen debería negar ayuda el gobierno de los Estados Unidos?
9. En vez de dar préstamos, ¿cómo puede nuestro gobierno ayudar a Latinoamérica?
10. Por su parte, ¿qué deben hacer los latinoamericanos?
11. ¿Por qué es necesaria la cooperación entre los Estados Unidos y Latinoamérica?

B. Temas de discusión.

1. Explique usted cómo podrían los gobiernos latinoamericanos tratar de resolver los siguientes problemas.
   a. el latifundismo
   b. el analfabetismo
   c. la desnutrición
   d. el alto crecimiento demográfico
   e. el éxodo del campesinado a las grandes ciudades
   f. la insuficiente asistencia social
   g. la salud pública
   h. la producción industrial

2. Dé usted su opinión sobre las siguientes preguntas.
   a. ¿Qué diferencias hay entre una revolución política y una económica?
   b. ¿Existe en el mundo actual una «independencia total» para algún país?

c. ¿Qué problema considera usted el más grave entre los que enfrentan los países latinoamericanos?

Actividades comunicativas

1. La Guerra de Independencia, terminada en 1776, de la cual se originaron los Estados Unidos, se considera una revolución política porque de ella surgió un nuevo sistema de gobierno: la democracia.

    a. ¿Cuáles son las características de ese nuevo sistema político comparado con los sistemas de los gobiernos europeos de aquella época?
    b. ¿Qué cambios en el sistema electoral de los Estados Unidos se han hecho desde 1776 hasta hoy en día?
    c. ¿Puede usted predecir futuros cambios en nuestro sistema político?

2. Aunque muchos observadores dicen que la democracia no ha tenido éxito en la América Latina, sin embargo hay muchas excepciones. Dé usted ejemplos de países y tradiciones democráticas en esta región.

    a. ¿Qué condiciones económicas han favorecido la democracia en los países latinoamericanos?
    b. ¿Cuánto tiempo duraban las democracias en los países latinoamericanos?
    c. ¿Qué condiciones producían el fin de una democracia en esos países?

3. Considere la revolución y la evolución como maneras distintas de efectuar cambios en el sistema político de un país. Haga luego una lista de las ventajas y de las desventajas de cada proceso.

4. Compare la revolución rusa con la mexicana. ¿Puede usted señalar las semejanzas y las diferencias entre las dos?

A. Repase el verbo **querer** en el apéndice y hágale las siguientes preguntas a un(-a) compañero(-a) de clase.

1. ¿Qué quieres comer hoy?
2. ¿Qué quisiste comer ayer que no pudiste?
3. Cuando eras niño(-a), ¿qué querías ser cuando grande?
4. ¿A dónde quieres ir para las vacaciones?
5. ¿Cuándo quieres ir de compras?

B. Complete las siguientes oraciones usando la forma apropiada de **querer**.

1. No quisieron asistir a la clase porque _____
2. ¿_____ ir Alberto al partido de fútbol?
3. Nosotros no _____ leer el libro porque es demasiado largo.
4. Marta _____ ir a la librería pero no tuvo dinero.
5. Mañana yo _____ ver una película en el centro.
6. Ellos _____ ver la feria (*fair*) porque sus amigos les dijeron que es interesante.
7. Yo no _____ oír la verdad porque sé que me va a doler.
8. Nosotros _____ ir al museo pero no tuvimos tiempo.
9. Pepe _____ abrir la ventana pero no tuvo suficiente fuerza.
10. Yo _____ hacer un viaje a Alaska cuando tenía cinco años.
11. Enrique _____ mucho a su novia y ahora va a sufrir por su ausencia.
12. Cuando tenían quince años, las gemelas _____ jugar al béisbol todos los días.

GRAMATICA Y EJERCICIOS

Comparación de adjetivos y adverbios

1. **Adjetivos**

POSITIVE		COMPARATIVE	
claro(-a)	*clear*	**más claro(-a)**	*clearer*
cortés	*courteous*	**más cortés**	*more courteous*
simpático(-a)	*pleasant*	**menos simpático(-a)**	*less pleasant*

SUPERLATIVE	
el (la) más claro(-a)	*the clearest*
el (la) más cortés	*the most courteous*
el (la) menos simpático(-a)	*the least pleasant*

Es **claro.**	*It's clear.* *(positive)*
Es **más claro.**	*It's clearer. (comparative)*
Es **el más claro.**	*It's the clearest. (superlative)*
Es **el** punto **más claro** de todos.	*It's the clearest point of all.* (superlative)

The comparative degree of an adjective is formed by placing **más** or **menos** before it. The superlative degree consists of the article plus **más** or **menos** plus the adjective.

Es el niño más rico **de** la clase.	*He is the richest boy of the class.*

2. **Los adverbios**

cerca	*near*
más cerca	*nearer, nearest*
El pueblo está **cerca.**	*The town is near.* (positive)
El otro pueblo está **más cerca.**	*The other town is nearer.* (comparative)
	The other town is nearest. (superlative)

The comparative and superlative degrees of adverbs have the same form: **más** plus the adverb.

La comparación irregular

1. **Los adjetivos**

POSITIVE	COMPARATIVE	SUPERLATIVE
pequeño(-a)	**más pequeño(-a)**	**el (la) más pequeño(-a)**
small	*smaller* (size)	*the smallest* (size)
	menor	**el (la) menor**
	smaller (importance)	*the smallest* (importance)
	younger	*the youngest*
grande	**más grande**	**el (la) más grande**
large, great	*larger* (size)	*the largest* (size)
	mayor	**el (la) mayor**
	greater (importance)	*the greatest* (importance)
	older	*the oldest*
malo(-a)	**peor**	**el (la) peor**
bad	*worse*	*the worst*
bueno(-a)	**mejor**	**el (la) mejor**
good	*better*	*the best*

Más is never used with **menor, mayor, peor,** or **mejor.**

2. Los adverbios

mucho	*much*
más	*more, most*
poco	*little*
menos	*less, least*
bien	*well*
mejor	*better, best*
mal	*badly*
peor	*worse, worst*

Que/de en comparaciones

1.

Tengo **más libros que** Juan.	*I have more books than John.*
Juan es **más hablador que** María.	*John is more talkative than Mary.*
Isabel tiene **menos de** diez pesos.	*Isabel has less than ten pesos.*

Whereas **que** is equivalent to **than** in comparisons, **de** is used before numbers.[1]

_____

A. Usando **que,** haga las siguientes comparaciones.

MODELO: Rhode Island/Texas   *(pequeño)*
Rhode Island es más pequeño que Texas

1. Los Estados Unidos/La Unión Soviética   *(grande)*
2. las montañas Himilayas/los Andes   *(altas)*
3. mi papá/mi mamá   *(joven)*
4. Hawaii/el estado de Nueva York   *(agradable)*
5. el Perú/el Brasil   *(interesante)*
6. París/Roma   *(populoso)*

B. Haga las siguientes comparaciones escogiendo lo que, en su opinión, se destaca más.

MODELO: Miami, Chicago, Nueva York   *(grande)*
Chicago es más grande que Miami, pero Nueva York
es la más grande de las tres.

1. las montañas de los Andes, los Pirineos, los Apalaches   *(hermosas)*
2. el océano Atlántico, el Indico, el Pacífico   *(ancho)*
3. el mar Caribe, el cielo, un lago   *(azul)*
4. el azúcar, las peras, la limonada   *(dulce)*

1. Note the expression **no . . . más que:**
No tengo **más que** dos.   *I have only two.*

5. las fresas, los duraznos, la piña   *(sabroso)*
6. una hamburguesa, una torta de chocolate, las legumbres   *(saludable)*

C. En cada una de las siguientes oraciones, llene los espacios con la palabra apropiada.

1. Yo hablo mucho pero mi novio(-a) habla _____ .
2. ¿Quién es el (la) _____ atleta de la escuela?
3. Luisa escribe mal pero el pobre Martín escribe _____ .
4. Mis padres viajaron poco pero mis abuelos viajaron aún _____ .

D. Haga las siguientes comparaciones con **más/menos.**

MODELO: mi vecina/yo   *(carros)*
Mi vecina tiene más/menos carros que yo.

1. mi hermana/yo   *(seria)*
2. el (la) profesor(-a)/yo   *(inteligente)*
3. mi papá/mi mamá   *(delgado)*
4. el Presidente de los Estados Unidos/yo   *(trabajador)*
5. mi novio (-a)/yo   *(ropa)*
6. mi hermano/mi hermana   *(problemas)*
7. mi abuelo/mi padre   *(oportunidades)*
8. un hombre rico/un hombre pobre   *(dinero)*

E. Piense en algo que cueste las siguientes cantidades y úselo en una oración completa.

MODELO: un poco más de diez dólares
Mi libro de biología
cuesta un poco más de diez dólares.

1. un poco menos de cinco dólares
2. un poco más de cien dólares
3. mucho más de veinte mil dólares
4. menos de un millón de dólares
5. mucho menos de un dólar

F. Hágale a un(-a) compañero(-a) de clase las siguientes preguntas.

1. ¿Tienes más de un carro?
2. ¿Ganas menos de mil dólares por mes?
3. ¿Puedes correr más de una milla sin descanso?
4. ¿Tienes más de un hermano?
5. ¿Gastas más de cien dólares por mes en gasolina?

2. Era más compasivo **de lo que** creía usted.

He was more sympathetic than you believed.

In a comparison involving two clauses with different verbs, the second clause is introduced by **de lo que** *(than)*.

Mi padre me compró más libros **de los que** yo necesitaba.

My father bought me more books than I needed.

He leído más novelas **de las que** hay en la biblioteca.

I have read more novels than there are in the library.

If, however, the comparison involves a noun, **del, de la, de los,** or **de las** introduces the second clause, depending on the gender and number of the antecedent noun.

Los comparativos de igualdad

1. Tengo **tanto** dinero **como** Raquel.

I have as much money as Rachel.

Hay **tantas** plumas **como** lápices aquí.

There are as many pens as pencils here.

Comparisons of equality are expressed by **tanto (-a, -os, -as) . . . como** *(as much . . . as, as many . . . as)*. **Tanto** stands before the noun and agrees with it in number and gender.

2. Es **tan** grande **como** Diego.

He is as tall as James.

Anda **tan** despacio **como** Pablo.

He walks as slowly as Paul.

But:

Él no habla **tanto como** Esteban.

He doesn't talk as much as Steven.

The adverbial form **tan . . . como** *(as . . . as)* is used before an adjective or an adverb.

———————

G. Hágale las siguientes preguntas a un(-a) compañero(-a) de clase.

1. ¿Tienes tanto interés en casarte como tu novio(-a)?
2. ¿Sabes cantar tan bien como tu papá?
3. ¿Trabajas tanto como tu mamá?
4. ¿Eres tan grande como tu hermano(-a)?
5. ¿Sabes jugar al tenis tanto como tu mejor amigo(-a)?

———————

El superlativo absoluto

Es una casa **muy alta (altísima).**

It's a very tall house.

Ese niño es **malísimo.**

That boy is very bad.

El tren marcha **lentísimamente.**   *The train goes very slowly.*

The absolute superlative does not indicate comparison but a very high or low degree of quality. It is expressed in two ways: (1) by the use of **muy** before the adjective or adverb; (2) by dropping the final vowel of the adjective and adding **-ísimo, -ísima, -ísimos,** or **-ísimas** to adjectives and **-ísimamente** to adverbs. Regardless of the written accent on the original adjective, the accent of an absolute superlative is always on the **í** of **-ísimo.**

H. Hágale a un(-a) compañero(-a) de clase las siguientes preguntas.

1. ¿Qué novelas interesantísimas ha leído usted?
2. ¿Qué medio de transporte en su ciudad o pueblo es lentísimo?
3. ¿Qué es un animal bonitísimo?
4. ¿Es riquísimo el Presidente de los Estados Unidos?
5. ¿Qué tipo de casa es pequeñísima?
6. ¿Qué flor es hermosísima?
7. ¿Por qué es dificilísima la ciencia?

I. Hágale a un(-a) compañero(-a) de clase las siguientes preguntas.

1. ¿Por qué es tu casa (departamento) tan bonita(-o) como la (el) mía(-o)?
2. ¿Quiénes son los (las) muchachos(-as) más altos(-as) de la clase?
3. ¿Quién tiene más dinero que tú?
4. ¿Dónde vive su hermana menor?
5. ¿Quién es la persona más pequeña de su familia?
6. ¿Cómo sabe que su novio(-a) es tan estudioso(-a) como usted?
7. ¿Por qué marcha tan lentamente el autobús?
8. ¿Quién es el (la) estudiante más popular de la clase?
9. ¿Quién tiene tanto dinero como yo?
10. ¿Pagó usted más de lo que pensaba por su televisión?
11. ¿Quién es el (la) estudiante más inteligente de la clase?

DIALOGO El Día de la Raza

ELENA: Debemos hacer planes para la conmemoración del Día de la Raza, el doce de octubre.

JORGE: ¿Qué significa *el Día de la Raza*? ¿A qué raza se refiere?

ELENA: Es un día importante para nosotros los hispanos. Hay que recordar que al descubrir el nuevo mundo, Cristóbal Colón creía que había llegado a las Indias, y que sus habitantes eran indios. La raza para él era la indígena.°

indígena native

JORGE: Ah, sí; ahora recuerdo, Elena. Creo que para nuestra celebración debemos tener un banquete y después un programa de música, baile y canciones de Hispanoamérica.

ELENA: De acuerdo. Ana y yo nos encargamos de la música.

colocando placing

JORGE: Miguel puede colaborar colocando° las banderas de los países panamericanos en las paredes. A propósito, ¿qué piensan preparar Esteban y Analuisa?

ELENA: Pensaban hacer arroz con pollo. Con sólo pensar en eso se me abre el apetito.

(Llega un grupo de estudiantes hispanoamericanos: Fernando, Rosario y Rodrigo).

FERNANDO: Acabamos de oír algo sobre sus planes para el Día de la Raza.

ROSARIO: Sí, tenemos algunas sugerencias. Pienso que necesitamos un nuevo concepto del Día de la Raza; es decir, honrar en ese día a la raza humana sin hacer distinciones por el color de la piel. Soy mulata, nacida en Cuba, pero sobre todo soy una persona como cualquier otra y no debe importar mi mezcla de sangres.

morena dark
antepasados ancestors
con certeza for sure

RODRIGO: Yo nací en Puerto Rico. Soy a la vez hispanoamericano y ciudadano de los Estados Unidos. Tengo los ojos negros y, como ven, mi piel es morena.°

FERNANDO: Yo tengo sangre india. Tal vez mis antepasados° vinieron de Asia, pero esto nadie lo sabe con certeza.° Mis padres vinieron en busca del trabajo que no podían encontrar en México. Me llaman «chicano» porque soy norteamericano de ascendencia mexicana.

RODRIGO: Y tú, Rosario, ¿qué dices?

ROSARIO: Soy americana pero ustedes saben que la palabra *«América»*, no significa sólo los Estados Unidos: también quiere decir territorios de Norteamérica, Centroamérica y Sudamérica.

de habla española Spanish-speaking

RODRIGO: Mis antepasados que vinieron a los Estados Unidos de Puerto Rico prefirieron vivir con puertorriqueños u otra gente de habla española.° De esta manera pudieron mantener sus tradiciones y el tipo de vida que tenían en Puerto Rico.

barrios neighborhoods
consejo advice

FERNANDO: En los barrios° mexicanos, los recién llegados reciben ayuda y consejo° de la gente que habla su propio idioma, y allí encuentran la comida a que están acostumbrados.

las afueras the suburbs

ROSARIO: Sí, pero además los que tienen poca educación consiguen trabajo con sueldos bastante bajos. Por eso viven en casas y departamentos inferiores a los de las afueras.°

se niegan a alquilarnos
they refuse to rent us
nos maltratan they mistreat us

RODRIGO: ¿Saben ustedes que muchos norteamericanos se niegan a alquilarnos° sus casas y que a veces nos maltratan?° Somos ciudadanos pero a veces sin los mismos derechos y libertades que tienen los otros americanos.

pertenecemos we belong

JORGE: Rosario, yo opino que, ya que todos somos americanos y pertenecemos° a la raza humana, deberíamos aceptar tu nuevo concepto del Día de la Raza.

Cuestionario

1.   ¿Qué es el Día de la Raza?
2.   ¿Qué dice Rosario sobre su mezcla racial? ¿Sabe usted lo que es un mulato?
3.   ¿De dónde es Rodrigo? ¿De qué color es su piel?
4.   ¿Por que vino la familia de Fernando a los Estados Unidos?
5.   ¿De dónde vinieron los antepasados de Fernando?
6.   ¿Qué significa la palabra *América* para Rosario?
7.   ¿Por qué viven los inmigrantes mexicanos en ciertos sitios de la ciudad?
8.   ¿Por qué viven esos inmigrantes en casas y departamentos humildes?
9.   ¿Cuál es el nuevo concepto del Día de la Raza que propone Rosario?

Plática espontánea

Varios(-as) estudiantes participan en un diálogo acerca de sus planes para el Día de la Raza. Hablan de los siguientes temas.

1.   lo que significa *el Día de la Raza*
2.   el banquete y su programa de música, bailes y canciones
3.   un nuevo concepto del Día de la Raza, y su relación con la gente de distintos colores y con la raza humana
4.   la lucha de los chicanos
5.   los varios significados de la palabra *América,* y quiénes son los «americanos»
6.   la actitud de los norteamericanos hacia los hispanos

MODISMOS Y EXPRESIONES

A. Use cada expresión en una oración completa.

a la vez	at the same time
a propósito	by the way
de la misma manera	in the same way
en busca de	in search of
encargarse de	to take charge of
es decir	that is to say
(estar) de acuerdo (con)	(to be) in agreement (with)
hacer caso de	to pay attention to, take into account
pensar en	to think about
por eso	therefore
querer decir	to mean
tal vez	perhaps

B. Hágale estas preguntas a un(-a) compañero(-a) de clase.

1. ¿De qué se encarga el (la) profesor(-a) de español?
2. ¿Estás de acuerdo con el nuevo concepto del Día de la Raza? ¿Por qué sí o no?
3. ¿En qué piensas en este momento?
4. ¿Te hacen caso tus padres? ¿Por qué sí o no?
5. ¿A dónde va usted para divertirte?

C. Llene los espacios con uno de los modismos.

1. Es difícil tener una revolución y una democracia _____ .
2. Vamos a resolver _____ los problemas políticos y los económicos.
3. _____ , ¿qué piensa usted de la Revolución Cubana?
4. ¿Qué diferencia hay entre la democracia y la dictadura, _____ , entre la libertad y la opresión?
5. Voy al mercado _____ víveres.
6. No quería _____ los preparativos para el Día de la Raza.

PRACTICA ESCRITA

Traducción

My grandparents used to eat more fruits and vegetables than my parents. My grandfather is older than my grandmother but she has less energy than he does. My grandmother is taller than her husband. The other day she went shopping and bought more jewelry than her sister. As a result, she returned with less money than she expected. Now she has more jewelry than she needs. Furthermore, she is poorer than she believed. One could say that her husband has as much money as she. Before, he had less than $50,000. For his age, he is very rich man. In fact, he is the richest man in the area. They live extremely comfortably in a suburb of Madrid.

Composición sobre el diálogo

Escriba un ensayo sobre el nuevo concepto del Día de la Raza. Incluya algunas de las siguientes ideas:

1. Norteamérica, Centroamérica y Sudamérica: sus semejanzas y diferencias
2. el concepto de «todos unidos»
3. los chicanos, negros, mulatos y mestizos que viven en los Estados Unidos: sus semejanzas, sus diferencias y su lucha
4. los barrios hispanos, su lengua y sus alimentos

5. los empleos y la vivienda *(housing)* para los inmigrantes de habla española
6. la actitud de los ciudadanos estadounidenses hacia los ciudadanos hispanos
7. el poder *(power)* del voto para mejorar la vida de los hispanos

Composición sobre la lectura

Escriba una composición sobre la revolución en Latinoamérica, refiriéndose a los siguientes temas:

1. por qué fracasa *(fail)* o no resulta en cambios drásticos la mayoría de las «revoluciones» en Latinoamérica
2. los factores que pueden influir en una revolución en Latinoamérica
3. el sentimiento anti-yanqui en Latinoamérica: cómo y por qué
4. los problemas económicos de Latinoamérica y algunas soluciones posibles
5. la responsabilidad de Latinoamérica en la solución de sus propios problemas

Pozos de
petróleo en el mar cerca de Barcelona

LECCIÓN 10

LECTURA

medio ambiente y desarrollo environment and development

materias primas raw materials

paisaje landscape

cordilleras mountain ranges

boscosas y selváticas woodsy and wild

altiplanos high plateaus

riegan irrigate, water

a pesar de in spite of

yacimientos deposits

laborable arable

abonos fertilizers

escasamente scarcely

Medio ambiente y desarrollo° en Hispanoamérica

Hispanoamérica es una de las zonas más ricas del mundo en materias primas°; sin embargo mucha gente vive todavía en la pobreza en medio de una naturaleza hermosa y exuberante. El paisaje° no puede ser más variado: altas montañas y cordilleras,° zonas boscosas y selváticas° a veces impenetrables, altiplanos° que desde el aire presentan un calidoscopio de tonos verdes y amarillos, enormes ríos que riegan° extensas regiones y que por siglos han servido para el transporte y el comercio entre los centros habitados y los pueblos aislados. A pesar de° la industrialización en las grandes ciudades, de la explotación de los yacimientos° de minerales y de petróleo, la economía de la zona básicamente sigue siendo agrícola. En varios países, y a pesar de los esfuerzos que se han hecho por diversificar las cosechas, continúa el monocultivo de productos básicos que ya no tienen la misma demanda en los mercados internacionales. Sólo una parte de la hermosa tierra hispanoamericana es laborable° y con el paso del tiempo y la falta de abonos,° territorios que antes eran muy fértiles ahora escasamente°

155

rendirán° una mediana cosecha anual. Muchos ponen la esperanza en las selvas vírgenes del Amazonas, pero no se dan cuenta que la capa° vegetal de estas tierras es muy escasa y que nunca serán capaces de sostener cultivos en grande escala de productos alimenticios.° Los indios del Amazonas no pueden tener un hábitat permanente, ni construyen grandes centros de vivienda,° debido a que la tierra sólo da rendimiento° por cortos períodos.

La actitud del hombre hispanoamericano hacia su medio ambiente es un problema. Parece que el individuo goza del paisaje pero no conoce la tierra que lo sustenta, ya que abusa de ella y sistemáticamente la devasta° sin pensar que es una fuente de riqueza para las generaciones futuras. Anualmente se talan° miles de árboles en las selvas y bosques del continente y empresas comerciales extraen las maderas finas para exportarlas al extranjero.° Estos árboles nunca se reemplazan, lo que a la larga° produce la desforestación, la ruina ecológica y el grave problema de la erosión de las tierras y de la desaparición de las fuentes de agua para irrigar. En tales condiciones la producción agrícola disminuye, hecho° que se refleja en la escasez° de alimentos y en el bajo nivel de la vida de las gentes que fatalmente se ven condenadas a participar de la condición humana que el antropólogo Oscar Lewis ha llamado «Cultura de la pobreza,» y que otros equivocadamente° denominan «subdesarrollo» cuando asocian el factor económico con la realidad cultural.

Al despilfarro° y mal uso de las riquezas vegetales corresponde el exterminio y saqueo de la fauna nativa. La pesca° hecha con dinamita ha diezmado° los peces en los ríos y la exportación ilícita de monos,° aves y otros animales ha robado a los bosques y selvas sus habitantes naturales. Ya no se ven tantos venados° en las cordilleras, ni caimanes° asoleándose° a la orilla de los ríos, ni garzas,° águilas y cóndores rondando sus nidos.° Hispanoamérica poco a poco está perdiendo sus riquezas naturales. Pronto perderá también su paisaje autóctono.°

Conteste usted las siguientes preguntas.

1. Describa la variedad del paisaje de Hispanoamérica.
2. ¿Cuál es la base de la economía de Hispanoamérica?
3. ¿Por qué es difícil depender de una sola cosecha en el mercado mundial?
4. ¿Por qué no pueden los países de Hispanoamérica poner su esperanza en las selvas vírgenes?
5. ¿Cómo ha contribuido la actitud del hombre hispanoamericano a su dilema?
6. ¿Qué factores producen la desforestación?
7. ¿Por qué van desapareciendo los animales y aves de los bosques?

---

rendirán will yield

capa layer, stratum, covering

alimenticios food

vivienda dwelling
rendimiento yield

devasta devastates

se talan are felled

al extranjero abroad
a la larga in the long run

hecho fact, event
escasez scarcity

equivocadamente mistakenly

despilfarro waste

diezmado decimated
monos monkeys

venados deer
caimanes alligators
asoleándose sunning themselves
garzas herons
rondando sus nidos circling their nests
autóctono native

8. Si Hispanoamérica sigue perdiendo poco a poco sus riquezas naturales, ¿qué va a perder también?
9. ¿Existen algunos de estos problemas en los países desarrollados de Norteamérica y de Europa?
10. ¿Qué sugerencias propone usted para resolver estos problemas?

Actividades comunicativas

1. Haga una lista de las substancias o productos que más contribuyen a la contaminación del medio ambiente. Seleccione los cinco que usted considere más problemáticos. Compare su lista con las de los otros miembros de la clase. Defienda su propio punto de vista.

2. Considere la siguiente lista de problemas surgidos por la contaminación del medio ambiente.
   a. ríos contaminados por residuos industriales
   b. lagos contaminados por productos del petróleo para lanchas y botes a motor
   c. ríos llenos de lodo (*mud*) causado por la construcción de viviendas donde antes había bosques que impedían la pérdida de la tierra
   d. el aire contaminado por la concentración de autos en un centro urbano

   En cada caso, considere primero la solución del problema ambiental. Luego, haga una lista de los efectos, tanto positivos como negativos, de tal solución. Finalmente, exprese su propio punto de vista en cuanto a una solución factible, tomando en consideración todo lo dicho.

REPASO DE VERBOS

A. Repase los verbos **salir** y **tener** en el apéndice. Complete luego las siguientes oraciones con una idea.

   1. Mañana saldremos mi novio y yo para Boston porque _____ .
   2. No quiero que ustedes tengan miedo porque _____ .

3. Ya han salido de clase con mis amigos así que _____ .
4. Mis abuelos tuvieron cinco casas, pero _____ .
5. Cuando salíamos de casa, estaba a punto de llover, por eso
   _____ .
6. Mis primos tendrían que quedarse en casa si _____ .
7. Yo saldría en seguida si _____ .
8. Mi hermana tendrá muchas oportunidades de viajar, por eso
   _____ .
9. Elena sale temprano todos los días puesto que _____ .
10. ¿Nunca ha tenido usted que _____ ?
11. Miguel había salido antes de _____ .

B. Llene los espacios con la forma verbal correcta de **salir** o **tener**.

1. Ayer la familia Fernández _____ para Madrid.
2. Nosotros vamos a _____ para Guadalajara cuando llame mi
   primo.
3. La semana que viene yo voy _____ al campo con algunos amigos.
4. Yo no _____ de la casa anoche.
5. ¿ _____ ya sus amigos? ¿A donde van?
6. Cuando era niño mis padres _____ que pagar la cuenta. Anoche
   yo _____ que pagarla.
7. ¿ _____ usted que comprar todos los libros para la clase de
   literatura?
8. Los alumnos _____ que preparar sus lecciones.
9. Marta no _____ nada que hacer cuando yo les hablé.
10. Cuando Roberto entró, ¿ _____ usted algo que decir?

C. Hágale a un(-a) compañero(-a) las siguientes preguntas.

1. ¿Sales con frecuencia los fines de semana? ¿A dónde vas? ¿Qué haces?
2. Ultimamente, ¿has salido mucho? ¿Adónde? ¿Para qué?
3. ¿Vas a tener que trabajar este verano? ¿Qué vas a hacer? ¿Por qué
   tienes que trabajar?
4. ¿Tuviste que trabajar el fin de semana pasado? ¿Qué hiciste? ¿A dónde
   fuiste?
5. ¿Tendrás que pagar mucho a la universidad el año que viene? ¿Por
   qué?
6. ¿Cuándo sales de vacaciones? ¿Cuánto tiempo libre vas a tener? ¿A
   dónde vas? ¿Con quién?

Los interrogativos

¿quién? (¿quiénes?)	*who?*
¿de quién? (¿de quiénes?)	*whose?*
¿a quién?	*whom? to whom?*
¿qué?	*what?*
¿cuál? (¿cuáles?)	*which one (ones)?*
¿cómo?	*how?*
¿cuánto?	*how much?*
¿cuántos?	*how many?*
¿dónde?	*where?*
¿cuándo?	*when?*
¿por qué?	*why?*

Interrogative words bear written accents to distinguish them from the relative pronouns and conjunctions they closely resemble.

1. ¿**Quiénes** son esos niños?   *Who are those children?*

    ¿**De quién** es esta pluma?   *Whose pen is this?*

    ¿**A quién** habló usted?   *To whom did you speak?*

2. ¿**Qué** desea usted?   *What do you want?*

    ¿**Qué** libro desea usted?   *What (which) book do you want?*

    ¿**Qué?** is used as a pronoun or an adjective. *What (which)* plus a noun is expressed by **qué.**

3. ¿**Qué** es el aire?   *What is air?*

    ¿**Qué?** followed by a form of **ser** asks for a definition or explanation and corresponds to English *what?*

4. ¿**Cuál** es su oficina?   *Which (one) is your office?*

    ¿**Cuáles** son sus libros?   *Which (ones) are your books?*

    But:

    ¿**En qué (cuál)** casa vive usted?   *In which house do you live?*

    ¿**Cuál (¿cuáles)** is used as a pronoun before a form of **ser** plus a noun. It refers to certain persons or things of a larger number mentioned or implied. In spoken Spanish, ¿**cuál?** is often used as an adjective.

5. ¿**Cómo** está used?   *How are you?*

    ¿**Cómo** se hace eso?   *How is that done?*

    ¿**Cómo** le gusta el té, con limón o   *How do you like your tea, with lemon or*
    con leche?   *with milk?*

¿Cómo? is used to ask about a condition or about the manner or way a thing is done.

6. **¿Cuántos** trajes tiene usted?   *How many suits do you have?*

    ¿Cuánto (-a,-os,-as)? is used as an adjective to ask how many or how much.

    ¿Cuánto vale?   *How much is it worth?*

    As a pronoun, **cuánto** is invariable.

7. **¿Quién** llegó anoche?   *Who arrived last night?*

    Quiero saber **quién** llegó anoche.   *I want to know who arrived last night.*

    In indirect questions, preceded by such verbs as **saber, decir,** or **preguntar,** the pronoun retains the force of a question and therefore has the written accent.

A. Hágale a un(-a) compañero(-a) las siguientes preguntas.

1. ¿Cuántos años tienes?
2. ¿Quién estudia más, tú o yo?
3. ¿Cuánto vale un coche nuevo?
4. ¿Qué clase de carro quisieras comprar?
5. ¿Qué comes en la mañana antes de clase?
6. ¿Con quién hablaste ayer? ¿Qué le dijiste?
7. ¿En qué edificio tienes tu clase de español?
8. ¿Sabes cuál es la capital de la Argentina?
9. ¿Qué es la energía solar?
10. ¿Qué compró usted para su mamá el día de las madres?

B. Hágale a un(-a) compañero(-a) una pregunta usando los siguientes interrogativos.

1. ¿Qué?	7. ¿Con quién?
2. ¿Cuánto?	8. ¿A dónde?
3. ¿Cuántos?	9. ¿Quién?
4. ¿Cómo?	10. ¿Quiénes?
5. ¿Por qué?	11. ¿De quién?
6. ¿Cuándo?	

Los interrogativos usados como exclamaciones

1. **¡Qué** magnífico!   *How magnificent!*

    ¡Qué cerca está la feria!   *How near the fair is!*

    ¡Qué corresponds to *How . . . !* before an adjective or adverb.

2. **¡Qué** hombre!   *What a man!*

    ¡Qué hombre tan (más) famoso!   *What a famous man!*

¡**Qué** corresponds to *What a . . . !* before a noun. When the noun is followed by an adjective, **tan** or **más** precedes the adjective. Note that the English article *a* is not expressed in the Spanish exclamation.

3. ¡**Cuánto** me alegro!   *How glad I am!*

    ¡**Cuántos** trenes hay allí!   *How many trains there are there!*

    ¡**Cuánto!** may be used as adverb or adjective.

    Note that all interrogatives used in exclamations must carry written accents.

    ———————————

    C. Traduzca.

    1. What a novel!
    2. What an expensive watch!
    3. What a beautiful day!
    4. What big waves!
    5. What tasty food!
    6. What a sad occasion!
    7. What a pretty song!
    8. What a handsome man!
    9. What a pretty girl!
    10. What a great teacher!
    11. How far the airport is!
    12. How badly he speaks!
    13. How pretty she is!
    14. How tired I am!
    15. Look how many houses there are!

    D. Reaccione a las siguientes cosas según el modelo.

    MODELO: novela
             ¡Qué novela tan (más) interesante!

1.	cielo	6.	bosque
2.	plantas	7.	paisaje
3.	carro	8.	casa
4.	mujer	9.	edificios
5.	playa	10.	perros

    ———————————

Los pronombres, adjetivos y adverbios relativos

1. Esta es la primera vez **que** la he   *This is the first time (that) I've seen*
    visto.   *her.*[1]

———

1. The relative pronoun may not be omitted in Spanish as in English.

| Es un televisor **que** funciona bien. | *It is a television which works well.* |
| El hombre **que** conocí ayer es periodista. | *The man (whom) I met yesterday is a journalist.* |

The most common relative pronoun is **que**, which may be used as subject or object and refers to persons or things. **Que** is also used as the object of a preposition:

| La residencia **en que (donde)** vivo es vieja. | *The dorm (that) I live in is old.* |

Note that the preposition immediately precedes **que**. In spoken Spanish **en que** is equivalent to **donde**.

E. Complete las siguientes oraciones con un verbo apropiado.

1. Compré un nuevo reloj que _____ .
2. Ella es la mujer que _____ .
3. Ese es el coche que _____ .
4. Eran los estudiantes que _____ .
5. Llamé por teléfono al hombre que _____ .

2.
| El hombre **con quien** hablaba era casado. | *The man with whom I was talking was married.* |

Quien (quienes) is used after a preposition to refer to a person or persons.

| La mujer **a quien (que)** vi anoche está aquí. | *The woman whom I saw last night is here.* |

The combination **a quien** as a direct object is often replaced in spoken Spanish by **que**.

| **Quien (El que)** estudia, aprende. | *He who studies, learns.* |

Quien or **el (la, los las) que** is equivalent to *he who, the one who, those who,* and so on.

3.
| Llegaron **muchas señoritas**, entre **las cuales** (entre **las que**) estaba Lolita. | *Many young women came, among whom was Lolita.* |
| Vi **al padre** de Josefina, con **el cual** (con **el que**) hablé un rato. | *I saw Josephine's father, with whom I spoke a while.* |

El (la) cual, los (las) cuales, or **el (la, los, las) que** are used after the longer prepositions and to clarify a reference when there is more than one antecedent.

F. Complete las siguientes oraciones.

1. ¿Dónde está la mujer con _____ ?
2. María es la estudiante a _____ .

3. Esos son los libros del muchacho con _____ .
4. ¿Es panameña la muchacha para _____ ?
5. En México viven mis primos a _____ .
6. _____ practica mucho el piano _____ .
7. _____ me contaba el cuento era _____ .
8. Las señoritas _____ yo hablaba eran mis _____ .
9. El hombre _____ hablaba era _____ .
10. _____ leen estas lecciones son _____ .

---

4. **Lo que** hizo usted me sorprendió mucho.   *What you did surprised me greatly.*

The neuter pronoun **lo que** refers to an idea, not to a specific noun. It refers to an implied antecedent.

The corresponding form **lo cual** is used in referring to a complete preceding clause, from which it is set off by a comma:

No quiso hacerlo, **lo que (lo cual)** me enfadó mucho.   *He refused to do it, which made me very angry.*

G. Haga de traductor en las siguientes frases.

MODELO: What you meant to say was different.
Lo que usted quiso decir fue diferente.

1. What you heard was the truth.
2. What you saw was an illusion.
3. What he wrote was the truth.
4. What he read was false.
5. What they said was the truth.

---

5. La señora **cuya** hija nunca la visita es rica pero solitaria.   *The lady whose daughter never visits her is rich but lonely.*

The relative adjective **cuyo (-a, -os, -as)** *(whose)* comes immediately before the noun it modifies, agreeing with it in number and gender.

H. Combine las siguientes oraciones.

MODELO: El muchacho es de Puerto Rico.
Recogí su carro.
El muchacho cuyo carro recogí es de Puerto Rico.

1. El estudiante no tiene que preocuparse. Su esposa trabaja.
2. Muchos estudiantes tienen que trabajar mientras estudian. Sus estudios son muy caros.
3. Los trabajadores reciben un salario alto. Su trabajo es peligroso.
4. Muchas personas gozan del trabajo. Su trabajo es interesante.
5. Los médicos ganan mucho dinero. Sus pacientes son ricos.

6.	Me quedo **donde** estoy.	*I'll stay where I am.*
	Me voy al pueblo **donde** vive Juan.	*I'm going to the town where (in which) John lives.*

Donde functions as a relative adverb.

7.	Compré **cuantas** camisas había en la tienda.	*I bought all the shirts that were in the store. (I bought as many shirts as were in the store.)*
	Le di **cuanto** tenía.	*I gave him all I had.*

Cuanto (-a, -os, -as) in the sense of *all the, as many as, as much as, all that, all those who* is used as a relative pronoun.

I. ¡Haga de traductor!

1. He told me all he knew.
2. I spoke to as many persons as I met at the party.
3. They bought all that we were selling.
4. That is the building in which I work.
5. He showed me all that he has.
6. Here is the house where I grew up.

DIALOGO   ¿Casarse o no casarse?

(Suena el teléfono en la residencia de estudiantes donde vive María.)

MARIA: (descolgando el receptor) Diga.

JORGE: ¿María? Hablas con Jorge.

MARIA: Ah, Jorge. ¿Cómo estás?

JORGE: Bien, muy bien. ¿Puedo verte en media hora en el patio de tu residencia?

MARIA: Sí, cómo no. Te busco allá abajo en media hora. Adiós.

JORGE: Adiós.

(Media hora después en el patio de la residencia, Jorge está sentado en un banco. Sale María.)

MARIA: ¡Hola, Jorge!

JORGE: ¡Hola María! Ayer Miguel me informó que la Asociación de Estudiantes va a celebrar un gran baile en la Unión Estudiantil. Está pensando reunir fondos para los estudiantes pobres que quieren asistir a la universidad. ¿Te gustaría ir conmigo?

MARIA: Sí, sí. ¡Me encantaría!

(De repente ven a Miguel, estudiante también y amigo de Jorge.)

MIGUEL: ¡Hola, amigos! ¿Qué tal?

MARIA Y JORGE: Bien, gracias.

MIGUEL (A MARIA): Sin duda Jorge ya te ha hablado del baile el último sábado de este mes.

MARIA: Sí, me acaba de invitar.

MIGUEL: ¡Qué bueno! Ana y yo iremos también.

MARIA: Ah, sí. ¿Cuánto tiempo hace que están casados?

MIGUEL: Hace tres años.

JORGE: ¿Cómo les va en la vida matrimonial?

MIGUEL: Bien. Al principio, no estábamos seguros de que nos conviniera el matrimonio, pero ahora nos comprendemos muy bien. ¡Hasta compartimos los quehaceres del apartamento! Ambos preparamos las comidas, lavamos los platos y limpiamos todo. En otras palabras, estamos felices de estar casados.

MARIA: ¡Magnífico!

JORGE: Tú sabes que María y yo nos queremos mucho y es posible que en un año nos casemos. Es lo que deseamos.

MARIA: Es lo que planeamos hacer Jorge y yo. No quisiéramos vivir juntos sin casarnos. En un ensayo° de matrimonio hay siempre problemas.

ensayo experiment

MIGUEL: El matrimonio no es para todos. Hay que tener cierta madurez° para decidirse a formalizar una relación.

madurez maturity

JORGE: Sí, es verdad. Por eso, María y yo hemos decidido casarnos el próximo año.

soltera unmarried
loro parrot

MARIA: Yo tengo una tía soltera.° Dice que nunca va a casarse. Tiene un perro, un gato y un loro.° Cuando le preguntan por qué no consigue marido, responde, «Tengo un perro que guarda la casa durante el día, un gato que pasa todas las noches fuera de casa y un loro que dice malas palabras. ¿Para qué necesito marido?»

Comprensión

1. ¿Por qué llama Jorge a María por teléfono?
2. ¿Para qué va a celebrar un baile la Asociación de Estudiantes?
3. ¿A quiénes está destinado el producto del baile?

4. ¿Cuánto tiempo hace que están casados Miguel y Ana?
5. ¿Al principio del matrimonio, ¿de qué no estaban seguros?
6. ¿Cuándo van a casarse Jorge y María?
7. ¿Qué problemas hay en un ensayo de matrimonio?
8. ¿Por qué nunca se casará la tía soltera de María?

Plática espontánea

Dos estudiantes discuten los problemas del matrimonio.

1. relaciones libres
2. ideas de la iglesia
3. ¿por qué no se casan algunos y prefieren vivir juntos?
4. ¿por qué otros nunca van a casarse?
5. la libertad de las mujeres hoy día

MODISMOS Y EXPRESIONES

to count on, rely on	**contar con**
next year	**el año que viene**
on the other hand	**en cambio**
one must	**hay que**
to succeed in, get, achieve	**lograr**
to call attention	**llamar la atención**
however	**sin embargo**
nevertheless	**no obstante**
everywhere	**por todas partes**
since	**puesto que**

A. Use las siguientes expresiones en oraciones completas.

B. Complete la frase con el modismo apropiado de la lista de arriba.

1. Mis amigos van a México _____ .
2. En los parques se ven familias _____ .
3. El profesor me _____ acerca de las reglas para los fumadores .
4. Elenita no puede acompañarnos _____ tiene que trabajar .
5. _____ yo no tengo que trabajar.
6. Tengo un problema difícil. ¿Puedo _____ su ayuda?
7. _____ estudiar si uno piensa lograr el éxito.

Traducción

During the decade of the 1960s the sexual revolution became an issue that continues to our day. How did it begin? Some say that it began with a new vision of women's rights. But what does that mean? It means that women see there is more to life than caring for children. Many want the freedom to pursue a career for which they have prepared themselves.

Furthermore, the increasing number of divorces in recent times has caused many couples to find happiness outside a formal marriage, which they interpret as a mere ceremony. Therefore, many couples live together without benefit of marriage. If they find they are incompatible, they can dissolve the union without the usual legal procedure, which they find bothersome and expensive.

Composición sobre el diálogo

Escriba una composición sobre uno de los siguientes temas.

1. la pareja que vive en un apartamento
2. un ensayo de matrimonio
3. las condiciones para un buen matrimonio
4. por qué hay tantos divorcios
5. su tía soltera

Composición sobre la lectura

Escriba una composición sobre el medio ambiente y el desarrollo. Use algunas de estas ideas:

1. la fuente básica de la economía en Latinoamérica
2. el problema del monocultivo en ciertos países
3. la desforestación
4. la desaparición de los animales y aves
5. las riquezas naturales de Latinoamérica

Un partido de fútbol
en Cali, Colombia

LECCION 11

LECTURA   Los deportes en el mundo hispánico

Uno de los deportes favoritos en el mundo hispánico es el fútbol. No nos referimos al fútbol que practican en los Estados Unidos, sino al «soccer» que también está adquiriendo° popularidad entre los norteamericanos. Se juega entre dos equipos° y su objeto es que un jugador° de un equipo haga pasar el balón de cuero° a través de la portería° (o gol), defendida por el equipo contrario. Para mover el balón los jugadores pueden valerse de° los pies y la cabeza, y en general de todo el cuerpo, excepto las manos y los brazos. El número de jugadores, la forma del balón, el marcado del campo y las reglas de juego varían según se trate del fútbol «asociación» o del fútbol «rugby.»

Actualmente en los países latinos como en casi todo el mundo, este deporte ha alcanzado° una difusión extraordinaria y constituye el pasatiempo favorito de la gente. En España y en las repúblicas latinoamericanas no hay pueblo que no cuente con° su equipo.

Otro deporte que ha ganado muchos aficionados particularmente en Cuba, Puerto Rico, la República Dominicana y Venezuela, es el béisbol,

adquiriendo acquiring

equipos teams

jugador player
balón de cuero leather ball
portería goal
valerse de to make use of

alcanzado reached

cuente con have, count on

169

procedentes originating
reclutados recruited
auge vogue, boom
por otra parte on the other
hand

apoya supports

frontón jai alai court

palcos y graderías boxes
and bleachers

desarrolla it develops

consta de it consists of

dispuestas arranged

cancha court
jugadas plays
escases lines

cesta wickerwork racquet

arrojan throw

baloncesto basketball
natación swimming
equitación riding
pista track
boliche bowling

llamado en esos países simplemente «pelota.» Basta examinar la lista de jugadores procedentes° de estos países, que son reclutados° por las ligas mayores de los Estados Unidos, para darse cuenta del auge° que tiene el béisbol en la región del Caribe. Por otra parte° muchos jugadores norteamericanos viajan a menudo a los países del caribe para jugar con los equipos locales. El público de esta zona es muy aficionado al béisbol y lo apoya° asistiendo en buen número a los partidos.

También despierta interés otro deporte muy diferente: el jai alai. El jai alai fue el nombre del primer frontón° cubierto, con sillas, palcos y graderías,° que se construyó en San Sebastián, España, y que tuvo su inauguración el 3 de julio de 1887. Jai alai—término vasco—significa «fiesta alegre.» Para algunos es el deporte ideal porque desarrolla° a la vez la agilidad, la vista y la resistencia. El local donde se practica se denomina «frontón», y consta de° tres paredes de piedra o cemento, dispuestas° en ángulo recto. El jai alai se juega en el área llamada «cancha»°, debiéndose efectuar todas las jugadas° dentro del límite que establecen los «escases»° de las paredes y del suelo. Llámase «escás» la línea que demarca las áreas de las bolas buenas y de las malas. Los jugadores (pelotaris) usan una cesta° en la que cogen la pelota y la arrojan° al frontón. El juego se parece mucho al «handball.» Hay frontones grandes en Miami, México y Tijuana.

En las metrópolis del mundo hispánico se practica además una gran variedad de deportes que atraen a gente de todas las edades: baloncesto° o básquetbol, natación,° tenis, golf, polo, equitación,° deportes de pista,° ciclismo, boliche,° y muchos otros. En los últimos años equipos y deportistas de España y Latinoamérica han participado en olimpiadas internacionales compitiendo con éxito en muchos deportes.

Conteste usted las siguientes preguntas.

1. ¿Cuál es el deporte favorito en el mundo hispánico? ¿Se practica en los Estados Unidos?
2. ¿Cuál es la meta de los jugadores?
3. Para mover el balón, ¿de qué pueden valerse los jugadores?
4. ¿Cuáles son las partes del cuerpo que no pueden usarse?
5. ¿En qué área de Latinoamérica es muy popular el béisbol?
6. ¿Quiénes reclutan a menudo los jugadores de estos países?
7. ¿Qué signifca el término jai alai?
8. ¿Puede usted describir la cancha donde se juega el jai alai?
9. ¿Qué otros deportes se practican en el mundo hispánico?
10. ¿Qué deportes juega usted? ¿Cuáles le gustaría jugar? ¿Cuál es el deporte favorito donde usted vive?

Actividades comunicativas

1. Júntese con un(-a) compañero(-a) y dígale qué deporte usted prefiere jugar. Cuéntele el incidente más emocionante que usted ha tenido jugando este deporte.

2. Entreviste a un(-a) compañero(-a) haciendo las siguientes preguntas. Comente sus respuestas a la clase.

    a. ¿A qué deporte juega usted a menudo?
    b. ¿Cuál es el deporte que menos le gusta jugar?
    c. ¿Qué deportes le gusta «observar»?
    d. ¿Ha participado usted en alguna competencia deportiva? En qué deporte?
    e. ¿Ha ganado trofeos?
    f. ¿Ha perdido alguna vez una competencia que quería ganar? ¿Cómo se sentía?
    g. ¿Qué considera usted el beneficio más importante de la participación en los deportes?

3. Supongamos que usted quiere practicar algún deporte para mantener su condición física. Considere los siguientes deportes para tal fin para una persona (1) de 20—30 años (2) de 45 años y (3) de más de 60 años. Dé sus razones.

el fútbol americano	el vólibol
el fútbol	la pelota (béisbol)
la natación	rácquetbol
el tenis	el surf
el golf	el ciclismo
los deportes de pista	el boxeo
la gimnasia	el judo
el baloncesto	caminar o correr al aire libre

REPASO DE VERBOS

A. Repase los verbos **caer** y **traer** en el apéndice. Complete las siguientes oraciones.

1. Yo me caigo en el lago si no _____ .
2. Me caí patinando porque _____ .
3. Ella se cayó de la cama después de _____ .
4. Tú te vas a caer fácilmente si no _____ .
5. Hilario y Estrella no le trajeron nada a su hijito porque _____ .
6. A Carlos le hemos traído los paquetes exactamente como _____ .
7. Elena no le traerá el postre a su hermana puesto que _____ .
8. Yo le traje el regalo a mi papá pero él _____ .

B. Llene el espacio con la forma correcta de **caer** o **traer**.

1. Yo le _____ pan a la abuelita siempre que me lo pedía.
2. Nos _____ en el hielo cada vez que tratábamos de levantarnos.
3. Mis estudiantes _____ los libros la semana que viene.
4. Los niños _____ del bote al agua dos veces ayer.
5. Nosotros _____ la plata del banco que usted pidió.
6. Jorge _____ al río antes de desvestirse.
7. «Les _____ discos si se portan bien,» dijo Elena a sus niños.
8. Ella _____ del tejado y se lastimó el pie.
9. ¿Quieres que te _____ un vaso de vino?
10. Me _____ si no me ayuda usted.
11. Yo te _____ la carne tal como te prometí.
12. Susana me _____ el almuerzo antes de las doce.

C. Complete la frase con el tiempo apropiado del verbo principal.

1. Ellos traerán mucho pan, pero Jorge _____ .
2. Yo me caí al mar, pero la niña _____ .
3. Ellos habían traído el traje de baño, pero yo _____ .
4. Usted se cayó en la piscina, pero ellas _____ .
5. Ustedes traen sus libros, pero ayer Emilio _____ .
6. Él se cayó en el suelo, pero yo nunca _____ .
7. Nosotros traemos la leche, pero usted _____ .
8. Ella se cayó en la acera, pero nosotros _____ .
9. Yo no traje el reloj, pero las chicas _____ .
10. Usted sí que se cayó, pero su amigo _____ .

Las construcciones reflexivas

Me miré en el espejo.	*I looked at myself in the mirror.*
Eugenio **se levantó** temprano.	*Eugenio got up early.*

A sentence or construction is reflexive if it expresses an action in which the subject and the recipient of the action are the same. Any verb that takes a direct or indirect object may take a reflexive direct or indirect object. In Spanish, unlike English, the reflexive pronoun is always expressed.

Los pronombres reflexivos

WITH A VERB

(direct or indirect)

me	*myself*
te	*yourself*
se	*himself, herself, yourself, itself*
nos	*ourselves*
os	*yourselves*
se	*themselves, yourselves*

1. ¿Ya **te bañaste?** — *Did you already take a bath?*

   Los vecinos siempre **se acuestan** temprano. — *The neighbors always go to bed early.*

   Often the reflexive pronoun functions as a direct object.

2. **Me lavé** las manos. — *I washed my hands.*

   Rogelio **se puso** el suéter nuevo. — *Roger put on his new sweater.*

   The reflexive pronoun may also function as an indirect object without a change in form.

   AFTER A PREPOSITION

mí (mismo)	*me*
ti (mismo)	*you*
sí (mismo)	*himself, herself, yourself, itself*
nosotros, -as (mismos, -as)	*us*
vosotros, -as (mismos, -as)	*you*
sí (mismos, -as)	*themselves, yourselves*

3. Martín lo mandó construir para **sí mismo.** — *Martin had it built for himself.*

After a preposition the regular prepositional pronouns (**mí, ti, nosotros, vosotros**) are used. The others (**él, ella, usted, ustedes, ellos**) are all changed to **sí.** The word **mismo** is often added to reflexive prepositional pronouns.

4. Ella se lo llevó **consigo.**   *She took it with her.*

Mí, ti, and **sí,** when used with the preposition **con,** becomes **conmigo, contigo,** and **consigo.**

A. Escoja el pronombre reflexivo correcto.

1. Eduardo _____ compró un par de pantalones nuevos.
2. Yo quería comprar _____ una camisa nueva pero no tenía dinero.
3. ¿A qué hora _____ levantaste esta mañana?
4. _____ desperté a las seis pero _____ levanté a las siete.
5. En mi casa siempre _____ desayunamos tarde los domingos.
6. Y los niños, ya _____ lavaron los dientes.
7. Los niños _____ los lavaron pero yo no _____ los he lavado todavía.
8. Lidia _____ puso un abrigo y salió a pasear en el parque.

B. Escoja el pronombre reflexivo correcto.

1. Paco siempre hace todo por _____ mismo.
2. ¿A quién miraste? A Lucía o a _____ mismo?
3. Yo no me miré a _____ mismo; estuve mirando a Marta.
4. ¿El nuevo sofá? No fue regalo; lo compramos para _____ mismos.
5. Martín y Guillermo siempre están pensando en _____ mismos.

---

5. **Nos escribimos.**   *We write to each other.*

Se ayudan (uno a otro).   *They help each other.*

The plural forms of the reflexive pronoun (**nos, os, se**) may have reciprocal meaning. **Uno a otro, el uno al otro** may be used with **se** for clarity.

C. Piense en sus hermanos y en sí mismo(-a) y conteste las siguientes preguntas.

MODELO: ¿Se conocen ustedes bien?
          Sí, nos conocemos bien.

1. ¿Se escriben ustedes a menudo?
2. ¿Se ven ustedes muchas veces durante los veranos?
3. ¿Se ayudan ustedes en el trabajo?
4. ¿Se entienden ustedes bien?
5. ¿Se envían ustedes regalos de Navidad?

6. ¿Se hablan ustedes en la noche?
7. ¿Se parecen ustedes?
8. ¿Se quieren ustedes mucho?

---

6. **Se quejó.**   *He complained.*

Se quejó de la comida.   *He complained about the meal.*

Some verbs are always used with a reflexive pronoun in Spanish even though their English counterparts are not reflexive: **apresurarse (a)** to hurry; **atreverse (a)** to dare; **arrepentirse (de)** to repent; **quejarse (de)** to complain.

7.

acostar	to put to bed
acostarse	to go to bed
alegrar	to cheer
alegrarse	to rejoice, be glad
casar	to marry (off)
casarse	to get married
levantar	to raise
levantarse	to rise, get up

Many verbs acquire a different meaning when a reflexive pronoun is used with them.

D. Haga de traductor de las siguientes oraciones.

MODELO: She washes herself.
Ella se lava.
She washes the child.
Ella lava al niño.

1. They went to bed after they put the children to bed.
2. We were happy so we cheered up our friends.
3. First I get up, then I get the kids up.
4. John and Mary are getting married before her father marries her to someone else.
5. The students will not deceive themselves nor will they deceive their parents.
6. I never shave myself; the barber always shaves me.

---

8. ¿Cómo **se escribe** eso?   *How do you (does one) write that?*

Se prohibe fumar.   *One is forbidden to smoke. Smoking is prohibited.*

Se sale por aquí.   *Exit here. (People go out here.)*

Escríbase en inglés.   *Write in English.*

Spanish uses an indefinite reflexive construction with the pronoun **se** where English uses *one, they, people, you* (indefinite), often in a passive construction. **Se** is also used in directions.

————————

E. Sustituya usando los verbos entre paréntesis.

1. ¿Cómo se dice eso?
   (deletrea, pronuncia, entiende, toma)
2. Se prohibe fumar.
   (hablar, entrar, subir, pescar)
3. Se sale por aquí.
   (entra, marcha, corre, pasa)

————————

Reflexivo en sucesos fortuitos

Se me olividó el libro.   *I forgot the book.*

Se me olvidaron los libros.   *I forgot the books.*

To express an occurrence that happens fortunately or accidentally such as *I forgot it,* Spanish employs the reflexive **se** and adds an indirect object pronoun referring to the person concerned. Note that the verb agrees in number with the "thing" or "things" mentioned.

————————

F. Diga que a usted se le olvidaron las siguientes cosas.

1. su sombrero
2. su dinero
3. sus libros
4. el número de teléfono
   de su amigo(-a)
5. la dirección de su hotel
6. sus calcetines
7. su pasaporte
8. su llave

G. Diga que a usted se le rompieron las siguientes cosas.

1. la ventana
2. el brazo
3. su tocadiscos
4. su plato
5. un diente
6. sus tazas
7. sus lentes
8. su lámpara

H. Diga que a usted se le cayeron las siguientes cosas.

1. los libros
2. los cuadernos
3. los discos
4. las tazas
5. el vaso
6. el diccionario grande

————————

La voz pasiva

Active:

El muchacho pintó la silla.   *The boy painted the chair.*

Passive:

La silla fue pintada por el   *The chair was painted by the boy.*
muchacho.

In an active construction, the subject performs the act. In a passive construction, the subject is acted upon.

1. Los pueblos **fueron destruidos por**   *The towns were destroyed by the*
    los españoles.   *Spaniards.*

    La comida **fue preparada por** la   *The meal was prepared by the cook.*
    cocinera.

    Edison **es estimado de** todo el   *Edison is esteemed by everybody.*
    mundo.

The passive voice in Spanish consists of a form of **ser** plus the past participle, which agrees in number and gender with the subject. The agent is expressed by **por**. After verbs of mental action, **por** is sometimes replaced by **de**.

2. La novela **está** bien **escrita.** (state)   *The novel is well written.*

    Los montes **están cubiertos** de   *The mountains are covered with snow.*
    nieve. (state)

    Las puertas **estaban abiertas.** (state)   *The doors were open.*

    But:

    La puerta **fue abierta por** Juan.   *The door was opened by John.*
    (action: true passive)

A state which is the result of an action is expressed by **estar** plus the past participle, which agrees in number and gender with the subject. *By* or *with* is generally expressed by **de**.

I. Diga el estado o la condición presente que resulta de las siguientes acciones.

MODELOS: La constitución fue establecida por el gobierno.
La constitución está establecida.
La nieve cubrió la montaña.
La montaña está cubierta de nieve.

1. La puerta fue abierta por Juan.
2. Las sillas fueron pintadas por el hombre.
3. Las manifestaciones fueron prohibidas por la ley.
4. Los documentos fueron firmados por el gobernador.

5. El pueblo fue destrozado por los soldados.
6. Los faroles alumbraron la calle.
7. El polvo cubrió el camino.
8. Las hojas cubrieron los campos.
9. El agua inundó la casa.
10. Mucho humo llenó el cuarto.

Los sustitutos reflexivos

1.   **Se abren** las puertas a las once.   *The doors are opened at eleven.*

     Se esperó el ataque.   *The attack was expected.*

If the subject of a passive verb is a thing and the agent is not expressed, Spanish prefers a reflexive construction (called the "reflexive substitute") to the passive.

J. Diga que ya se hicieron las siguientes cosas.

MODELO: abrir la puerta
                Se abrió la puerta.

1. cerrar la ventana
2. ver la estrella
3. celebrar la fiesta
4. comer las legumbres
5. oír las canciones
6. entregar la tarjeta

K. Hágale las siguientes preguntas a un(-a) compañero(-a):

MODELO: ¿Cuándo se reunió el club?
                Se reunió la semana pasada (anoche, anteayer, etc.)

1. pintar la casa
2. escribir el libro «Lo que el viento se llevó»
3. organizar el concierto
4. entregar los contratos
5. comprar el libro para esta clase

MODELO: ¿Dónde se compraron los libros?
                Se compraron en la librería (en Miami, en la universidad, etc.)

1. publicar el poema
2. fundar la biblioteca
3. vender sus muebles
4. pintar su cuarto
5. reunir su clase favorita

MODELO: ¿Cómo se organizó la fiesta?
                Se organizó la fiesta rápidamente (con mucho trabajo, muy bien, etc.)

1. preparar el discurso
2. enseñar el curso de español
3. jugar al béisbol
4. aprender la lección
5. subir a una montaña

---

2. **Se eligió a Juan.**   *John was elected. (One elected John.)*

  Se le eligió.   *He was elected. (One elected him.)*

An impersonal reflexive construction in the third-person singular may be substituted for the passive if the agent is not expressed, even when the object is a person.

  Aquí uno se acuesta temprano. *Here one goes to bed early.*

If the action expressed is a true reflexive, then **uno** (one) is used instead of the reflexive passive construction.

3. **Mataron los toros.**   *The bulls were killed. (They killed the bulls.)*

  Nombraron capitán a Juan. *John was named captain. (They named John captain.)*

If the subject of the passive verb is a person or living object and an agent is not expressed, Spanish often employs an active construction, with verb in the third-person plural.

L. Cambie a la forma pasiva y añada un agente.

  MODELOS: Se eligió a Juan presidente de su clase.
       Juan fue elegido presidente de su clase por sus compañeros.

  1. Se libertó a los prisioneros políticos.
  2. Se nombró a María secretaria.
  3. Se escogió al jefe para el trabajo.
  4. Se mandó a la Sra. Peralta el correo.
  5. Se llamó al prisionero.
  6. Se vio al general.
  7. Se llevó a Anita al zoológico.
  8. Se quieren a las madres.
  9. Se espera al profesor cuando llega tarde.
  10. Se entiende a José cuando habla despacio.

M. Diga por lo menos cinco actividades en cada categoría.

1. lo que se hace en su casa en la mañana
2. lo que se hace los fines de semana
3. lo que se hace durante las vacaciones
4. lo que se hace en su trabajo
5. lo que se hace en una fiesta

DIALOGO — El mundo de los deportes

BETTY: Oye, Ramón. ¿Cuál es tu deporte favorito?

RAMON: El tenis, pero me gustan también el golf y la natación.

BETTY: Dicen que el tenis es uno de los deportes más populares actualmente.

RAMON: Por supuesto. Se practica en casi todos los países del mundo y por personas de casi todas las edades.

MARTA: Yo juego al tenis y muchas veces le he ganado a Ramón. Sé que no le gusta ser vencido y especialmente por una mujer pues esto destruye su machismo.

BETTY: El tenis es un deporte muy activo. Los jugadores tienen que correr todo el tiempo y estar muy fuertes.

MARTA: Tienes razón. Pero a pesar de la fuerza que se necesita, más y más mujeres se están interesando en los deportes en general, y no sólo en el tenis.

BETTY: Sí, y participan también en competencias internacionales.

MARTA: He oído decir que te gusta la natación también. ¿Por qué?

RAMON: Porque puedo ejercitar todas las partes del cuerpo: los brazos, las piernas, el tronco, y los pulmones. Me gusta cuando puedo coordinar el movimientos del cuerpo y respirar correctamente.

MARTA: A mí me atraen todos los deportes y me he fijado que en estos días hay un fenómeno curioso que acerca más a la gente de varios países: el fútbol, que ha sido muy popular en Europa y Latinoamérica, ha llamado la atención de los norteamericanos.

RAMON: Sí, es verdad. El fútbol latino es muy popular entre los jóvenes estadounidenses, pero también el fútbol profesional de los Estados Unidos se está volviendo muy popular en Latinoamérica, especialmente en México donde se televisan todos los partidos de la Liga Nacional de Fútbol.

MARTA: Hay varios futbolistas mexicanos que también son buenos pateadores.°

pateadores kickers

RAMON: Sí, cuando los equipos están empatados, una buena patada puede significar la victoria para un equipo.

BETTY: Se calcula que unos 20 millones de hogares ven semanalmente los partidos de fútbol en sus aparatos de televisión.

RAMON: Hay mucha acción y nerviosismo en un partido de fútbol. Además, los jugadores se lastiman con frecuencia. Es necesario ser muy fuerte para poder enfrentarse a otros jugadores.

MARTA: Bueno, Ramón. Acompáñame a la cancha de tenis. Tal vez podamos practicar un rato.

Comprensión

1. ¿Quiénes son los jugadores preferidos en su deporte favorito?
2. ¿Cuáles son los deportes más populares en su región actualmente?
3. ¿Por qué le gusta la natación a Ramón? ¿Está de acuerdo?
4. ¿Qué va pasando en el mundo de los deportes que acerca más y más a la gente de varios países?
5. ¿Qué partidos se televisan regularmente en México hoy día?
6. ¿Por qué es necesario tener en un equipo en fútbol un buen pateador?
7. ¿Cuántos hogares sintonizan en sus aparatos de televisión los partidos de fútbol profesional?
8. ¿Por qué es tan popular el fútbol?
9. ¿A qué deportes se dedica usted?
10. ¿Con quién(es)?

Plática espontánea

Unos estudiantes hablan sobre sus deportes favoritos.

1. la natación—el golf—el tenis
2. hombres y mujeres en los deportes
3. torneos internacionales—premios—campeonatos
4. por qué prefiere usted un deporte en particular
5. el fútbol—en Norteamérica—en otros países
6. los deportes y la televisión: cómo se explica la popularidad de los deportes en la televisión

MODISMOS Y EXPRESIONES

A. Use cada expresión en una oración completa.

con frecuencia	frequently
contar con	to rely on, count on, have
enfrentarse a	to face, confront
hay que	one must
por lo regular	usually
tener lugar	to take place

B. Hágale estas preguntas a un (-a) compañero (-a).

1. ¿Juegas algún deporte con frecuencia? ¿Cuál?
2. Cuando juegas básquetbol, ¿con qué tienes que contar para ganar?
3. Si uno quiere ser buen atleta, ¿a qué tiene que enfrentarse?
4. Si uno se entrena para la natación, ¿qué es lo que hay que hacer?
5. Por lo regular, ¿a qué hora del día entrenan los atletas de campo y pista?
6. ¿Dónde tienen lugar los partidos de fútbol? De básquetbol? De tenis? De béisbol?

PRACTICA ESCRITA

Traducción

During my third year in college I decided to play football. I had played tennis for three years and I was getting tired of it. Here in California one can play tennis all year round. Now that I am on the football team, I have to observe all the rules. I am not permitted to smoke. I have to be in bed by ten P.M. After all, one must face reality. When we win, I'm glad and when we lose, my friends cheer me up. I can always count on them. Once in a game against Wisconsin, I played well in a stadium filled with people shouting and applauding. The story was told by a reporter about how I stood out among the other players by carrying the ball so often. Finally, in my fourth year I was elected captain of the football team by my companions. How does one express the joy for such good luck?

Composición sobre el diálogo

Escriba una composición sobre su deporte favorito, mencionando:

1. ¿cuál es?
2. ¿por qué es tan popular?
3. ¿cuándo juega usted?
4. ¿dónde?
5. ¿con quiénes?
6. ¿por qué le gusta a usted?
7. los otros deportes en que se interesa usted
8. ¿por qué ve (o no ve) usted este deporte en la televisión?

Composición sobre la lectura

Escriba una composición sobre los deportes en el mundo hispánico. Algunas sugerencias:

1. la popularidad del fútbol (soccer)
2. las diferencias entre el fútbol que tradicionalmente se práctica en los Estados Unidos y el que se práctica en el mundo hispánico
3. cómo se juega un deporte (algunas de las reglas, número de jugadores en cada equipo, duración de los tiempos, etc.)
4. el papel que tienen jugadores de esta área en las ligas norteamericanas
5. origen del término jai alai
6. en qué consiste el juego de jai alai
7. popularidad de otros deportes en el mundo hispánico
8. actividades deportivas internacionales de españoles y latinoamericanos

Un vendedor de comida rápida en Barcelona

LECCION 12

La comida y la nutrición

En la capital mexicana, que es ya una de las ciudades más populosas del mundo, abundan los negocios especializados en la elaboración de comida mexicana como tortas, tacos, quesadillas y sopes°.

tortas . . . sopes cakes, snacks, tarts

Se estima que sólo en la capital del país los establecimientos dedicados a la venta de «antojitos»° expenden° un mínimo diario de dos y medio millones de «tortas» (el sándwich mexicano, generalmente hecho de panes de harina de trigo rellenos de° carnes frías), tacos y quesadillas, que dejan algo más de 10 millones de pesos en las cajas° de esos comercios.°

antojitos snacks
expenden to sell (at retail)

rellenos de filled with

cajas cash boxes

comercios businesses

A pesar de esta abundancia, y de acuerdo con los censos, un 27 por ciento° de la población en su comida diaria no come pan de trigo, cerca del 20 por ciento no incluye carne, un 25 por ciento no consume en su dieta huevos, y un 38 por ciento no toma leche.

por ciento percent

Si es verdad que la falta de recursos económicos impide cubrir los gastos de una alimentación° adecuada, también es cierto que en la desnutrición del mexicano influye el abuso que hace de los llamados

alimentación nourishment

185

no nutren . . . engordan do not nourish but indeed fatten

estrechamente vinculados closely linked
desligar to loosen
ya que since

frijol bean
pulque fermented juice of the maguey
verduras vegetables
agregados additions
mestizo a person of mixed blood, specifically of European and American Indian ancestry
obrera working
consta de it consists of
pastas de harina flour dough
propia characteristic

pescado fish
hortalizas vegetables

«antojitos» los cuales, según los estudiosos, «no nutren pero sí engordan.»° El problema de la desnutrición en México ha sido objeto de varios análisis. En un estudio preparado por el director del Instituto Nacional de Nutrición, se indica que la nutrición humana y el desarrollo socioeconómico son dos conceptos estrechamente vinculados,° que no es posible desligar,° ya que° el uno depende del otro.

La alimentación insuficiente mantenida por siglos en la población mexicana, como en muchos otros países, ha tenido repercusiones biológicas, clínicas y sociales, cuya importancia y magnitud son muy significativas. Los especialistas del Instituto Nacional de Nutrición indican que en México existen tres tipos de dieta que se adaptan a los diferentes estratos socioeconómicos.

La dieta indígena. Se ha conservado ancestralmente y se basa en el consumo hecho dos veces al día de maíz, frijol,° chile, pulque,° algunas verduras° y agregados° como el azúcar y el café. El consumo de carne y huevos está limitado a una o dos veces por semana.

La dieta mestiza.° Corresponde a la clase socioeconómica más numerosa (humilde, media y obrera°) y consta fundamentalmente de° tortilla, pan, pastas de harina,° frijol, verduras, leche, carne y huevos, etc., generalmente tres veces al día.

Dieta variada. Esta es propia° de las clases media y alta, y mezcla la de tipo mestizo con una variedad de alimentos. Tiene bastante semejanza con la dieta norteamericana y europea.

En realidad algunas de estas dietas y el tipo de alimentos que se consumen en México no difieren mucho de los que se encuentran en otras zonas de Hispanoamérica en las que se necesita aumentar la inclusión de pescado° en las comidas, y el consumo de hortalizas,° frutas y cereales cuya producción puede aumentarse de acuerdo con las necesidades de la población. Desde luego que una reforma en la dieta tradicional requiere educar al pueblo para que aprenda las ventajas que ofrecen ciertos alimentos ricos en proteínas para tener una alimentación sana y balanceada.

Conteste usted las siguientes preguntas.

1. ¿Qué importancia económica tienen los negocios especializados en la capital mexicana?
2. ¿Qué comidas se venden en estos negocios por lo general?
3. ¿Qué alimentos faltan en la dieta de algunos mexicanos?
4. ¿Qué repercusiones puede tener una alimentación insuficiente?
5. Describa los tres tipos de dieta que existen en México.
6. ¿Es más nutritiva la dieta del campo o la de la ciudad?
7. ¿Cuáles son las comidas que engordan pero no dan mucha nutrición?

8. ¿Son solamente los países «subdesarrollados» los que tienen problemas de desnutrición? ¿Por qué?
9. ¿Qué es mejor para la salud—la desnutrición o la «sobrenutrición,» es decir el exceso de peso?
10. ¿Cómo se puede reformar la dieta típica del hispanoamericano?

Actividades comunicativas

1. Seleccione una comida o bebida adecuada en las siguientes situaciones. Justifique su respuesta.

   a. Después de correr si tengo mucha sed, tomo ＿＿＿＿＿ porque ＿＿＿＿＿ .

   b. Cuando voy al cine, me gusta comer ＿＿＿＿＿ y tomar ＿＿＿＿＿ porque ＿＿＿＿＿ .

   c. Al desayunar los domingos prefiero ir a un restaurante y comer ＿＿＿＿＿ porque ＿＿＿＿＿ .

   d. Cuando invito a amigos íntimos a mi casa, les sirvo ＿＿＿＿＿ porque ＿＿＿＿＿ .

   e. Para celebrar mi cumpleaños, me gusta tomar ＿＿＿＿＿ .

   f. Cuando hace mucho frío, suelo tomar ＿＿＿＿＿ porque ＿＿＿＿＿ .

2. Supongamos que usted es dueño de un restaurante que se especializa en comida natural y muy saludable. Haga tres menús: (a) el desayuno (b) el almuerzo y (c) la cena.

3. Organice un grupo para debatir la siguiente afirmación: La mejor manera de combatir la desnutrición en los países subdesarrollados es a través de la importación de alimentos de los países más desarrollados.

4. Júntese con un(-a) compañero(-a). Hagan una lista de todo lo que comieron ayer. Luego, consideren cada artículo en esa lista y determinen si lo que comieron es realmente saludable.

5. Supongamos que usted quiere ganar peso. ¿Qué podría comer para aumentar de peso? Y si quisiera perder peso, ¿qué comería para disminuirlo?

REPASO DE VERBOS

Repase los verbos **valer** y **venir** en el apéndice.

A. Complete la frase con el tiempo apropiado del verbo principal.

1. Mis primos vienen mañana, pero yo _____ .
2. El libro valdría mucho, pero las estampillas _____ .
3. Nosotros vinimos anteayer, pero Anita _____ .
4. Nosotros no trabajamos mucho, pero ellos _____ .
5. Ustedes vendrán pronto, pero ella _____ ayer.
6. Tu padre viene rápidamente, pero mi abuelo _____ .
7. El profesor vino ayer, pero los estudiantes _____ .
8. La casa vale cincuenta mil dólares, pero los edificios altos _____ .
9. La chaqueta vale mucho, pero los pantalones _____ .

B. Conteste en español en frases completas.

1. ¿Cuándo vendrá tu tío a visitarte?
2. ¿Cuánto valían las naranjas que compraste ayer?
3. ¿Vendrán nuestros estudiantes de México la semana que viene?
4. ¿Cuánto valió el libro para tu clase de español?
5. ¿Cuándo vinieron tus abuelos de visita?
6. ¿Cuánto valdrá el peso el mes que viene?
7. Si tuvieran dinero, ¿vendrían tus primos a visitarte?
8. Si el libro de historia valiera doce dólares ¿lo comprarías?
9. ¿Quiénes han venido hoy?
10. ¿Por qué vale tanto el dólar ahora?

GRAMATICA Y EJERCICIOS

El subjuntivo en mandatos

1. **Tráigame** dos tacos, por favor.   *Bring me two tacos, please.*

   Llévele la comida en seguida.   *Take him the food at once.*

   No le digas nada de la fiesta.   *Don't tell her anything about the party.*

The subjective verb forms are used in a formal affirmative command. Recall that the object pronouns are attached to positive commands and precede negative commands.

2. **Hágamoslo** esta tarde.   *Let's do it this afternoon.*

    No cenemos con los Hernández.   *Let's not dine with the Hernandez's.*

    Vamos a cenar en el Restaurante   *Let's dine at the Acapulco Restaurant.*
    "Acapulco."

The first person plural form of the subjunctive mood may be equivalent to a *let's* command in English. A more common way of expressing *let's* commands is with **vamos + a + infinitive.**

3. Alicia, por favor, **no hables más** en   *Alicia, please don't talk any longer on*
    el teléfono.   *the phone.*

The subjunctive forms are also used in negative informal commands.

A. Las siguientes oraciones describen acciones habituales. Dé un mandato prohibiendo esa acción.

    MODELOS: El señor Sánchez come la carne.
                  Señor Sanchez, no coma (usted) la carne.
                  Juan come en casa.
                  Juan, no comas en casa.

1. La señorita Fagundo escribe la carta.
2. Los señores reciben un cheque.
3. Alberto lee el libro.
4. Los profesores explican la lección.
5. María sale primero.
6. Los alumnos dicen la verdad.
7. Enrique abre el cuaderno.
8. Las muchachas estudian la lección para mañana.
9. El señor hace los preparativos.
10. Enrique y Carlos comen quesadillas.
11. María se sienta en el banco.
12. Las mujeres hacen los vestidos.
13. Roberto se acuesta en la cama.
14. María se pone el abrigo.
15. Betty lava la ropa.
16. Los hijos juegan en casa.
17. El señor Morales toma un café.
18. Ellos limpian la cocina.
19. El doctor Romeralo cierra la ventana.
20. Los señores se quitan los zapatos.

B. Las siguientes oraciones describen acciones que nunca se hacen. Dé un mandato afirmativo según los modelos.

MODELOS: La señorita Castillo nunca come carne.
Señorita Castillo, por favor, coma carne.
Paco y Carmen nunca comen en casa.
Paco y Carmen, por favor, coman en casa.

1. La señorita Alonso nunca va de viaje.
2. Los señores no escriben la carta.
3. Juan y Martín nunca leen el libro.
4. Los profesores nunca explican la lección.
5. María y Luisa no salen de noche.
6. Los alumnos no dicen la verdad.
7. El señor Uceda no llega al trabajo a tiempo.
8. Las muchachas nunca van al cine.
9. El señor Ruiz no hace una pregunta.
10. Enrique y Carlos no vienen mañana.
11. Marta y Elena no se sientan en el sofá nuevo.
12. Las mujeres nunca hacen las maletas.
13. Roberto y Eladio nunca se acuestan en la silla.
14. Marta y María nunca se ponen delante de la clase.
15. El señor Román no se levanta temprano.
16. Las señoritas no se levantan temprano.
17. La señora Rosaldo no prepara la comida.
18. Adela y Rosario no son listas.
19. La señorita Fernández no se quita los guantes.
20. Mis primos, Julián y Alberto, no se lavan las manos.

C. Usted cambia de opinión y ya no está de acuerdo con los siguientes mandatos. Hágalos negativos, imitando el modelo.

MODELO: ¿El párrafo? Inclúyalo aquí.
No, no lo incluya aquí.

1. ¿La carta? Démela en seguida.
2. ¿La cama? Hágamela ahora.
3. ¿La verdad? Dígamela.
4. ¿El problema? Explíqueselo ahora.
5. ¿Mis compañeros? Sígalos por esta calle.
6. ¿Sus primos? Preséntenmelos ahora mismo.
7. ¿La carta? Escríbanmela la semana que viene.
8. ¿Los cheques? Envíenselos mañana.

9. ¿El cuento? Léalo en voz alta.
10. ¿La cartera? Póngamela en la mesa.

D. Según estos mandatos, las siguientes acciones no van a hacerse. Usted quiere que se hagan, así que dé un mandato afirmativo.

MODELO: ¿Los regalos? No me los envíe ahora.
Envíemelos mañana.

1. ¿El reloj? No me lo dé ahora.
2. ¿El dinero? ¿A Ramón? No se lo preste hoy.
3. ¿Los pantalones? ¿A su nieto? No se los regale la semana próxima.
4. ¿La regla? No nos la explique en clase.
5. ¿Los chistes? No se los diga aquí.
6. ¿Los ejercicios? No me los escriban hoy.
7. ¿Las invitaciones? ¿A sus parientes? No se las manden la semana que viene.
8. ¿Los dulces? ¿A sus niños? No se los quiten ahora.
9. ¿Las contestaciones? ¿A los estudiantes? No se las lean en la clase.
10. ¿El dinero? No nos lo den en seguida.

E. Diga si usted está de acuerdo o no con los siguientes mandatos.

MODELO: ¡Vamos a estudiarlos!
¡Sí, estudiémoslos! / ¡No, no los estudiemos!

1. ¡Vamos a comer un taco ahora!
2. ¡Vamos a mandar el paquete por correo!
3. ¡Vamos a oír la música clásica!
4. ¡Vamos a tocar el piano!
5. ¡Vamos a construir una castillo de arena!
6. ¡Vamos a escribir una composición!

---

4. Vistámonos.   *Let's get dressed.*

When **nos** is attached to the first-person plural of the present subjunctive, the final *-s* is dropped before **nos** is added.

Vamos a casa.   *Let's go home.*

Vámonos.   *Let's go.*

F. Diga si usted está de acuerdo o no.

MODELO: ¿Vamos a acostarnos tarde?
¡Sí, acostémonos tarde! / ¡No, no nos acostemos tarde!

1. ¿Vamos a vestirnos aquí?
2. ¿Vamos a dormirnos aquí?
3. ¿Vamos a lavarnos ahora?
4. ¿Vamos a ponernos chaquetas?
5. ¿Nos vamos al cine?
6. ¿Vamos a escribirle una carta a Mario cada semana?
7. ¿Vamos a ver a su mamá en media hora?
8. ¿Vamos a desayunarnos en este restaurante?
9. ¿Vamos a levantarnos tarde?
10. ¿Vamos a ayudar a su hermano el mes que viene?

Mandatos informales

1. Affirmative

Toma (tú) esto.	*Take this.*
Tomad (vosotros) esto.	*Take this.*
Escríbelo (tú).	*Write it.*
Escribidlo (vosotros).	*Write it.*

Negative

No tomes esto (tú).	*Do not take this.*
No toméis esto (vosotros).	*Do not take this.*
No lo **escribas** (tú).	*Do not write it.*
No lo **escribáis (vosotros).**	*Do not write it.*

The singular of the informal command (**tú** form) is usually the same as the third-person singular indicative. The plural is formed by changing the **-r** of the infinitive to **-d**. In negative commands, subjunctive forms are used.

2.

Lávate.	*Wash yourself.*
No te laves.	*Don't wash yourself.*
Lavaos.	*Wash yourselves.*
No os lavéis.	*Don't wash yourselves.*

With reflexive verbs, the final **-d** is dropped before adding **-os** to the imperative plural. The only exception is **irse:**

Idos.	*Go away.*

3. IRREGULAR IMPERATIVES

decir	di/no digas	ir	ve/no vayas
hacer	haz/no hagas	poner	pon/no pongas
salir	sal/no salgas	tener	ten/no tengas
ser	sé/no seas	venir	ven/no vengas

These verbs are irregular in the singular only. There are no irregular plural informal commands.

G. Dé mandatos informales afirmativos según los modelos.

MODELOS: No hagas la tarea después, _____ ahora.
No hagas la tarea después, hazla ahora.
No te quites los zapatos ahora, _____ después.
No te quites los zapatos ahora, quítatelos después.

1. No te acuestes tarde, _____ temprano.
2. No te bañes en la noche, _____ en la mañana.
3. No te laves las manos después de comer, _____ antes de comer.
4. No te pongas el sombrero en casa, _____ después de salir.
5. No te levantes tarde mañana, _____ temprano.
6. No te vistas tan despacio, _____ pronto.
7. No te rías ahora, _____ después.
8. No descanses en el camino durante el maratón, _____ después en casa.
9. No te despiertes ahora, _____ después de las siete.
10. No vengas el martes, _____ el jueves.
11. No salgas ahora, _____ después.
12. No vuelvas hoy, _____ mañana.

H. Ahora diga cinco mandatos que expresen lo que los niños no deben hacer

MODELO: *No vuelvas de la escuela tarde.*

DIALOGO Las nuevas ideas, una necesidad para la gente moderna

PROFESOR: El éxito en cualquier campo depende en nuestra época de la rapidez y facilidad con que una persona puede adaptarse a los cambios e innovaciones. Por eso, quiero que ustedes, los estudiantes, me indiquen cuáles son algunas de las fuentes más simples y prácticas de nuevas ideas.

CONSUELO: Creo que el lugar más apropiado para que el estudiante y el investigador obtengan nuevas ideas es la biblioteca. Allí pueden leer lo relacionado con su campo de especialización y ponerse al día consultando las publicaciones más recientes. La lectura de un buen libro puede cambiar la vida de una persona.

inagoxable inexhaustible

RENATO: Estoy de acuerdo. También las revistas son fuente inagotable° de ideas y sugerencias. A través de sus páginas es posible obtener ideas innovadoras.

EDUARDO: Como todos saben, soy aficionado a la fotografía. Muchas informaciones gráficas son útiles para despertar la creatividad. Es aconsejable tener a la mano un álbum para guardar las fotografías que ofrezcan algunas ideas interesantes.

IRENE: Uno debe también asistir a convenciones, ferias y exposiciones para "cazar" buenas ideas. Las conversaciones con otros a menudo ayudan a aclarar los conceptos.

ISABEL: Los viajes pueden ser fuente de ideas. Además se pueden utilizar los viajes para captar ideas útiles en el trabajo.

PROFESOR: Yo siempre asisto a reuniones profesionales con el ánimo de aprender algo. Los temas que presentan muchas veces son controversiales y sugerentes. Además existe la oportunidad de hacer preguntas a los conferenciantes.

ELENA: Como yo trabajo en un estudio cinematográfico, puedo decirles que el cine, la televisión, la radio y otros medios de comunicación son muy eficaces para la transmisión de nuevas ideas. Una película que se ve simplemente por diversión también puede inspirar ideas asociadas con el argumento, los escenarios, el vestuario, los personajes, etc.

LUIS: Miles de piezas publicitarias son impresas diariamente. Me refiero a los carteles, folletos, calendarios, periódicos y otros productos de artes gráficas. Tales piezas provienen del ingenio de muchos artistas, y constituyen una buena fuente de adquisición de ideas constructivas.

RUTH: Como voy a ser profesora, considero la educación como la fuente básica de ideas nuevas. La frecuente asistencia a cursos y seminarios con el deseo de aprender me permite ver más claras las cosas.

PROFESOR: De todas maneras, lo importante para los estudiantes es tener una amplia visión de los acontecimientos y desarrollar el poder de captación de nuevas ideas. Así estarán mejor preparados para enfrentarse al futuro incierto. La próxima vez. Traigan ustedes sus diccionarios.

Comprensión

1. ¿De qué depende el éxito en cualquier campo?
2. Diga las funciones principales que tienen:
   a) una biblioteca, b) las revistas, c) las fotografías, d) las convenciones y exposiciones, e) los viajes, f) la televisión

3. ¿Puede usted pensar en otras fuentes de nuevas ideas?

Plática espontánea

Un(-a) estudiante hace preguntas a otro(-a) sobre la importancia de las nuevas ideas para la gente moderna:

1. la biblioteca universitaria
2. las revistas
3. las fotos
4. las convenciones profesionales
5. los viajes
6. la televisión
7. los cursos

MODISMOS Y EXPRESIONES

A. Use cada expresion en una oración completa.

a través de	across
con el ánimo de	with a mind to
constar de	to consist of
de todas maneras	in any event
debido a	due to
enfrentarse a	to face, confront
hacer preguntas	to ask questions, to question
lo importante	the important thing (what is important)
ponerse al día	to update oneself
ser aficionado a	to be fond of
tener a la mano	to have at hand
una o dos veces por semana	once or twice a week

B. Complete la frase con el modismo apropiado.

1. El estudiante no _____ cuando no tiene curiosidad.
2. Asisto a la clase _____ aprender algo.
3. _____, no pienso asistir a la convención.
4. _____ es tener una amplia visión del futuro.
5. A muchas personas no les gusta _____ la realidad.
6. _____ la falta de información, el progreso sufría mucho.
7. Paco _____ la televisión.
8. Llamando a mi madre por teléfono, yo podía hablar con ella _____ la distancia.
9. Llamo a mi madre por teléfono _____.

10. El maestro no quería _____ , y por eso dejó su empleo.

11. Por no _____ la información, el estudiante salió mal en el examen.

PRÁCTICA ESCRITA

Traducción

My younger sister Susana was about to leave for high school when my mother stopped her.

"Don't leave home without a raincoat and umbrella," said my mother. "It's going to rain all day!"

"Oh, and John," now she was calling me. "Don't forget to pay the telephone bill on the way back from the university today."

"Don't remind me. I have too much to do already," I replied. "Give it to me now, please."

"Susana, let's go to the movies tonight," I said, finding her on the veranda waiting for the bus.

"Explain to me why you want to go to a movie on a night like this."

"Don't come if you don't want to! Forget the whole thing! I'll go with someone else!"

Composición sobre el diálogo

Escriba una composición indicando la importancia y necesidad de las nuevas ideas para la gente moderna. Incluya algo sobre:

1. la rapidez de los cambios e innovaciones en la vida moderna
2. la importancia de la biblioteca—libros—revistas
3. las fotografías—un álbum
4. conversaciones—exposiciones—ferias
5. los viajes—captar ideas nuevas
6. reuniones profesionales—temas controversiales
7. cine—radio—televisión
8. piezas publicitarias
9. educación—cursos—seminarios
10. una amplia visión de los acontecimientos

Composición sobre la lectura

Escriba una composición sobre la desnutrición en México o en otro país. Algunas sugerencias son:

1. antojitos
2. lo que falta en la dieta mexicana
3. la falta de recursos económicos
4. resultados de la alimentación insuficiente
5. tres tipos de dieta

Una zona comercial en Madrid

LECCION 13

LECTURA · La ciudad moderna

desplazamiento
displacement

surgimiento rise

sobrepasa exceeds

crecen are increasing
pasos agigantados gigantic
steps

despoblamiento
depopulation

etapa stage

ensayistas essayists
han abordado have
broached
índole character

Uno de los fenómenos socio-económicos de mayor interés en la época contemporánea es el desplazamiento° de la población rural a los centros más habitados, lo cual ha producido en Latinoamérica el surgimiento° de grandes ciudades comparables a las más populosas metrópolis del mundo. Ciudades como México, que ya sobrepasa° los 13 millones de habitantes, o como São Paulo, Buenos Aires, Bogotá y Caracas, que crecen° demográficamente a pasos agigantados,° muestran hasta qué punto la realidad económica influye en la concentración humana de ciertas zonas de producción. Lo cierto es que el despoblamiento° de las áreas rurales está cambiando la fisonomía de algunos países, que gradualmente están pasando de una economía agrícola a una etapa° de franca industrialización.

Esta dicotomía de campo-ciudad se ha convertido en una constante en la historia de Latinoamérica. Muchos de sus ensayistas° han abordado° el tema en un esfuerzo por identificar la índole° de los

199

habitantes de cada zona y de estudiar las causas del problema. En la Argentina este tipo de interpretación ofrece especial interés para sus ensayistas, desde Domingo Faustino Sarmiento que identificó el campo con la barbarie y la ciudad con la civilización. Este tema ha sido objeto de importantes obras como las de Ezequiel Martínez Estrada: *Radiografía de la pampa* y *La cabeza de Goliat,* la segunda de las cuales es un análisis de Buenos Aires que simbólicamente se representa en la monstruosa cabeza de un gigante. Aparecen en la obra los barrios° de la ciudad, sus calles, plazas, monumentos, y toda una serie de personajes típicos como el vendedor de menudencias,° el cartero,° el vigilante,° el chófer, el canillita (vendedor de periódicos), etc. Para Martínez Estrada la desmesura° de Buenos Aires es lo que ha impedido a los argentinos intuir° su verdadera realidad y comprender la otra Argentina—la rural.

barrios districts

menudencias trifles
cartero letter carrier
vigilante watchman
desmesura exaggeration
intuir to sense

México D.F. es otra ciudad gigantesca y en ella parece que se concentran todos los vicios y virtudes de una ciudad moderna. El problema mayor de México es el tráfico de miles de vehículos cuyos motores enrarecen° la atmósfera. Para acelerar° el transporte, existe un metro que presta excelente servicio y se han construído un periférico° bordeando la ciudad, y un buen número de ejes viales.° La ciudad está cruzada por hermosas vías como la Avenida de la Reforma y la Avenida Insurgentes, sector que tiene lujosas tiendas y restaurantes. Varios sitios constituyen oasis tranquilos en medio del tráfago° de la metrópoli como el Parque de Chapultepec, en donde está situado el famoso Museo de Antropología, la Universidad Nacional Autónoma de México, y Xochimilco, lugar favorito de los turistas por la profusión de flores que adornan las barcas° y por las tiendas que venden objetos típicos. México es una bella capital y presenta los contrastes que caracterizan a la ciudad moderna.

enrarecen pollute
acelerar expedite
periférico highway
ejes viales interchanges

tráfago hustle bustle, traffic

barcas boats

Conteste usted las siguientes preguntas.

1. ¿Cuál es uno de los fenómenos socio-económicos de mayor interés en la época contemporánea?
2. ¿Qué ha producido este fenómeno en Latinoamérica?
3. ¿Por qué está cambiando la fisonomía de algunos países latinoamericanos?
4. ¿Quiénes están estudiando el problema de la dicotomía campo-ciudad en Latinoamérica?
5. ¿De qué ciudad trata el ensayo *La cabeza de Goliat*?
6. ¿Qué tipos de personas aparecen en los barrios de Buenos Aires?
7. ¿Qué ha impedido a los argentinos intuir su verdadera realidad?
8. ¿Cuál es el problema mayor de la ciudad de México?
9. ¿Qué existe en México para acelerar el transporte?

10. ¿Qué sitios constituyen oasis tranquilos en medio de la ciudad de México?
11. ¿Qué sugerencias puede usted dar para resolver estos problemas demográficos?

Actividades comunicativas

1. Diga por qué usted quisiera vivir (o no vivir) en una ciudad grande. ¿Cuáles son las ventajas de vivir en una ciudad moderna? ¿Hay desventajas?

2. ¿Cuáles son las ciudades más modernas de los Estados Unidos? ¿Cuál es su ciudad favorita? ¿Por qué?

3. ¿Cómo se puede resolver . . .?

   a. el problema demográfico de la ciudad grande
   b. el problema de casas y apartamentos
   c. el problema de la contaminación del aire y el agua

4. Supongamos que usted es profeta (*prophet*). Trate de predecir los cambios que va a sufrir la vida moderna en el año 2000. Considere las siguientes afirmaciones y diga si usted está de acuerdo o no. Justifique su respuesta.

   a. No habrá hambre en el mundo.
   b. El medio de transporte más usado será el avión.
   c. Dependeremos completamente de la energía solar.
   d. Tendremos un gobierno mundial.
   e. Viajaremos a planetas y galaxias fuera de la nuestra.
   f. Viviremos bajo un sistema económico socialista.
   g. No usaremos la pena de muerte como castigo.
   h. Habrá muchas guerras locales pero ninguna global.
   i. Aumentarán las tensiones raciales.
   j. Desaparecerá la familia nuclear como se conoce ahora.

REPASO DE VERBOS

A. Repase los verbos **pensar, sentir, volver** y **dormir** en el apéndice. Complete las oraciones siguientes.

1. Esta vez pensé en mi viaje, pero antes nunca _____ en él.
2. «Vuelvo en seguida,» me dijo. «¡No! ¡ _____ ahora mismo!»
3. Yo lo sentía mucho, pero ella no lo _____ nada.
4. Anoche durmió mal Andrés, pero nosotros vamos a _____ bien.
5. Juan pensará en su falta, pero sus hermanas no _____ en las suyas.
6. He vuelto a Nueva York, pero mi hermano no _____ todavía.
7. Luisa duerme como un tronco, pero nosotros _____ con mucha dificultad.

B. Llene los espacios con la forma apropiada de **pensar, sentir, volver** o **dormir**.

1. Carlos _____ ir a Venezuela la semana pasada.
2. Antes yo _____ estudiar aquí, pero cambié de idea.
3. Tú lo _____ poco, porque no lo viste.
4. Olga y Diego _____ mucho que no pudieras venir.
5. Mañana Alberto _____ a la universidad.
6. Mis primos _____ de Colombia, pero no los he visto todavía.
7. Yo no _____ bien si tomo mucho café.
8. Luis _____ solamente tres horas anoche.
9. Tú _____ muy cómodamente en esa cama.

GRAMATICA Y EJERCICIOS

El subjuntivo en cláusulas subordinadas

The indicative mood states facts and expresses or affirms reality. The subjunctive mood expresses personal reaction to or comment about a fact. Especially in dependent clauses, it is used to express what is merely possible or probable, indefinite or doubtful, conjectural or presupposed.

Fact: María **trabaja** mucho.
Mary works a great deal.

Affirmation: Yo le conté que María **trabaja** mucho.
I told him that Mary works a great deal.

| Comment on fact: | Era triste que María **trabajara** tanto. |
| | *It was sad that Mary worked so much.* |

In Spanish, the subjunctive is used in dependent clauses introduced by a conjunction such as **que,** or by a relative pronoun.

El subjuntivo en las cláusulas introducidas por la conjunción *que*

| 1. | **Deseo que usted escriba la carta en español.** | *I want you to write the letter in Spanish.* |
| | **Necesitaban que llegáramos** a tiempo. | *They needed us to arrive on time.* |

The subjunctive is used after verbs and expressions of prohibition, suggestion, command, request, demand, desire, permission. Common verbs of suggestion and desire requiring the subjunctive in dependent clauses are:

aconsejar	*to advise*
consentir en	*to consent*
desear	*to desire*
impedir	*to prevent*
insistir en	*to insist*
mandar	*to order*
pedir	*to request*
permitir	*to permit*
preferir	*to prefer*
prohibir	*to forbid*
querer	*to wish*
rogar	*to beg*
sugerir	*to suggest*

| **Prefiero salir** solo. | *I prefer to go out alone.* |
| **Martín le permite a su hijo manejar** de vez en cuando. | *Martín allows his son to drive the car once in a while.* |

Note that a subjunctive **que**-clause is used only if there is a change of subject. Otherwise, an infinitive is used. In addition, the verbs **aconsejar, rogar, dejar, hacer, mandar, permitir** and **prohibir** allow an infinitive construction even if the subject is changed.

| **Su padre no permite que Carlos fume** nunca. | *Carlos's father never allows him to smoke.* |

English constructions using an infinitive, such as *I want him to read the book*, are not possible in Spanish. Instead, Spanish requires the subjunctive: **Quiero que lea el libro.**

Insisto en que usted me lo dé.	*I insist that you give it to me.*
Da la orden de que cerremos los libros.	*He orders us to close our books.*
No queria consentir en que yo entrara.	*He would not consent to my coming in.*

The **que** clause may be preceded by a preposition.

_____

A. Exprese sus deseos y los de otros. Pueden usarse las siguientes sugerencias o emplear las que usted quiera.

1. Deseo que mis profesores _____ (explicar) este capítulo.
2. Mi papá siempre me aconseja que no _____ (fumar) cigarillos.
3. Mi mamá me pide muchas veces que _____ (estudiar) la lección.
4. Los maestros insisten en que los estudiantes _____ (prestar) atención.
5. Quiero que mi novio(-a) _____ (explicarme) su decisión.
6. La administración de la escuela prohibe que los estudiantes _____ (fumar) en la clase.
7. Los hijos siempre les piden a los padres que _____ (comprar) ropa nueva.
8. El estudiante de matemáticas le pide al profesor que _____ (explicarle) el problema.

_____

2.

¡Ojalá que tenga la oportunidad!	*Would that (I wish that) I might have the opportunity!*
¡Ojalá que tuviera (tuviese) la oportunidad que tuvo usted!	*Would that (I wish that) I had the chance you had!*
¡Ojalá que hubiera (hubiese) tenido la misma oportunidad!	*Would that (I wish that) I had had the same chance!*

The subjunctive expresses a wish in a sentence introduced by **ojalá que**. The present subjunctive is used if the wish is possible of fulfillment; the imperfect subjunctive (**-r-** or **-s-** form), if the wish is impossible of fulfillment in the present; and the pluperfect subjunctive (**-r-** or **-s-** form of the auxiliary verb), if the wish was impossible of fulfillment in the past.

_____

B. Reaccione usted de una manera lógica ante las siguientes situaciones. Use su imaginación.

MODELO: Mis amigos van a visitar a España este verano.
Ojalá que tengan un buen viaje!

1. Voy a ir a la playa esta tarde.
2. Mi carro no está funcionando muy bien últimamente.
3. Estoy esperando la llegada del vuelo 704 procedente de Nueva York.
4. Tengo solamente cinco dólares.
5. No me siento bien.
6. Acaban de salir del examen.
7. Juan y María acaban de casarse.
8. Tengo dolor de cabeza.
9. Los niños tienen hambre.
10. Mi prima se compró un coche nuevo.

C. Considere las siguientes situaciones y exprese su reacción.

MODELO: Yo no dormí bien anoche.
          ¡Ojalá que hubiera dormido bien porque hoy tengo un examen!

1. Enrique no pudo trabajar anoche.
2. Mi carro se descompuso ayer.
3. Mis primos fueron a Europa el verano pasado.
4. Mi mamá prepara una deliciosa torta para esta noche.
5. Jorge y Anita me invitaron a su fiesta el sábado próximo.
6. Mi hermana no salió bien en el examen.
7. Los niños no estudiaron la lección anoche.
8. Me compré un carro de segunda mano la semana pasada.
9. Mis padres tomaron el tren para Nueva York.
10. El avión llegó tarde a Los Angeles.

---

3. **Siento que no esté en casa mi padre.**   *I'm sorry my father isn't at home.*

Me alegraba de que ustedes no lo hubieran hecho.   *I was glad that you hadn't done it.*

But:

Siento llegar tarde.   *I'm sorry to be late.*

The subjunctive is used in **que** clauses after verbs and expressions of feeling, emotion, and subjective reaction.

D. Exprese su reacción emocional ante los siguientes hechos, usando expresiones como **siento que, lamento que, qué sorpresa que, es maravilloso que, me alegro mucho de que, qué lástima que, qué interesante que, me pone triste que, me alegra que.**

MODELO: Linda no está ahora en casa.

Siento mucho que no esté en casa porque tengo un regalo bonito para su cumpleaños.

1. Paco y Elena se casan el lunes.
2. Enrique no sabe la lección.
3. Mis hijos vuelven a casa tarde los sábados.
4. Mi esposa se levanta tarde.
5. Mi hijo nunca dice la verdad.
6. Mi hija no se cepilla los dientes.
7. Ana no limpia su cuarto.
8. Tú no vienes temprano.
9. Ellas no tienen dinero para comprar ropa.
10. Mi abuelita no tiene mucha ropa.

---

4. **Dudo que sea** verdad.   *I doubt that it is true.*

Niegan que Juan esté aquí.   *They deny that John is here.*

No creo que usted pueda hacerlo   *I don't think you can do it today.*
hoy.

But:

No dudo que es verdad.   *I don't doubt that it is true.*

The subjunctive is used in **que** clauses after verbs and expressions of doubt and denial, such as **no creer** *(not to believe)*, **dudar** *(to doubt)*, **negar** *(to deny)*. Note that expressions like **no negar** and **no dudar** require the indicative in the dependent clause since they do not express doubt but rather indirectly assert the information to be true.

E. Comience cada frase con las palabras indicadas entre paréntesis.

MODELO: La señorita Moreno está aquí. *(dudo que)*
Dudo que la señorita Moreno esté aquí.

1. Jaime quiere a Elena.
   (no creo que, dudo que, no es verdad que)
2. Mis amigos, los González, vienen mañana.
   (me alegro de que, siento que, qué bueno que)
3. Carlos va a Europa con su tío.
   (es dudoso que, se niega que, no creo que)
4. Pedimos un vaso de limonada.
   (prefiero que, sugiero que, aconsejo que)
5. Sigo cursos en la universidad.
   (mandan que, insisten en que, no permiten que)

5. Que Carlos lo haga.   *Let Carlos do it.*

The subjunctive is used in indirect third-person commands introduced by **que**. As before, object pronouns precede the verb.

F. Es necesario que se hagan las siguientes cosas para la fiesta de esta noche pero usted no quiere hacerlas. Sugiera que uno(-a) de sus compañeros(-as) las haga.

MODELO: Es necesario limpiar este cuarto.
                ¡Que lo limpie Gloria!

1. cocinar los pasteles
2. ir de compras
3. bañar el perro
4. preparar la comida
5. recibir a los huéspedes
6. buscar los discos
7. comprar las bebidas
8. barrer el patio

---

6. Es necesario que Carlos vaya con su padre.

It's necessary for Charles to go (that Charles go) with his father.

Es posible que vengan mañana.

It is possible that they will come tomorrow.

Es urgente que lo veamos.

It is urgent that we see it.

The subjunctive is used with impersonal expressions exactly as with other verbs which introduce **que** clauses. If an impersonal expression simply asserts the proposition in the **que** clause to be correct, the indicative is used:

Es verdad que Carlos lo hizo.   *It's true that Charles did it.*

G. Dé su reacción a las siguientes oraciones. Comience cada oración con una expresión impersonal como **es preciso que, es verdad que, es una lástima que, es maravilloso que, es dudoso que, es interesante que.**

1. Gloria nunca estudia.
2. Mis padres gozan de sus vacaciones.
3. Asisto a las clases de karate.
4. Los estudiantes llegan a tiempo para la clase de español.
5. Lolita va a España.
6. Mi primo no viene mañana a cenar con nosotros.
7. Hacemos los preparativos para la fiesta.

8. Los niños ponen la mesa para ayudar a su mamá.
9. Los niños están en el patio jugando.
10. Mi padre se acuesta temprano cuando tiene que trabajar.

Las cláusulas introducidas por un pronombre relativo

Two common types of relative clauses require the subjunctive.

1. **Busco un sitio que sea** más ameno.   *I'm looking for a place that's more pleasant.*

   Quiero encontrar un mozo que pueda ayudarme.   *I want to find a porter who can help me.*

   The subjunctive is used in a relative clause if a person or thing is desired but not yet found, is unknown, or if the relative clause does not refer to a specific person. If the person or thing is specific and known, then the indicative is used:

   Busco al mozo que me ayudaba antes.   *I'm looking for the porter who helped me before.*

2. **No conozco a nadie que hable** portugués.   *I'm not acquainted with anyone who speaks Portuguese.*

   The subjunctive is used in a relative clause if the person or thing is considered to be nonexistent or indefinite.

   ¿Hay alguien que no le guste?   *Is there anyone whom you don't like?*

   If a question implies a general negative answer, the verb may be subjunctive:

H. Escoja los verbos correctos para completar las oraciones.

MODELOS: Busco una criada que (habla/hable) español.
Busco una criada que hable español.
No hay ninguna señorita que (sabe/sepa) cantar.
No hay ninguna señorita que sepa cantar.

1. Busquemos a un hombre que _____ legumbres. (vende/venda)
2. Invitamos solamente a personas que _____ la verdad. (dicen/digan)
3. Compremos cualquier novela que _____ interesante. (es/sea)
4. Van a escoger unas frutas que _____ maduras. (están/estén)
5. Vamos a ese teatro en Santa Ana donde _____ películas mexicanas. (dan/den)
6. No conozco a ningún profesor que _____ ocho lenguas. (sabe/sepa)
7. Busco un barco que _____ al Caribe. (va/vaya)
8. ¿Hay alguien aquí que _____ ruso? (habla/hable)

9. No hay nada que se _____ usar. (puede/pueda)

10. ¿No hay nadie que _____ resolver este problema? (sabe/sepa)

La correlación de tiempos

Tenses are used in any combination that gives the meaning the speaker intends.

Dudo que **llegaran** a tiempo.   *I doubt that they arrived on time.*

Sienten mucho que nos **vayamos** mañana.   *They are very sorry we're leaving tomorrow.*

Only in the case of commands must the time of the desired event be after the time of the command, since it is logically impossible to command past actions.

Quiero que usted me lo **diga**.   *I want you to tell me.*

Dígale que lo **haga** ahora mismo.   *Tell him to do it at once.*

Quería que me lo **dijera**.   *I wanted you to tell me.*

The above sequence may be varied when the sense of the sentence requires it. Note, however, that only the verb in the dependent clause is affected:

Siento que no **viniera** ayer.   *I'm sorry that he didn't come yesterday.*

Siento que no **hubiera venido** la semana pasada.   *I'm sorry that he hadn't come last week.*

I. Forme oraciones nuevas con las siguientes claúsulas.

1. Siento mucho que . . .

   a. Usted no pasó el examen.
   b. Su novia está enferma.
   c. Su prima no vendrá a la fiesta.

2. Es imposible que . . .

   a. Yo completaré este proyecto mañana.
   b. María sabía todas las respuestas.
   c. Nadie me conoce aquí.

3. Era una lástima que . . .

   a. Usted no llegó a tiempo.
   b. Sus padres no pudieron visitarlo cuando estaba en México.
   c. Anita se durmió y no vio el final de la película.

Recuerdos de una civilización antigua

PROFESOR: Hoy vamos a hablar de una civilización muy antigua. Pepe, dígame todo lo que usted sabe del imperio de los incas.

PEPE: El imperio de los incas se extendió desde el norte de la Argentina y Chile hasta el Ecuador. Tenían su capital en Cuzco donde levantaron un templo al Sol que adoraban como si fuera un dios. Las paredes estaban cubiertas de oro, metal que simbolizaba a este dios. La lengua que hablaban era quechua.

PROFESOR: Muy bien. Carlota, ¿quién fue el conquistador del Perú?

CARLOTA: Francisco Pizarro. Llegó al norte del Perú en 1532, pero no entró en el Cuzco hasta noviembre del año siguiente.

PROFESOR: ¿Qué cuidad fundó que sigue siendo la capital del Perú? ¿Quién lo sabe?

EVELIA: Yo. La ciudad de Lima. Por estar situada cerca del mar facilitaba la comunicación con el exterior.

PROFESOR: Bien. ¿Y cuándo se creó el Virreinato del Perú?

FERNANDO: En 1543. En aquel entonces comprendía todas las posesiones españolas en Suramérica.

PROFESOR: ¿Qué se destaca en la civilización incaica?

ANITA: La vida estaba meticulosamente organizada. Como los romanos, los incas habían construído una red de caminos que permitía al gobierno central mantener contacto con los lugares más remotos del imperio.

LUIS: Yo recuerdo que los incas eran notables arquitectos e ingenieros y que habían levantado grandes edificios. Las ruinas de algunos de ellos se encuentran en Machu Picchu. Allí se ven murallas y paredes de piedra construidas sin usar cemento.

ROBERTO: Lo que más me intriga son los _quipus_, sistema de cuerdas de distintos colores que servían para recordar algo. Puede considerarse precursor del computador pues podía almacenar mucha información en su "banco de memoria."

PROFESOR: Quiero que ustedes sepan que la palabra "inca" fue el nombre dado a los soberanos, quienes, según decían, eran descendientes del Sol.

CARLOTA: En la época de Pizarro, había dos príncipes, Huáscar y Atahualpa, hijos de Huayna Capac. En una guerra civil entre ellos, Atahualpa salió vencedor. Los españoles le encarcelaron y los indios tuvieron que pagar su rescate° en oro y plata. Pizarro le hizo matar con el pretexto de que era culpable de la muerte de Huáscar.

rescate ransom

Comprensión

1. ¿Hasta dónde se extendía el imperio de los incas?
2. ¿Cuál era su capital?
3. ¿Qué lengua hablaban los incas?
4. ¿Quién fue el conquistador del Perú?
5. ¿Qué cuidad fundó como capital?
6. ¿Qué tierras comprendían el Virreinato del Perú?
7. ¿Por qué establecieron los incas una red de caminos?
8. ¿Qué se ve en Machu Picchu?
9. ¿Qué son los *quipus*?
10. ¿Quiénes eran Huáscar y Atahualpa?
11. ¿Qué pasó cuando Pizarro encarceló a Atahualpa?
12. ¿En una guerra civil entre los dos hermanos, ¿quién salió vencedor?
13. ¿Qué le intriga más a usted de la civilización incaica?
14. ¿Por qué le gusta (o no le gusta) a usted el conquistador Pizarro?

Plática espontánea

Unos estudiantes charlan sobre la antigua civilización incaica.
1. el imperio de los incas: extensión—capital—sol—quechua
2. Francisco Pizarro—Lima—mar
3. el virreinato del Perú—1543
4. la vida incaica: gobierno—caminos—Machu Picchu
5. *quipus*
6. inca—sol—Huáscar—Atahualpa

MODISMOS Y EXPRESIONES

A. Use cada expresión en una oración completa.

aproximarse a	to approach
dar la vuelta	to turn, circle
desempeñar un papel	to play a role
en caso de que	in case
en medio de	in the middle of
frente a	in front of
fuera de	outside of
hacer de	to act as
poner a prueba	to put to the test, test
por primera vez	for the first time
servir para (de)	to serve as

B. Complete cada frase con el modismo apropiado.

1. El estudiante dejó el perro _____ de la casa.
2. _____ fui a la biblioteca.
3. Yo no quiero _____ en la comedia.
4. Los coches _____ la frontera.
5. Dejé la bicicleta _____ el edificio.
6. ¿Quién _____ guía?
7. El chófer iba a _____ el carro usado.
8. En Madrid yo _____ intérprete a un grupo de turistas.
9. _____ el estudiante no aparezca para el examen, repetirá el curso.
10. Dejé el carro _____ la tienda.

PRACTICA ESCRITA

Traducción

(A policeman has just stopped a car of college students, two young women, Linda and Olga, and a young man Paco.)

POLICEMAN: Who was driving this car?

LINDA: It was I. (I was.)

PACO: No, officer, I was the one who was driving.

OLGA: Don't believe them, officer. It was I who was driving.

POLICEMAN: Is there anyone here who knows the truth?

PACO: It is obvious that they are trying to protect me.

POLICEMAN: I order you all to tell me the truth.

LINDA: We are afraid that one of us may go to jail.

OLGA: I advised them both to confess in order to confuse you.

POLICEMAN: I am more confused than ever.

LINDA: I'm sorry you feel that way but I swear to you that I am to blame.

OLGA: No, no, I am.

PACO: Don't pay any attention to them. Believe me, I'm telling you the truth.

OLGA: Don't pay any attention to him, officer, he's drunk!

Composición sobre el diálogo

Escriba una composición sobre la civilización de los incas. Incluya algo sobre:

1. la extensión del imperio incaico
2. el conquistador del Perú

3. Huáscar—Atahualpa—hijos del sol
4. la vida incaica
5. *quipus*
6. el virreinato del Perú

Composición sobre la lectura

Escriba una composición sobre "La ciudad moderna." Incluya algo sobre:

1. el despoblamiento de los campos
   —la gente va a los centros más habitados
   —¿por qué? ¿el resultado?
2. las ciudades más grandes de Latinoamérica
   —¿dónde están?
3. Buenos Aires—símbolo que representa la monstruosa cabeza de un gigante
   —¿por qué?
   —barrios y los varios tipos de gente
4. México—ciudad gigantesca
   —tráfico, turistas, tiendas
   —metro
   —hermosas vías
   —parques tranquilos, Universidad, Xochimilco

Varias
generaciones de una familia mexicana

LECCION 14

LECTURA

La familia en el mundo hispano

de acuerdo con in
  accordance with
código machista masculine
  code
jefe del hogar head of the
  household
de hecho in fact
se trata de it is a question
  of
rol role
gastos expenses
presupuesto budget
se ha amoldado has
  adjusted
actualmente presently
sueldo salary

La imagen estereotipada de la familia hispana en que el hombre, de acuerdo con° el código machista,° es el «jefe del hogar»,° con prerrogativas que no tiene ningún otro miembro del grupo familiar, ha cambiado visiblemente en los últimos años. Aunque de hecho° el esposo continúa siendo la autoridad máxima en el hogar cuando se trata de° decisiones que afectan a la familia, hoy en día su rol° tradicional ha cambiado mucho. Esto es el resultado de la importancia que la mujer va adquiriendo no ya en su papel de trabajadora doméstica, sino como la colaboradora del marido en los gastos° del presupuesto° familiar. En efecto, la sociedad hispana se ha amoldado° a las necesidades de la vida moderna y actualmente° son muchas las esposas que trabajan para complementar el sueldo° del marido y tener dinero extra para la educación de los hijos o para sus gastos personales.

Los cambios que por necesidades de orden económico están ocurriendo en la familia hispana no han alterado, sin embargo, esencialmente su carácter. Los hijos en ella ocupan un lugar privilegiado

215

comparten share
sin distingos de edad
  without regard to the
  difference in ages
comprenden comprise
desde luego of course

lazos bonds

se está llevando a cabo is
  being carried out
logrando achieving

a raíz de growing out of

quebrantar breaking

nivel level
grado degree
las parejas the couples

merecedoras deserving
extraño strange

sucedía it happened

pues comparten,° sin distingos de edad,° las actividades y deberes del núcleo familiar que no sólo comprende° el padre y la madre, sino los abuelos, primos y toda la parentela. Esto desde luego° ofrece ventajas pues los niños se sienten protegidos con el afecto de un numeroso grupo de adultos. Pero a la vez, en estas condiciones el joven tarda en desarrollar su propia iniciativa y en romper los fuertes lazos° familiares para independizarse y comenzar a vivir su propia vida.

Tal vez el cambio más radical que se está llevando a cabo° en la familia hispana es la gradual independencia que están logrando° las hijas. Este cambio corresponde a la actitud general de la mujer en los países de Occidente a raíz de° los movimientos de liberación femenina.

También la doble moral que permitía al hombre entera libertad sexual, mientras condenaba a la mujer por quebrantar° las reglas de conducta en sus relaciones con los hombres, está cambiando. Hoy en día las jóvenes tienden a liberarse sexualmente y a considerar sus relaciones con el sexo opuesto como una decisión responsable que la mujer hace a un nivel° personal. Desde luego que el grado° de libertad varía de país a país, pero actualmente las parejas° de jóvenes que viven juntos— cosa que ocurre especialmente en los estratos sociales bajos— ya no son merecedoras° del estigma social, ni es extraño° que las mujeres salgan con sus novios y amigos sin la molesta compañía de algún pariente como sucedía° antes.

La mujer tiene hoy en día un papel de mayor responsabilidad en la familia. Ahora más que nunca su contribución será decisiva para la sociedad hispana.

Conteste usted las siguientes preguntas.

1. ¿Cuál es la imagen del hombre en la familia hispana?
2. ¿Qué ha pasado con este concepto en los últimos años? ¿Por qué?
3. ¿Cómo se explica este cambio?
4. ¿Cuál es el papel de las hijas?
5. ¿Quiénes comprenden la familia hispana?
6. ¿Cuál es la desventaja que tienen los niños protegidos por un numeroso grupo de adultos?
7. ¿Cómo han afectado a las hijas los cambios sociales en Hispanoamérica?
8. Antes, cuando una muchacha quería tener una cita con su novio, ¿qué sucedía?
9. ¿Qué otra evidencia hay de una moral más laxa?
10. Hoy en día, ¿qué papel tiene la mujer hispana?
11. ¿Cómo va cambiando la vida familiar en los Estados Unidos?
12. ¿Qué opina usted de estos cambios en el mundo hispano?

Actividades comunicativas

1. Cuéntele a un(-a) compañero(-a) algo de su juventud. Algunas sugerencias son:
    a. lo que yo hacía para molestar a mis padres
    b. lo que yo hacía con mis padres durante la época de las vacaciones
    c. las cosas que hacía para divertirme

2. Describa la familia que espera usted tener algún día.
    a. mi marido / mi esposa
    b. cuántos niños
    c. dónde viviré
    d. trabajará la esposa
    e. igualdad de los dos en los quehaceres de la casa
    f. quién se encargará del dinero

3. Las metas en la vida. ¿Qué importancia tienen las siguientes cosas para usted? Justifique su respuesta:
    a. el dinero
    b. la felicidad
    c. el amor romántico
    d. el sexo
    e. los hijos
    f. una casa propia
    g. un trabajo que pague mucho dinero
    h. un trabajo que interese

REPASO DE VERBOS

A. Repase los verbos **empezar, conocer, dirigir** y **pedir** en el apéndice. Conteste las siguientes preguntas.
    1. ¿Quién dirige una orquesta?
    2. ¿Qué pide usted en un restaurante italiano?
    3. ¿Cuándo empezó usted a estudiar español?
    4. ¿A qué hora empieza usted a trabajar los lunes?

5. ¿Conoció a alguien en la última fiesta a que usted asistió?
6. ¿Quién dirigía la tesis?
7. ¿Conoce usted al presidente de la universidad?
8. ¿A qué hora empieza tu última clase del día?
9. ¿Conoces a una famosa actriz?
10. ¿Cuándo pides dinero a tus padres?

B. Complete estas oraciones con la forma apropiada de **empezar, conocer, dirigir** o **pedir**.

1. Pedimos pan aquí porque antes cuando lo _____, nos lo traen fresco.
2. _____ el trabajo mañana, porque no pude empezar hoy.
3. No he conocido al jefe todavía, ¿quién lo _____?
4. Nosotros pediremos más bebidas antes de que tú las _____.
5. Hemos empezado la nueva tarea, ¿cuándo la _____ tú?
6. Antes mi primo dirigió el coro, hoy yo lo _____.
7. El año pasado conocí al profesor Martínez en Madrid, y ahora _____ a su esposa.
8. Antes pedí dinero a mi madre, pero hoy se lo _____ a mi abuelo.
9. Mi amigo no dirigía la empresa, yo la _____ .

GRAMATICA Y EJERCICIOS

El subjuntivo en cláusulas subordinadas

The subjunctive is required in certain temporal clauses, in clauses of purpose, and in clauses of concession or proviso.

1. Le daré las noticias **cuando lo vea.**   *I'll give him the news when I see him.*

   Dije que se lo daría **cuando lo viera.**   *I said that I would give it to him when I saw him.*

The subjunctive is used in temporal clauses in which the action is still anticipated or has not yet occurred. Common introductory words and phrases are:

tan pronto como	*as soon as*
cuando	*when*
en cuanto	*as soon as, when*
hasta que	*until*
antes (de) que	*before*
después (de) que	*after*

Cuando llegó a México, me
escribió una carta.

*When he reached Mexico, he wrote me
a letter.*

The indicative is used if the action is considered as habitual or has already occurred:

Siempre le traigo un regalo a mi
abuelo **cuando lo visito.**

*I always bring a gift to my grandfather
when I visit him.*

A. Complete las siguientes oraciones de una manera lógica.

1. Voy a terminar la tarea cuando _____.
2. Mi hermano piensa ir a México cuando _____.
3. Quiero casarme cuando _____.
4. Voy a comprar nueva ropa cuando _____.
5. Quisiera salir para el cine tan pronto como _____.
6. Vamos a seguir trabajando hasta que _____.
7. Mi papá dice que tan pronto como yo _____él me dará un regalo.
8. Cuando yo _____ a México, mi amigo me va a recibir en el aeropuerto.
9. El mecánico reparará el carro después de que _____.
10. Pagaré la cuenta en cuanto _____.

---

2. Hablo despacio **para que usted
pueda** entenderme mejor.

*I speak slowly so that you can
understand me better.*

The subjunctive is used in adverbial clauses expressing purpose. Common introductory words and phrases are **para que, a fin de que** *(in order that, so that)*.

Compré papel **para escribir** una
carta.

I bought paper to write a letter.

Vienen a verme.

They are coming to see me.

If there is no change of subject, **para** (**a** after verbs of motion) plus infinitive is used.

3. Repítalo tantas veces **de modo que
no lo olvide** nunca.

*Repeat it so many times that you will
never forget it.*

The subjunctive is used in clauses introduced by **de modo que, de manera que** *(so that)*, if the action of the dependent clause will occur after the time of the main verb.

Habló despacio, **de modo que le
entendí.**

*He spoke slowly, so that I understood
him.*

If the clause states an accomplished fact, the indicative is used.

4. Lo hizo **sin que nadie lo supiera.**

He did it without anyone's knowing it.

| Yo **nunca salgo a menos que** ella salga también. | *I never go out unless she goes out too.* |

The subjunctive is always used after the following conjunctions or conjunctive phrases which describe dependent conditions.

a menos que	unless
a no ser que	unless
con tal que	provided that
sin que	without

5. | Voy al mercado **aunque llueva.** | *I'm going to the market even if it rains.* |

The subjunctive is used in clauses of concession referring to a future action or when the speaker does not concede a fact. The most common introductory word is **aunque** (*although, even if*).

| Voy al teatro **aunque llueve.** | *I'm going to the theater even though it is raining.* |

If the concession is stated as a fact, the indicative is used.

6. | Le pediré el favor **con tal que no** esté enojado conmigo . | *I'll ask him for the favor, provided that he isn't angry with me.* |

The subjunctive is used after conjunctive expressions denoting proviso. The most common introductory phrase is **con tal que** (*provided that*).

B. Dé la forma correcta del verbo entre paréntesis.

1. Cuando Juan _____ la carta, estará en el Japón. (escribir)
2. Leo despacio de modo que me _____ todos los estudiantes. (comprender)
3. Con tal que _____ le daré el dinero a mi hermano. (venir)
4. Vengo a casa temprano para que me _____ mi papá. (aconsejar)
5. Aunque _____ voy al teatro. (nevar)
6. Aunque _____ Susana, no la veré. (ir)
7. Le diré a Roberto la verdad con tal de que lo _____ . (ver)
8. Mi abuelo me dará las cartas cuando me _____ . (visitar)
9. ¿Los ejercicios? Es posible que los _____ los alumnos. (hacer)
10. Voy a la universidad aunque no _____ . (tener el dinero)
11. Se van mis primas sin que Juan las _____ . (felicitar)
12. Yo se lo daré a mi prima mañana con tal que lo _____ . (recordar)

C. Complete las siguientes oraciones.

1. No podemos ayudar a Eduardo sin que él mismo _____ .
2. Compremos boletos para que Pedro y Anita _____ .
3. Voy a preparar el programa antes de que los alumnos _____ .

4. No queremos salir sin que nuestros amigos _____ .
5. Vamos a jugar bien para que nuestro equipo _____ .
6. Van a escribirle a Margarita antes de que Jorge _____ .
7. Yo no podré ir hasta que mis hermanos _____ .
8. Los estudiantes entran sin que el maestro _____ .
9. Voy a repetir el chiste para que ustedes _____ .
10. Nos vamos después de que los huéspedes _____ .

Las oraciones condicionales

A conditional sentence consists of a supposition usually introduced by **si** *(if)* and a conclusion. Conditional sentences may be classified as (**a**) certain, (**b**) uncertain, or (**c**) contrary to fact.

1. Si **viene** hoy, se lo **daré.**   *If he comes today, I'll give it to him.*

   Si **vino** ayer, no lo **vi.**   *If he came yesterday, I did not see him.*

   If conditional sentences indicate certainty or fact, the indicative is used both in the **si** clause and in the conclusion.

2. Se **viniera (viniese)**, se lo **daría.**   *If he came (were to come), I would give it to him. (His coming is uncertain.)*

   A conditional sentence expressing uncertainty about a future act requires the imperfect subjunctive (either **-r-** or **-s-** form) in the **si** clause, and the conditional in the conclusion.[1]

3. **Si estuviera (estuviese)** aquí, se lo **daría.**   *If he were here, I'd give it to him. (He is not here.)*

   A supposition stating what is contrary to fact at the present time requires the imperfect subjunctive (**-r-** or **-s-** form) in the **si** clause, and the conditional in the conclusion.[2]

   Si hubiera (hubiese) venido, se lo **habría dado.**   *If he had come, I would have given it to him. (He did not come.)*

   A supposition stating what was contrary to fact in past time requires the pluperfect subjunctive. The conditional perfect is used in the conclusion.[3]

   Note: The verb in a **si** clause can never be in the present subjunctive, future, or conditional.

4. **De** no **llover** hoy, iría a la feria.   *If it wouldn't rain today, I'd go to the fair.*

---

1. The imperfect subjunctive (**-r-** form only) may be substituted for the conditional: Si viniera (viniese), se lo **diera.**
2. The imperfect subjunctive (**-r-** form only) may be substituted for the conditional: Si estuviera (estuviese) aquí, se lo **diera.**
3. The pluperfect subjunctive (**-r-** form only) may be substituted for the conditional perfect: **Si** hubiera (hubiese) venido, se lo **hubiera dado.**

De no **haberle** conocido, diría que era ladrón.

If I hadn't known him, I'd say he was a thief.

The infinitive preceded by **de** or **a** may replace a **si** clause, especially if the **si** clause suggests a situation contrary to fact.

———————

D. Complete las siguientes oraciones.

1. Si tengo dinero, _____ .
2. Si voy a la fiesta, _____ .
3. Si digo la verdad, _____ .
4. Si no paso el examen, _____ .
5. Si voy de vacaciones, _____ .
6. Si fuera el presidente, _____ .
7. Si comprara un carro nuevo, _____ .
8. Si pudiera viajar, _____ .
9. Si dijera la verdad, _____ .
10. Si tuviera suerte, _____ .

E. Complete las oraciones de una manera lógica.

MODELO: Si hubiera aprendido la lección, _____ .
Si hubiera aprendido la lección, habría pasado el examen.

1. Si hubiéramos enviado la carta, ellos la _____ .
2. Si yo hubiera depositado el cheque, _____ el dinero.
3. Si hubieran tomado la medicina, no _____ enfermos.
4. Si hubiera llovido, Juan _____ mojado.
5. Si hubiéramos aceptado la oferta, _____ ricos.
6. Si yo hubiera pagado la cuenta, no _____ .

———————

5. **Quisiera** acompañarle.

I would like to go with you.

Debiera ir ahora.

I should go now.

¿**Pudiera** ayudarme?

Could you help me?

The imperfect subjunctive in the **-r-** form is used in so-called softened statements with **deber, poder,** and **querer.**

———————

F. Seleccione entre **quisiera, pudiera,** y **debiera**:

MODELO: ¿_____ usted verme mañana?
¿Pudiera usted verme mañana.

1. ¿ _____ usted prestarme diez dólares?
2. ¿ _____ usted pasarme el pan? Se me acabó.

3. ¿ _____ visitar a mi hermana que está en el hospital?
4. ¿ _____ nosotros asistir al teatro hoy?
5. ¿ _____ tú pedirle el coche para que salgamos?
6. ¿ _____ nosotros estudiar juntos esta noche para el examen?
7. ¿ _____ ustedes venir a verme esta tarde después de las cinco?
8. ¿ _____ acompañarnos a la universidad?
9. _____ ir mañana, si tuviéramos tiempo.
10. No _____ hacer eso, te hará daño.

Las cláusulas con *como si*

Lo manda **como si fuera** rey.	*He orders it as if he were king.*
Me saludó **como si no me hubiera visto** por mucho tiempo.	*He greeted me as if he hadn't seen me for a long time.*

Como si *(as if)* may be followed only by the imperfect or pluperfect subjunctive.

G. Complete con un verbo apropiado.

1. Tomás lo hace como si _____ profesor.
2. Los pasajeros lo describieron como si _____ estado allá.
3. Le conté la película como si la _____ visto.
4. Manuel me pidió dinero como si no lo _____ .
5. Martín habló como si él _____ el jefe de esta organización.
6. Yo hice el papel tan bien como si _____ un actor profesional.
7. Nosotros escribimos el artículo como si _____ periodistas.
8. Ella habló como si _____ nativa.
9. Mis tíos me trataron como si no me _____ visto por años.
10. Le conté la historia a mi novia como si _____ estado allá.

DIALOGO   En el hospital

MEDICO: Buenos días, José. ¿Cómo estás hoy?

JOSE: Me siento algo mejor, pero siguen los dolores en la pierna fracturada.

MEDICO: Pues te voy a recetar unas píldoras para los dolores.

JOSE: ¿Cuánto tiempo tendré la pierna en tracción?

MEDICO: Creo que en unos pocos días terminará el tratamiento, pero es necesario que guardes cama una semana más.

JOSE: Voy a dejar de patinar en el hielo.

MEDICO: Comprendo perfectamente cómo te sientes, pero no debes tener una actitud tan negativa. Hubieras podido caerte sobre la acera de tu casa o en cualquier otra parte. ¿Cómo pasas el día?

JOSE: Preparando la tarea para mis cursos, leyendo periódicos y revistas, mirando la televisión, escuchando la radio, y lo mejor de todo: hablando con la enfermera.

MEDICO: Sí, ella es muy inteligente.

JOSE: No sólo inteligente, sino también muy bonita.

MEDICO: Bien lo sé. Es mi hija. Se graduó el año pasado y éste es su primer año en el hospital.

JOSE: ¿De veras? Ella sabe cuidar muy bien a sus pacientes. Todos la elogian en el hospital.

MEDICO: ¿No tienes visitas?

JOSE: Sí, mis padres vienen a visitarme todas los tardes. Además, también vienen mis compañeros de la universidad y, desde luego, mi novia.

MEDICO: Me dicen que tu hermano estudia para médico.

JOSE: Sí, ya está en su segundo año en la Escuela de Medicina de la Universidad de Emory, en Atlanta.

MEDICO: Y tú ¿qué estudias?

JOSE: Ingeniería electrónica. Pienso trabajar en la construcción de los cohetes que lanzan al espacio.

MEDICO: Hay un gran futuro en ese campo. Yo trabajé por un tiempo en el Centro Espacial de Houston. Examinaba a los aeronautas al regresar de sus misiones. Si no hubiera estudiado medicina, habría sido astronauta.

Comprensión

1.   ¿Cómo se siente José hoy? ¿Qué le receta el medico para los dolores?
2.   ¿Cuánto tiempo tendrá que permanecer la pierna en tracción?
3.   ¿Qué promete José no hacer en el futuro? ¿Por qué es ésta una actitud negativa?
4.   ¿Cómo pasa José el día?
5.   ¿Quién es la enfermera? ¿Por qué la elogian los pacientes?
6.   ¿Quiénes visitan a José?
7.   ¿Qué estudia su hermano? ¿Dónde?
8.   ¿Qué carrera sigue José?
9.   ¿En dónde trabajó antes el médico? ¿Qué hizo allí?

Cuestionario

1.   ¿Has estado alguna vez en el hospital?
2.   ¿Ha estado un pariente o amigo tuyo en el hospital?

3. ¿Por cuánto tiempo?
4. ¿Qué le pasó?
5. ¿Tuvieron que operarlo?
6. ¿A qué hospital lo llevaron?
7. ¿Cuánto tenía que pagar al día?
8. ¿Había buena comida en el hospital?
9. ¿Quiénes venían a verlo?

Plática espontánea

Presenten ante la clase un diálogo entre un médico y un(-a) estudiante que se encuentra en el hospital. Incluyan algunas de las ideas siguientes:

1. un brazo fracturado—dolores—píldoras
2. ¿cómo recibió usted la fractura?
3. ¿cuánto tiempo tiene que pasar en el hospital?
4. ¿cómo pasa usted el tiempo?
5. otro(a) amigo(a) en el hospital: ¿qué le había pasado?
6. ¿quiénes le visitan a usted?
7. lo que le traen

MODISMOS Y EXPRESIONES

A. Use cada expresión en una oración completa.

a causa de	because of
al cabo de	at the end of
dar a conocer	to make known
desde luego	of course
el mes pasado	last month
en cuanto a	as for, concerning
encargarse de	to undertake
llevar a cabo	to carry out
servir de	to serve as
tomar a su cargo	to take charge

B. Complete la frase con el modismo apropiado.

1. ¿Quién quiere _____ traer los refrescos a la reunión?
2. El presidente quiere que González _____ los problemas fiscales.
3. _____ los nuevos edificios, creo que los muebles deben ser modernos.
4. No fueron _____ y no saben si van a ir el mes que viene.
5. _____ de la huelga, los obreros no trabajaron hoy.
6. Mi madre me _____ los detalles del accidente.

7. Mi novia _____ guía en Disneyland el verano pasado.
8. ¡Yo no quiero _____ los planes para el asesinato!
9. Me llamó Ricardo _____ una hora.
10. _____ no quiero ir con Elena.

PRÁCTICA ESCRITA

Traducción

As soon as the professor arrived, the students sat down. "I will not give you the exam until you are prepared to take it," he said. "If you are prepared by tomorrow, I'll give you the exam then," he added, and continued, "Those of you who feel unprepared may come to see me in my office."

"When I read the oral part of the exam, I'll read the paragraph very slowly so that you will have no difficulty understanding it." "And now I would like all of you to study this chapter again even if you think you already know it."

The professor left the classroom without the students paying any attention to his advice.

Composición sobre el diálogo

Escriba una composición en forma de diálogo entre un(-a) estudiante y un médico. Incluya algunas de estas ideas:
1. por qué está usted en el hospital
2. qué le había pasado
3. cómo pasa usted el día
4. las visitas
5. su novio(-a): qué estudia
6. las enfermeras
7. conversación con el médico—dónde se graduó en medicina

Composición sobre la lectura

Escriba una composición sobre "La familia en el mundo hispano." Incluya algo sobre:
1. cómo va cambiando la imagen estereotipada del hombre como "jefe del hogar"
2. la importancia de la mujer en la familia
   —colaboradora del marido en hacer decisiones

3. por qué trabaja la mujer
   —para complementar el sueldo del marido
   —para la educación de los hijos
4. los hijos y su lugar privilegiado
   —ventajas de la presencia de numerosos adultos
   —desventajas—desarrollo de su vida propia
5. la moral laxa
   —la mujer y la independencia
   —las parejas de jóvenes

Un pase en la
corrida de toros,
España

LECCION 15

LECTURA

El ritual de la corrida de toros

corrida de toros bullfight

desfile procession, parade
hará un papel will play a role
picador bullfighter with a goad
empuña una pica holds a pike (or a lance)
frenar to check, restrain
colchones mattresses
hieran wound, hurt
cuernos horns
colocará will place
lomo back
palos sticks
puntas de acero steel points
monosabios bullfighter's assistants
arrastran drag
ponen a prueba test
se enfrenta faces, opposes

Se ha comparado la corrida de toros° con un ritual, o sea con un ceremonial hecho de acuerdo con ciertos procedimientos establecidos. Comienza con un desfile° de todos los participantes, excepto el toro. Cada uno de ellos hará un papel° especial en el espectáculo: el picador,° quien va a caballo, empuña una pica° con la cual tratará de frenar° los ataques del toro. El caballo que monta el picador va protegido con colchones° para evitar que lo hieran° los cuernos° del toro. El banderillero colocará° en el lomo° del toro cortos palos° que tienen puntas de acero° (banderillas). Por su parte el matador matará al toro al final del acto.

«Torero» es la palabra con que generalmente se denomina a la figura más importante en este ritual. A la muerte de cada toro los monosabios° con sus caballos arrastran° fuera de la arena el cuerpo del animal.

El ritual parece un drama con un prólogo y tres actos. En el prólogo los peones ponen a prueba° con la capa las condiciones del animal; el matador hace lo mismo y con su larga capa se enfrenta° al toro para

229

conocer sus defectos y su nobleza. Estos preliminares deben hacerse con delicadeza y mediante° pases° elegantes y vistosos.°

Acto I: El toro ataca al picador y su caballo debe aguantar° el ataque para permitir una buena pica.° En caso contrario se oirán los humillantes silbidos° del público. Después de cada ataque los matadores tratan de alejar° al toro del caballo. Un sonido de trompeta da fin al acto primero.

Acto II: Tres banderilleros deben ahora enfrentarse al toro para colocarle en el morro° sendos pares° de banderillas mostrando en ellos su habilidad y valor. Este acto también termina con un toque° de trompeta.

Acto III: El matador ejecuta° una serie de pases coordinados y hechos con maestría.° Finalmente tomando espada y muleta (trapo° rojo, menor que la capa, usado también por los peones para distraer el toro en caso de peligro) acude° a dar muerte al animal.

El espectáculo en las plazas de mayor tradición comienza hacia las cuatro de la tarde, toreándose° seis toros. Cada corrida individual dura aproximadamente veinte minutos. Como las plazas tienen estructura circular, la mitad de los asientos están en el sol y la otra mitad en la sombra. Estos últimos son los más costosos.

Para el extranjero que asiste a una corrida por primera vez el espectáculo puede parecerle brutal e incluso algunos llegan a desear que el toro mate al torero. Sin embargo, a medida que° ve más corridas y se familiariza con ellas, muchos comienzan a apreciar el arte de la tauromaquia° y la destreza° de los matadores. También comprenden mejor el tenso drama que tiene lugar en la arena cuando se enfrentan el hombre y la bestia primitiva.

Conteste usted las siguientes preguntas.

1. ¿Por qué se considera la corrida de toros un ritual?
2. ¿Cuáles son las etapas de una corrida?
3. ¿Qué significa la palabra «torero?»
4. ¿Podría compararse la corrida con un drama?
5. ¿Qué función tienen los picadores?
6. ¿Por qué es peligrosa la puesta de banderillas?
7. ¿Quiénes arrastran el cuerpo del toro fuera de la arena?
8. ¿Qué es una muleta?
9. ¿A qué hora tienen lugar las corridas de toros usualmente?
10. ¿Cuánto tiempo dura cada corrida?
11. ¿Qué estructura tienen las plazas?
12. ¿Dónde están los asientos más costosos?
13. ¿Sabe usted algo de los grandes toreros españoles?

---

mediante by means of
pases passes, movements
vistosos attractive, showy
aguantar to bear, endure
pica bullfighter's goad
silbidos whistles
alejar to draw away

morro back
sendos pares single pairs
toque call
ejecuta executes
maestría skill
trapo rag, cloth

acude hastens

toreándose being fought

a medida que as

tauromaquia bullfighting
destreza dexterity

Actividades comunicativas

1. ¿Sabe usted regatear? Vamos a hacer una breve dramatización. Usted es el vendedor de chaquetas de cuero y dos compañeros de clase son turistas americanos:

    Usted: Tengo chaquetas muy bonitas y baratas.

    Estudiante 1 _____

    Estudiante 2 _____

    Sigan . . .

2. Usted compró hace una semana un par de pantalones en una tienda del centro de la ciudad. Cuando llegó a casa encontró que a ningún miembro de su familia le gustaron. Ahora quiere devolverlos a la tienda donde los compró pero no tiene ya el recibo. Además están un poco sucios porque los usó anoche para bailar en la discoteca.

    Usted: Quisiera devolver estos pantalones. No me quedan bien.

    La dependienta: _____

    Sigan . . .

3. Usted es inventor de un producto nuevo. Describa su nuevo producto, déle un nombre e imagine un anuncio comercial para venderlo.

REPASO DE VERBOS

A. Repase los cambios ortográficos de los verbos **sacar, pagar** y **averiguar** en el apéndice. Complete las oraciones siguientes.

1. He sacado el lápiz porque el profesor no quería que _____ la pluma.
2. ¿Quieres que yo _____ la cuenta?
3. Hemos averiguado la causa del choque porque hubiera sido difícil que tú lo _____ .

4. Mañana yo _____ el coche del garage.
5. ¿Cuánto _____ por el diccionario?
6. ¡ _____ usted el papel!
7. Yo siempre _____ buenas notas.
8. Pagaríamos la renta una vez al año aunque ellos _____ una vez al mes.
9. Nos alegramos de que usted _____ la cuenta a tiempo.
10. Anoche yo _____ la causa del alboroto.

B. Conteste.

1. Ayer en el restaurante, ¿quién pagó la cuenta?
2. ¿Cuánto pagaste por el libro más costoso que tienes?
3. ¿Quién averiguó el número de estudiantes en la universidad?
4. ¿Qué sacó usted del sobre?
5. ¿Sacaste buenas notas el año pasado?
6. ¿Cuánto pagas por una comida en un restaurante japonés?
7. ¿No han averiguado la causa de tu accidente?
8. ¿Por qué sacó la madre a su hija de la escuela?
9. ¿Quién no paga la cuenta en un restaurante cuando sales a comer con tu novio(-a)?
10. ¿Por qué no averiguan ustedes la causa del accidente? ¿La dirección de la familia Martínez?

GRAMATICA Y EJERCICIOS

Los infinitivos

1. **Vivir** en el campo **es** para mí una gran satisfacción.

   To live (living) in the country is a great pleasure to me.

   Recuerdo haberle visto antes.

   I recall having seen him before.

   The infinitive may be used as a noun and functions as the subject or object of another verb.

2. La idea de **comprar María una casa** es magnífica.

   The idea of Mary's buying a house is magnificent.

   An infinitive may have a noun (or pronoun) subject or object or both. In the above example, **María** is subject of **comprar,** and **casa** is object.

A. Cambie las siguientes frases usando el infinitivo según los modelos.

MODELO: Comes porque es necesario.
Comer es necesario.

1. Leo porque es interesante.
2. Él estudia porque es útil.
3. Cantamos porque as bello.
4. Corremos porque es saludable.
5. Damos dinero porque es necesario.

MODELO: Pepe me ayudó.
Pepe recuerda haberme ayudado.

1. Tú los escuchaste.
2. Yo lo encontré.
3. Ellos te lo regalaron.
4. Mimi me lo trajo.
5. Susana se lo dio a Jorge.

---

3. **Después de terminar** esta carta,   *After finishing this letter, I have to*
   tengo que escribir otra.   *write another.*

The infinitive is used as object of a preposition. The usual English equivalent is a gerund. The Spanish gerund is not usually used with a preposition.

4. Compré una revista **para leerla** en el   *I bought a magazine to read on the*
   tren.   *train.*

Para (sometimes **a** after verbs of motion) is used with an infinitive to express purpose. The infinitive alone does not express purpose, as the English infinitive does. **Para** is equivalent to *in order to*.

B. Complete las oraciones lógicamente con un infinitivo.

MODELO: Después de _____ de casa, vamos al teatro.
Después de salir de casa, vamos al teatro.

1. Vamos a lavar el carro antes de _____ .
2. Tienes que hacer el trabajo sin _____ .
3. Para _____ a tiempo, tenemos que salir temprano.
4. Vamos a comer en casa después de _____ .
5. Después de _____ , vamos a descansar un rato.
6. No nadas después de _____ .
7. Uno tiene que trabajar para _____ .

8. Antes de _____ el examen, vamos a estudiar mucho.
9. Mi amigo salió bien en el examen sin _____ .

_____

5. **Al entrar** en la casa, Juan vio a   *When he entered (On entering) the*
   Carlos.   *house, John saw Charles.*

Al followed by an infinitive is equivalent to the English *on, upon* followed by a gerund, although English normally prefers a clause.

_____

C. Complete las expresiones siguientes con **al.**

MODELO: ver su nota
          Al ver su nota, Juan se puso triste.

1. llegar al aeropuerto   4. perder su boleto
2. bajar del coche   5. despedirse de su novia
3. subir al avión

_____

6. La oyó **cantar** muchas veces.   *He heard her sing(ing) many times.*

The infinitive is used after verbs of sense perception, such as **oír** and **ver**. The infinitive immediately follows the conjugated verb.

_____

D. Complete usando estas oraciones:

MODELO: A Marta la oímos . . . *A Marta la oímos cantar muchas veces.*
          A Juan lo vimos . . . A Juan lo vimos llegar muchas veces.

1. tocar el piano   6. correr a casa
2. hablar con sus niños   7. limpiar la calle
3. silbar en casa   8. bajar del coche
4. gritar a voces   9. llegar a la estación
5. escribir a máquina   10. entrar en la biblioteca

_____

7. Le aconsejo **estudiar.**   *I advise you to study.*

The infinitive may be used after **aconsejar, dejar, hacer, mandar, permitir, prohibir,** and **rogar,** particularly when the subject of the following verb is a pronoun. When a noun, however, is the subject of the following verb and also the object of the main verb, the subjunctive and a dependent clause are used:

Déjele usted a Juan que escriba la   *Let John write the letter.*
   carta.

_____

E. Haga oraciones originales con el verbo **aconsejar** según los modelos.

> **MODELO:** salir
> *Le aconsejé salir por la puerta trasera.*

1.	permitir	4.	hacer
2.	mandar	5.	dejar
3.	prohibir	6.	rogar

> **MODELO:** salir
> *Le aconsejé a Gustavo que saliera pronto.*

7.	hacer	10.	rogar
8.	permitir	11.	prohibir
9.	dejar	12.	mandar

Los gerundios

1.

comprar	*to buy*	**comprando**	*buying*
comer	*to eat*	**comiendo**	*eating*
vivir	*to live*	**viviendo**	*living*

The gerund in Spanish is formed in verbs of the first conjugation by adding **-ando** to the stem; and in verbs of the second and third conjugations, by adding **-iendo** to the stem.

Common irregular gerunds are **diciendo (decir), durmiendo (dormir), pudiendo (poder), sintiendo (sentir), viniendo (venir), yendo (ir).**

Verbs of the second and third conjugations with stems ending in a vowel change the **i** of the ending **-iendo** to **y: leyendo (leer).**

2. **Hablando** se puede aprender a   *By speaking one can learn to speak.*
hablar.

The gerund is used to express manner, means, cause, or condition.

F. Sustituya los verbos siguientes como en el modelo.

> **MODELO:** Hablando se aprende a hablar. (vivir)
> *Viviendo se aprende a vivir.*

1.	escribir	4.	saltar
2.	cantar	5.	leer
3.	correr	6.	volar

---

3. **Está corriendo** por la calle.   *He is running down the street.*

Estoy entendiendo la lección.   *I'm understanding the lesson.*

Íbamos cantando.	*We walked along singing.*
Vienen haciendo mejor su papel en la comedia.	*They're playing their roles better in the play.*
Sigo jugando al tenis.	*I'm still playing tennis.*

The gerund is used with **estar, ir, venir,** and **seguir** to express an act in progress.

G. Complete la oración indicando que el sujeto está participando ahora mismo en la acción.

MODELO: Normalmente yo no tomo el autobús, pero hoy _____ .
Normalmente yo no tomo el autobús, pero hoy lo estoy tomando.

1.   Normalmente yo no juego al tenis, pero hoy _____ .
2.   Normalmente mis hijos no comen fruta, pero hoy _____ .
3.   Normalmente nosotros no escribimos la lección, pero hoy _____ .
4.   Normalmente Gilberto no lee el periódico, pero hoy _____ .
5.   Normalmente la criada prepara la comida, pero hoy no _____ .
6.   Normalmente yo miro televisión en la noche, pero hoy no _____ .
7.   Normalmente no traemos legumbres del mercado, pero hoy
   _____ .
8.   Normalmente no duermen en el piso, pero hoy _____ .
9.   Normalmente los alumnos dicen la verdad, pero hoy no _____ .

Los participios pasados

1.

comprar	*to buy*	**comprado**	*bought*
comer	*to eat*	**comido**	*eaten*
vivir	*to live*	**vivido**	*lived*

The past participle is formed in verbs of the first conjugation by adding **-ado** to the present stem; and in verbs of the second and third conjugations, by adding **-ido** to the present stem. Common irregular past participles are **abierto (abrir), dicho (decir), puesto (poner), escrito (escribir), cubierto (cubrir), hecho (hacer), roto (romper), vuelto (volver), muerto (morir), visto (ver).**

2.   Ella **ha hablado.**   *She has spoken.*

The past participle is combined with the auxiliary verb **haber** to form the compound tenses. The past participle never changes in form when thus used.

3.   El muchacho **fue alabado** por el maestro.   *The boy was praised by the teacher.*

The past participle is combined with **ser** to form the passive voice.

4.   La ventana **estaba abierta.**   *The window was open.*

The past participle used as an adjective may be combined with **estar** to denote a condition or state.

5. Tengo muchos **libros encuandernados**.   *I have many bound books.*

The past participle is used as an adjective modifying a noun or pronoun.

6. Allí está su **sombrero colgado** en la percha.   *There is your hat hanging on the rack.*

Ella está sentada a la mesa.   *She is sitting at the table.*

Several Spanish participles which describe states are equivalent to English gerunds. The most common are:

acostado	*lying (down)*	**divertido**	*amusing*
atrevido	*daring*	**dormido**	*sleeping*
colgado	*hanging*	**sentado**	*sitting*

H. Haga oraciones originales con participios pasados.

1. El perro estaba _____ .
2. La criada estaba _____ .
3. Ramón y Olga estaban _____ .
4. Mi hermana estaba _____ .
5. Elena está _____ .
6. El cuento era _____ .
7. Las novelas eran _____ .
8. La comedia era _____ .
9. Había un abrigo _____ en la percha.

I. Complete en español con la forma correcta del participio pasado.

MODELO: Los hallé _____ en el parque. (sitting)
            Los hallé sentados en el parque.

1. Hallé a mi hijo _____ en la clase. (sleeping)
2. Me encontró Julia _____ en el suelo. (lying)
3. Vimos el sombrero _____ en la percha. (hanging)
4. Me dejaron _____ en el rincón. (sitting)
5. La hermana de Miguel es una mujer muy _____ . (daring)

---

7. **Hecho esto,** se acostó.   *When he had done this, he went to bed.*

Abiertas las ventanas, no hará tanto calor.   *If (When) the windows are open, it won't be so warm.*

The past participle is frequently used in Spanish in an "absolute" construction.

8. **Los heridos** no llegaron al hospital.   *The wounded did not reach the hospital.*

| Los recién casados salieron para Nueva York. | The newlyweds left for New York. |

The past participle, like an adjective, may be used as a noun.

J. Cambie los sujetos de acuerdo con el modelo.

MODELO: Los alumnos matriculados no querían asistir a clases.
Los matriculados no querían asistir a clases.

1. Los amigos invitados no llegaron.
2. Los jóvenes aceptados se alistaron en el ejército.
3. Los señores defendidos no podían salir.
4. Las mujeres despedidas rehusaron volver a casa.
5. Los niños perdidos finalmente llegaron a casa.

---

9. | **Entre lo dicho y lo hecho** hay gran trecho. | *There's a great difference between saying and doing.* |
| **Lo escrito** no es siempre la verdad. | *What's written is not always true.* |

Lo plus a past participle functions as a noun.

K. Haga de traductor.

1. What's learned is sometimes forgotten.
2. What's said may be regretted.
3. What's opened will be closed.
4. What's covered is mine.
5. What's done is done.

DIALOGO   De compras en una tienda

(Alfredo y Juana dan un paseo por la Avenida Juárez en México. Pronto se detienen frente a una tienda para mirar las cosas que se exhiben en el escaparate.)

ALFREDO: Antes de regresar a Texas quisiera comprar unos recuerdos de México.

JUANA: Me gustaría conseguir un sarape para colgar en la pared de mi alcoba. Ven, entremos.

(En la tienda)

DEPENDIENTE: Buenos días, ¿en qué puedo servirles?

ALFREDO: Buenos días. Busco una billetera. La mía ya está un poco usada.

DEPENDIENTE: Aquí tiene una de cuero. Note la fina hechura del calendario azteca, todo labrado a mano.

ALFREDO: Sí, es muy fina. ¿Cuánto vale?

DEPENDIENTE: 500 pesos.

ALFREDO: Es carísima. (*Aparte*) Juana, ¿qué te parece?

JUANA: (*Aparte*) Es bonita. Si te gusta, ofrécele algo. Aquí se puede regatear.

ALFREDO: Le ofreceré 300 pesos.

DEPENDIENTE: Señor, fíjese en el trabajo y en el cuero. Se la doy en 450 pesos.

ALFREDO: Le doy 300 pesos.

DEPENDIENTE: Puede usted robármela en 400.

ALFREDO: ¿320?

DEPENDIENTE: Por 350 tendrá una ganga fantástica.

ALFREDO: De acuerdo. ¡Me la llevo!

DEPENDIENTE: Y a Ud. señorita, ¿qué se le ofrece?

JUANA: Me interesa un sarape de colores vistosos.

DEPENDIENTE: Aquí hay un buen surtido, todos hechos en Toluca con lana fina.

JUANA: Me gusta éste. ¿Cuánto vale?

DEPENDIENTE: 600 pesos.

JUANA: Es caro.

DEPENDIENTE: Pues, señorita, es culpa de la inflación.

ALFREDO: Es muy bonito.

JUANA: Le doy 400 pesos.

DEPENDIENTE: Fíjese en el diseño con el águila y la serpiente y el cactus. Es un motivo muy mexicano. Y todo hecho de pura lana. Por ser para Ud. se lo doy en 350 pesos.

JUANA: No quiero regatear más. Me quedo con él. Aquí tiene la plata.

DEPENDIENTE: ¡Gracias y vuelvan ustedes pronto a México!

Comprensión

1. ¿Por dónde dan un paseo Alfredo y Juana?
2. ¿Qué quieren comprar antes de regresar a Texas?
3. ¿Cuánto cuesta la billetera? ¿De qué es?
4. ¿Cuánto ofrece Alfredo al dependiente?
5. Explique la técnica de regatear.
6. ¿Qué le dice el dependiente a Alfredo acerca de la billetera?
7. ¿Cuánto paga por fin Alfredo?
8. ¿Qué desea comprar Juana?

9. ¿En qué quiere el dependiente que se fije Juana?
10. ¿Cuánto paga Juana por el sarape?
11. ¿Qué quisiera usted comprar en México?
12. ¿Cuándo va usted de compras?
13. ¿Qué regalos compra usted para Navidad?
14. ¿Le gusta a usted ir de compras? ¿Por qué?

Plática espontánea

Tres estudiantes participan en una pequeña pieza dramática sobre el tema «De compras en una tienda.» Dos son los compradores y el otro es el vendedor. Algunas sugerencias:

1. cosas que se ven en un escaparate: sarapes, botijas, billeteras, vestidos
2. lo que quiere comprar cada estudiante
3. cuánto vale, precio alto, técnica para regatear el precio
4. psicología del vendedor: la hechura de un artículo, la calidad de la mercancía, la inflación
5. conversación entre los compradores y el vendedor: de dónde son ustedes, qué hacen ustedes en México

MODISMOS Y EXPRESIONES

A. Use cada expresión en una oración completa.

a mano	by hand
aquí tiene	here is
dar un paseo	to take a walk
de compras	shopping
¿en qué puedo servirles?	What can I do for you?
fijarse en	to notice
¿qué se le ofrece?	What do you want? What can I do for you?
¿qué te parece?	What do you think of it?
quedarse con	to take

B. Complete la frase con el modismo apropiado.

1. Entran dos estudiantes en una tienda. El dependiente les dice, «Buenos días, ¿ _____ ?»
2. Al _____ por la Avenida Juárez, miramos las cosas en un escaparate.
3. «¿ _____ en la hechura de este sarape?» les dice el dependiente.

4. «Me _____ él,» dice uno de los estudiantes después de regatear por una hora.
5. Esta cartera está hecha _____ .
6. ¡ _____ el sarape más bonito de México!
7. Vamos _____ . Quiero comprarle un regalo a papá.
8. «¿ _____ este sarape?» le preguntó Marta a Guillermo.

PRACTICA ESCRITA

Traducción

On returning to my hotel one afternoon to take a nap, I found the door open. After examining my room carefully and discovering that I had been robbed, I went down to inform the manager of what had happened. Before answering my questions, he said he wanted to see the room, since "seeing is believing." The manager, convinced of the robbery, telephoned the police.

After he had gone downstairs, I went out into the hall, where I saw a young man running away. I made him stop. While I was talking to him, he tried to escape, but I caught him by the arm. I took him to my room and made him sit down at the desk. A few moments later he confessed to having stolen my money, saying that he had to support his family, since his father was dead and his aged mother was unable to work.

Composición sobre el diálogo

Escriba una composición sobre el tema: ir de compras en México. Incluya tales cosas como:
1. los objetos que piensa comprar
2. para quiénes son
3. cuánto valen
4. cómo regatear con el dependiente
5. lo que hace usted en México

Composición sobre la lectura

Escriba una composición sobre la corrida de toros. Incluya algo sobre:
1. la corrida como ritual
2. la corrida como drama con un prólogo y tres actos

3. lo que pasa en cada acto
4. a qué hora comienza
5. cuánto tiempo dura cada corrida
6. la casta de los animales
7. la corrida y los extranjeros
8. atracción de la vida de torero para los jóvenes
9. los grandes matadores españoles
10. la carne de los toros

Las elecciones en España

LECCION 16

LECTURA   El futuro de la democracia española

cruenta bloody

sobrevivió survived

paracaídas parachute
aterrizar to land
tocado touched
se enfrentó a faced
encabezar to lead, head

logró succeeded in
renunciar to resign

La cruenta° guerra civil española (1936—1939) es ya una página de la historia, aunque todavía se perciban sus consecuencias. El generalísimo Franco, que sobrevivió° a Hitler, Mussolini y Stalin, murió dejando al país en una situación de crisis e incertidumbre que ha hecho decir a un observador «Lo que tenemos es una democracia en paracaídas.° Sabemos que necesitamos aterrizar,° pero aún no hemos tocado° tierra.»

El rey Juan Carlos, sucesor de Franco, se enfrentó a° la crisis nombrando para encabezar° su gobierno a un político joven, Rodolfo Suárez, quien como jefe de su partido UCD (Unión de Centro Democrático), logró° mantenerse en el poder por cinco años. Al cabo de los cuales tuvo que renunciar,° causando con su caída la fragmentación de la UCD y el nacimiento de muchas facciones políticas. Estos grupos aspiran a controlar el gobierno de un país que ha escogido un sistema parlamentario semejante al que existe en otras naciones europeas. En las

245

elecciones de 1982 el PSOE (Partido Socialista Obrero Español) obtuvo una apreciable victoria sobre la UCD y los demás partidos gobiernistas. Esto representa un viraje° hacia la izquierda del Estado español después de cuatro décadas de gobierno derechista o centrista. Al líder del nuevo gobierno, Felipe González, le corresponderá° buscar soluciones para la crisis que aflige a España.

Entre los problemas que desequilibran° la estabilidad española hay algunos de difícil solución: el surgimiento° de numerosos partidos políticos de ideas opuestas y a veces irreconciliables y el deseo de autonomía de ciertas regiones que por largos años han luchado por la descentralización del gobierno, como Cataluña, las Islas Canarias y las provincias vascongadas, etc. Los vascos han ganado una relativa autonomía y ya se les permite usar públicamente su propia lengua e izar° su propia bandera.

Otro problema que puede tener serias repercusiones es la economía. Tan grave es el estado de la economía española que la solución de la crisis necesitaría un pacto de cooperación entre los partidos de derecha e izquierda, cosa difícil de lograr. Por lo pronto° la inflación ha alcanzado° cifras muy altas y hay otros signos preocupantes: los paros° de los trabajadores, los crecientes déficits en la balanza comercial de pagos, el endeudamiento° externo, etc. Todo esto está clamando por un «pacto nacional» entre los diversos sectores del país que tendrán que hacer sacrificios para lograr la solución de la crisis. De momento, por lo menos, se cree que el ejército apoye° y defienda al gobierno, a pesar de los intentos de los grupos de militares descontentos que han tratado en vano de tomarse el poder.

¿Y qué va a hacer en esta encrucijada° el Opus Dei, una organización secreta de laicos° católicos, ya reconocida por el Vaticano, cuyo fin es mejorar la sociedad mediante la acción del individuo? Esta pregunta no se puede contestar, pero lo cierto es que la organización tiene actualmente mucha influencia en la política y en la vida españolas. El Opus Dei fue fundado por un cura en 1928 con el propósito de que sirviera de instrumento para regenerar la sociedad actual. En pocos años se extendió por todo el mundo hispánico y en la década de los cincuentas llegó a tener gran poder en México, pero luego perdió influencia en este país. En España, sin embargo, la organización sigue creciendo.

El lento y difícil proceso de reforma que se está llevando a cabo en España se inició con la muerte de Franco en 1975, y con el ascenso al trono de Juan Carlos, joven monarca que aspira a situar a su país a la altura de los tiempos y llevarlo a ocupar el puesto que se merece en el mundo.

---

viraje turn

corresponderá it will concern, belong to

desequilibran unbalance
surgimiento emergence

vascongadas Basque
izar to raise, hoist

por lo pronto in the meantime, for the time being
alcanzado reached
paros unemployment
endeudamiento indebtedness

apoye supports

encrucijada crossroads
laicos lay

Conteste usted las siguientes preguntas.

1. ¿En qué situación dejó Franco al país?
2. ¿Cómo se ha enfrentado Juan Carlos a la crisis política?
3. ¿Qué significa el UCD? ¿Quién fue el jefe del partido UCD?
4. ¿Qué partido ganó las elecciones en 1982? ¿Quién fue su líder?
5. ¿Cuáles son algunos problemas que desequilibran la estabilidad española? ¿Cuál será el problema más difícil de resolver?
6. ¿Qué es el Opus Dei? ¿Cuál era su propósito?
7. ¿En qué país llegó a tener gran poder?
8. ¿Cuál es la aspiración del rey Juan Carlos?

Actividades comunicativas

1. Hable con un(-a) compañero(-a) primero sobre el viaje que más le ha gustado y luego sobre el que menos le gustó. Hable de las diferencias entre los dos y trate de llegar a algunas conclusiones. ¿Qué factores garantizan una buena experiencia en los viajes?

2. Supongamos que usted va a hacer un viaje de tres días a los siguientes lugares. Haga una lista de las diez cosas más útiles que debe llevar consigo para ese viaje.

   a. esquiar en las montañas de Suiza
   b. acampar en las playas del océano Pacífico
   c. visitar las ruinas aztecas del valle de México
   d. visitar Macchu Picchu en los Andes de Perú
   e. ir de compras en París
   f. ir al teatro en Londres
   g. hacer una excursión en bote en el río Amazonas en Colombia
   h. bañarse en el mar en la playa de Condado, San Juan, Puerto Rico

3. Usted va a hacer un viaje a Bogotá, Colombia. Llega al aeropuerto un poco atrasado y con exceso de equipaje. Intervenga en un diálogo imaginario entre usted y el agente de la aerolínea.

REPASO DE VERBOS

A. Repase los verbos **reír(se), enviar** y **continuar** en el apéndice. Busque una forma lógica para completar cada oración.

1. Siempre me _____ cuando veo a un payaso.
2. Ella va a _____ sus estudios en el verano.
3. Luisa me _____ una carta desde España.
4. Hemos _____ con el plan original para remodelar la casa.
5. Yo le _____ la cuenta al señor González tan pronto como tenga tiempo.
6. Nos _____ de los chistes que contaron en la fiesta.
7. Yo _____ leyendo las novelas de Galdós porque me gustan mucho.
8. ¿Le _____ usted una tarjeta a sus abuelos para el día de su aniversario?
9. Yo los _____ regalos de Navidad si tuviera más dinero.
10. Él _____ escribiendo su diario a pesar de que no es muy interesante.

B. Conteste en español en frases completas:

1. ¿Cuándo enviaste una carta a tu prima?
2. ¿Por qué no continuarás estudiando después de este curso?
3. ¿Cuándo se ríe usted?
4. ¿A quién envías tarjetas de Navidad?
5. ¿Continúa usted estudiando hasta el mismo momento de un examen?
6. ¿Te ríes de los chistes verdes?
7. ¿No se ríe usted en las películas de «terror»?
8. ¿Cuándo le envías una tarjeta a tu hermana?
9. ¿Por qué no le enviarás el paquete mañana a tu novio?

GRAMÁTICA Y EJERCICIOS

Las conjunciones

1. Compraron pan y mantequilla.   *They bought bread and butter.*

   Padre e hijo entraron.   *Father and son came in.*

   The conjunction **e** is used instead of **y** before a word beginning with **i** or **hi**.

2.	¿Quiere usted limonada **o** leche?	*Do you want lemonade or milk?*
	Elba tiene siete **u** ocho hermanos.	*Elba has seven or eight brothers.*

The conjunction **u** is used instead of **o** before a word beginning with **o** or **ho**.

3.	Viene Isabel, **pero** no la veré.	*Isabel is coming, but I will not see her.*
	A Alfredo no le gusta estudiar **sino** jugar.	*Alfredo doesn't like to study but to play.*

Pero is equivalent to English *but*. **Sino** is used, however, to introduce a contrary idea after a negative statement.

If a conjugated verb follows, **sino que** is used:

El no dijo nada **sino que** guardó silencio.	*He did not say anything, but kept silent.*

A. Haga de traductor.

1. Mother and daughter packed their suitcases.
2. Seventy or eighty students arrived.
3. He doesn't like to speak but write.
4. They are going to the library but I'm staying home.
5. Are you studying or reading?

Las preposiciones

1.	Esteban salió **después de comer**.	*Estaban left after eating.*

Remember that prepositions in Spanish are normally followed by an infinitive, not a gerund, as in English (See Lección quince.)

2.	Siéntese usted **entre Juan y yo**.	*Sit down between John and me.*
	Lo repartieron **entre sí**.	*They divided it among themselves.*

The preposition **entre** is followed by the subject pronoun, except when reflexive.

Los usos de la preposición *por*

Por generally expresses source, cause, or means. It may be associated with the question ¿**por qué**? *(why)* ?

1.	Lo hice **por mi madre**.	*I did it for (the sake of) my mother.*

Por means *for* in the sense of *for the sake of, on behalf of*.

2.	Rafael ganó el campeonato de tenis **por su destreza**.	*Rafael won the tennis championship because of his skill.*

Por means *for* in the sense of *because of*.

3.	Vendí la chaqueta **por seis pesos**.	*I sold the jacket for six dollars.*

Por means *for* in the sense of *in exchange for*.

4. Echamos el agua **por la ventana.**   *We threw the water out the window.*
Caminamos **por la calle.**   *We walked along the street.*
Entraron **por el laboratorio.**   *They entered through the laboratory.*

Por means *for* in the sense of *through, along, out.*

5. Me quedé en San Sebastián **por el**   *I stayed in San Sebastian for (during)*
verano.   *the summer.*

Por expresses duration of time.

6. La casa fue construida **por Juan.**   *The house was built by John..*
El correo llegó **por vapor.**   *The mail arrived by steamship.*

Por expresses the agent or means.

7. Fue **por el médico.**   *He went for the doctor.*

Por is used with the object of an errand (especially with **ir, venir, mandar, enviar,** and **volver**).

8. ¡**Por Dios,** no lo haga!   *For Heaven's sake, don't do it!*

Por is used in exclamations.

9. Other common expressions with **por** are:

algo por el estilo	*something like that*
estar por	*to be in favor of*
por ahora	*for the time being*
por ejemplo	*for example*
por eso	*therefore, for that reason*
por favor	*please*
por fin	*at last, finally*
por lo visto	*obviously, evidently*
por lo menos	*at least*

Los usos de la preposición *para*

Para usually expresses purpose or destination. It may be associated with the question ¿**para qué?** (*why, for what purpose?*).

1. Los boletos son **para la corrida.**   *The tickets are for the bullfight.*
Para expresses purpose.

2. Estudio **para aprender.**   *I study in order to learn.*
Para is used before an infinitive in the sense of *in order to.*

3. la lección **para mañana**   *the lesson for tomorrow*
Termínelo **para el viernes.**   *Finish it by Friday.*
Para indicates a point in time, such as a deadline.

4. Salgo **para México.**   *I'm leaving for Mexico.*

Para indicates destination or direction.

5. **Para ser norteamericano,** habla
    muy bien el español.

    *For an American, he speaks Spanish
    very well.*

Para connotes comparison, usually of inequality. The person or thing is compared to others of the same type and shows a characteristic which is different from what we would expect.

6. **una taza para té**   *a teacup*

Para indicates the use to which something is put.

7. Common expressions with **para:**

estar para	*to be about to*
Estoy para salir.	*I am about to leave.*
¿Para qué?	*Why?, For what reason?*
¿Para qué estudias?	*What are you studying for?*
Estudio **para** abogado.	*I am studying to be a lawyer.*

B. Use **por** o **para** y justifique su selección.

1. Siempre trabajo _____ mi profesora de español.
2. En la mañana pasamos _____ el parque camino a la escuela.
3. Apúrate porque están _____ salir.
4. Este dólar es _____ las entradas.
5. Leí _____ cuatro horas.
6. Luis limpió el coche _____ su padre.
7. El drama fue escrito _____ Buero Vallejo.
8. _____ ser estudiante de segundo año habla muy bien español.
9. Nos prometieron la fotografía _____ hoy.
10. Mis tíos salieron _____ México ayer.
11. Los viejos caminaban _____ la calle.
12. Pagué cinco dólares _____ la caja de dulces.
13. La educación es _____ todos.
14. Jorge estudia _____ dentista.
15. Venían _____ la calle sexta cuando de repente chocaron contra el automóvil.

C. Haga de traductor.

1. We left for Spain.
    We left by way of Spain.
2. He did it for me (a favor).
    He did it for me (in my behalf).
3. I sold it to buy a house.
    I sold it for ten dollars.

4. I bought a ticket for the game.
   I bought a ticket because of the game.
5. The mail arrived for the plane.
   The mail arrived by plane.
6. She headed for (went in the direction of) the café.
   She went for the coffee.
7. They're going to Colombia for (to spend) their vacation.
   They're going to Colombia on account of their vacation.
8. He plays the piano well for his age.
   He plays the piano well because of his age.
9. I gave him money for (to buy) the car.
   I gave him money for (in exchange for) the car.
10. He did it for (as a favor to) his sister.
    He did it because of his sister.

Las preposiciones y los infinitivos

1. **Esperamos ir** a España.　　　　*We hope to go to Spain.*
   Sírvase sentarse.　　　　　　　*Please sit down.*

The following are common verbs that are followed by an infinitive without preposition:

conseguir	*to succeed in*	**poder**	*to be able*
decidir	*to decide*	**procurar**	*to try*
esperar	*to hope*	**prometer**	*to promise*
impedir	*to prevent*	**querer**	*to want*
lograr	*to succeed in*	**recordar**	*to remember*
necesitar	*to need*	**saber**	*to know*
olvidar	*to forget*	**servirse**	*to be so kind as*

2. **Aprendo a** hablar español.　　　*I'm learning to speak Spanish.*
   Siempre me **invitan mis tíos a** cenar　*My aunt and uncle always invite me to*
   　con ellos.　　　　　　　　　　　*eat supper with them.*

The following are common verbs that require the preposition **a** before an infinitive:

aprender	*to learn*	**enseñar**	*to teach*
atreverse	*to dare*	**invitar**	*to invite*
ayudar	*to help*	**ir**	*to be going to*
comenzar	*to begin*	**persuadir**	*to persuade*
decidirse	*to decide*	**principiar**	*to begin*
empezar	*to begin*		

3. **No deje de** decirle la verdad.　　*Don't fail to tell him the truth.*
   Me olvidé de traer el libro.　　　*I forgot to bring the book.*

The following are common verbs that take the preposition **de** before an infinitive:

acabar	*to have just*	gozar	*to enjoy*
acordarse	*to remember*	no dejar	*not to fail to*
alegrarse	*to be glad*	olvidarse	*to forget*
cesar	*to stop*	tratar	*to try*
concluir	*to end*		

4. **Consentí en** acompañarla.   *I consented to accompany her.*
   Nos empeñamos en leerlo.   *We insisted on reading it.*

The following are common verbs that require the preposition **en** before an infinitive:

consentir	*to consent*	empeñarse	*to insist*
convenir	*to agree*	insistir	*to insist*

D. Forme oraciones usando la preposición apropiada.

MODELO: Consentí _____ .
          Consentí en ir allá.

1. Ayer me decidí _____ .
2. ¿Por qué no aprende usted _____ ?
3. Los lunes siempre te olvidas _____ .
4. Después de clases, convenimos _____ .
5. No me atrevo _____ porque ella es muy sensible.
6. Gozamos _____ sobre todo cuando hace buen tiempo.
7. ¿Por qué insistes tanto _____ ?
8. Siempre que visito a mi abuela nunca dejo _____ .
9. María se alegra _____ .
10. ¿Vas a tratar _____ ?

Los verbos usados sin preposiciones

Some Spanish verbs used without prepositions have English equivalents used with prepositions.

agradecerle a uno   *to be grateful (for)*
Le agradezco a usted su ayuda.   *I'm grateful to you for your help.*

buscar   *to look for*
Hace una hora que **buscamos** la   *We have been looking for the house for*
   casa.   *an hour.*

esperar   *to wait for*
Esperábamos el tren cuando te   *We were waiting for the train when we*
   vimos.   *saw you.*

pagar	*to pay for*
Pago la cena cuando es barata.	*I pay for the meal when it is cheap.*

But:

Pago dos dólares **por** la cena.	*I pay two dollars for the meal.*

If the price is given, **por** is used.

pedir	*to ask for, ask a favor, request*
Le **pedimos** el periódico.	*We ask him for the newspaper.*
Mis padres me **piden** que estudie.	*My parents ask me to study.*

But:

preguntar por	*to ask for, inquire about*
Dígale a Magdalena que **preguntamos por** ella.	*Tell Magdalena that we asked for her.*

E. Conteste las siguientes preguntas.

1. ¿Qué me pidió el profesor que hicieras?
2. ¿Qué te preguntó el profesor?
3. ¿Qué le pediste a tu papá?
4. ¿Pregunta usted algo al profesor?
5. ¿Cuánto pagamos por los boletos para el concierto?
6. ¿Quién preguntó por mí ayer?
7. ¿Quiénes te esperaban aquí después de clase?
8. ¿Quién te esperaba el otro día?
9. ¿A quién buscó usted anoche?
10. ¿Qué les agradeces a tus padres?

Adverbios

1.
La universidad está **cerca.** (*adverb*)	*The university is near(by).*
Vivo **cerca de** la universidad. (*preposition*)	*I live near the university.*

Spanish distinguishes between adverbs and prepositions:

ADVERBS		PREPOSITIONS	
antes	*beforehand*	antes de	*before (time)*
después	*afterwards*	después de	*after (time)*
cerca	*near by*	cerca de	*near*
detrás	*at the back, behind*	detrás de	*behind*

2. Viven **aquí** en esta casa.	*They live here in this house.*

El alumno viene **acá**.	*The student is coming over here. (this way)*

¿No tienen ustedas tocadicos **allí**?	*Don't you have a record player there?*

Creo que tus amigos están **allá**.	*I think your friends are over there.*

In general, **aquí** and **allí** are more definite as to location than **acá** and **allá**. After verbs of motion, **acá** and **allá** are preferred.

3. **Ya** vuelven los marineros.	*The sailors are returning now.*
Ya no están aquí.	*They are no longer here.*
Ya pasó.	*It has already passed.*
Ya volverá.	*He will return later.*

With a present tense verb in an affirmative sentence, **ya** means *now*. When the sentence is negative, it means *no longer*. With a past tense verb, **ya** means *already*. With a future tense verb, **ya** means *later*.

4. Duerme **todavía (aún)**.	*He is still asleep.*

La novela era excelente, **aun** con todas las faltas.	*The novel was excellent, even with all its mistakes.*

Todavía and **aún** both mean *still* or *yet*. When **aún** follows (and sometimes when it precedes) the verb, it bears a written accent mark.

Aun (but usually not **aún**) has the meaning of *even*.

Los diminutivos y los aumentativos

a.
libro	book	librito	little book
madre	mother	madrecita	dear mother
joven	young man	jovencito	young fellow
campana	bell	campanilla	little bell
casa	house	casita	little house

Diminutives are frequently used in Spanish to indicate smallness or affection. The most common diminutive endings are **-ito (-cito, -ecito)** and **-illo**. If a word (usually a noun or an adjective) ends in a vowel, the vowel is dropped before adding a diminutive suffix beginning with a vowel.

2.
libro	book	librote	big book
muchacho	boy	muchachazo	big boy
hombre	man	hombrón	big man
mujer	woman	mujerona	big woman

The most common augmentative endings are **-ote, -azo (-a)**, and **-ón (-a)**. They are used to indicate large size or derogation.

F. Cambie las frases usando diminutivos o aumentativos.

> MODELO: ¿Tienes un momento?
> *¿Tienes un momentito?*

1. ¿Hay un libro?
2. ¿Tienes una casa?
3. ¿Hay un jardín?
4. ¿Hay un amigo?
5. ¿Tienes una pluma?
6. ¿Ves al niño?

> MODELO: Él es un muchacho.
> *Él es un muchachazo.*

1. Él es un hombre.
2. Es una mujer.
3. Ella es una muchacha.
4. Es un libro.

DIALOGO   La despedida

salvavidas lifeguard

DIEGO: Acabo de presentar mi último examen final. Mañana salgo para California donde voy a trabajar de salvavidas° en uno de los hoteles más grandes de Marina del Rey.

INES: ¡Qué interesante! Yo también voy a California para trabajar como guía en Disneylandia. Hace dos años que trabajo allí durante el verano.

decano dean
beca scholarship

TOMAS: ¿No sabes lo que me pasó a mí? Ayer precisamente me llamó el decano° para darme la buena noticia de que había ganado una beca° para estudiar en la Universidad de Barcelona por ocho semanas.

MAGDALENA: ¿Qué piensas estudiar?

TOMAS: Voy a seguir un curso sobre el pensamiento hispánico que incluye obras de Paz, Borges, Martínez Estrada, Ortega y Gasset, Unamuno y Julián Marías.

INES: Recuerdo una conferencia que dio Julián Marías en nuestra universidad hace un año. Es uno de los más distinguidos pensadores y filósofos españoles.

TOMAS: ¿Qué piensas hacer tú?

MAGDELENA: Esta noche voy a asistir a una función del Ballet Folklórico de México. Van a presentar los bailes de los viejitos, el venado herido y las danzas de Tehuantepec. Durante el verano estaré en California estudiando el arte chicano. He visto muestras de este arte en algunos lugares de Los Angeles y en San Diego, en el barrio chicano, donde pintan héroes y líderes de nuestros días, incluso a César Chávez.

TOMAS: ¿Quién es Chávez?

INES: Chávez fue el que empezó a organizar a los trabajadores chicanos en California hace tiempo. Y a propósito, Magdalena, ¿qué carrera vas a seguir?

MAGDALENA: Me gustaría especializarme en el área hispanoamericana y sobre todo en los estudios chicanos que tanto me interesan. Espero trabajar con los chicanos en San Diego.

DIEGO: Dicen que los hispanoamericanos pronto van a ser la minoría más grande de los Estados Unidos.

TOMAS: Lo creo. Aquí en Texas, ya lo son. Veo que mientras ustedes están en California, yo voy a estar en España. Después de los cursos en Barcelona, pienso visitar la Costa Brava y descansar en sus famosas playas.

INES: Sí, sin duda te vas a divertir mirando a las sirenas. ¡Adiós, y buena suerte a todos!

Comprensión

1. ¿Qué acaba de presentar Diego?
2. ¿Dónde piensa trabajar? ¿De qué?
3. ¿Qué va a hacer Inés en California?
4. ¿Por qué llamó el decano a Tomás ayer?
5. ¿Qué piensa estudiar Tomás?
6. ¿Quién es Julián Marías?
7. ¿A dónde va Magdalena esta noche?
8. ¿Qué va a presentar el Ballet Folklórico de México?
9. ¿Qué ha visto Magdalena en California?
10. ¿Quién organizó a los trabajadores chicanos en California hace tiempo?
11. ¿En qué área de estudios se interesa Magdalena?
12. ¿En dónde le gustaría trabajar?
13. ¿Qué va a hacer Tomás en la Costa Brava?
14. Según Inés, ¿por qué se va a divertir Tomás?

Plática espontánea

Cada estudiante habla dos minutos sobre lo que piensa hacer en el verano.

1.   en dónde piensa estar
2.   trabajando—estudiando—divirtiéndose
3.   cómo piensa viajar—en avión, coche, tren, bicicleta, etc.
4.   con quiénes
5.   por cuánto tiempo

MODISMOS Y EXPRESIONES

A. Use cada expresión en una oración completa.

actualmente	at present
asistir a	to attend
de momento	for the moment
en todo caso	in any event
hace un año	a year ago
por lo pronto	in the meantime
por otra parte	on the other hand
seguir una carrera	to pursue a career
sobre todo	especially, above all

B. Hágale preguntas a un(-a) compañero(-a) de clase.

MODELO: Pregúntele qué comió ayer.
¿Qué comiste ayer?

1. Pregúntele si estaba en la universidad hace dos años
2. Pregúntele qué carrera piensa seguir.
3. Pregúntele cuándo piensa llevar a cabo su plan de ir a México.
4. Pregúntele si asiste a los conciertos de «nueva onda».
5. Pregúntele qué hace actualmente para ganar dinero.
6. Pregúntele si por lo pronto está satisfecho con los estudios.
7. Pregúntele qué le gustaría hacer sobre todo durante el verano.

PRÁCTICA ESCRITA

Traducción

ELENA: Hello, Gustavo, how are you?

GUSTAVO: I'm getting along. What's new?

ELENA: Well, I've just finished my last exam.

GUSTAVO: In what course?

ELENA: In third-year Spanish. They say Dr. Ramírez often gives difficult exams, but this one was easy.

GUSTAVO: What are you plans for the summer?

ELENA: I'm going to work at the beach as a waitress. Are you working this summer?

GUSTAVO: Yes and no. That is, I'm on my way to pick up my ticket for a trip to Spain. I'm going to the University of Madrid to work on a doctorate in languages.

ELENA: What a wonderful opportunity! I know you will take advantage of it. And languages are important these days. Tell me, when do you leave?

GUSTAVO: Day after tomorrow. Tomorrow my friends are giving me a farewell party. Can you come?

ELENA: Sure. Where is it going to be?

GUSTAVO: At Luisa's house.

ELENA: All right. But immediately afterwards I'm flying home for a week before starting to work. Could you take me to the airport?

GUSTAVO: Of course! At what time does your plane leave?

ELENA: At 11:30 p.m.

GUSTAVO: OK. See you tomorrow at the party.

Diálogo

Escriba un diálogo en que varios estudiantes hablan de sus planes para el verano. Incluya:

1. a dónde van
2. a quiénes piensan visitar
3. en qué trabajan o estudian
4. cómo piensan viajar
5. por cuánto tiempo
6. cuándo piensan salir y regresar

Composición sobre la lectura

Escriba acerca del futuro de la democracia española, con base en las siguientes sugerencias.

1. la muerte de Franco—situación de crisis e incertidumbre.
2. una constitución democrática
3. problemas que afectan la estabilidad española, los partidos políticos autonomía
4. el problema económico: inflación, paros, déficits, endeudamiento
5. Opus Dei: su papel, problemas
6. mensaje de Juan Carlos, Felipe González

APENDICE

Tabla de verbos (Verb tables)

Verbos regulares (Regular verbs)

I -ar	II -er	III -ir

INFINITIVO (INFINITIVE)

tomar _to take_	**comer** _to eat_	**vivir** _to live_

GERUNDIO (GERUND)

tomando _taking_	**comiendo** _eating_	**viviendo** _living_

PARTICIPIO PASADO (PAST PARTICIPLE)

tomado _taken_	**comido** _eaten_	**vivido** _lived_

Tiempos simples (Simple tenses)

MODO INDICATIVO (INDICATIVE MOOD)

PRESENTE (PRESENT)

I take, do take, am taking	_I eat, do eat, am eating_	_I live, do live, am living_
tomo	como	vivo
tomas	comes	vives
toma	come	vive
tomamos	comemos	vivimos
tomáis	coméis	vivís

toman	comen	viven

IMPERFECTO (IMPERFECT)

I was taking, used to take, took	*I was eating, used to eat, ate*	*I was living, used to live, lived*
tomaba	comía	vivía
tomabas	comías	vivías
tomaba	comía	vivía
tomábamos	comíamos	vivíamos
tomabais	comíais	vivíais
tomaban	comían	vivían

PRETERITO (PRETERIT)

I took, did take	*I ate, did eat*	*I lived, did live*
tomé	comí	viví
tomaste	comiste	viviste
tomó	comió	vivió
tomamos	comimos	vivimos
tomasteis	comisteis	vivisteis
tomaron	comieron	vivieron

FUTURO (FUTURE)

I will take	*I will eat*	*I will live*
tomaré	comeré	viviré
tomarás	comerás	vivirás
tomará	comerá	vivirá
tomaremos	comeremos	viviremos
tomaréis	comeréis	viviréis
tomarán	comerán	vivirán

POTENCIAL (CONDITIONAL)

I would take	*I would eat*	*I would live*
tomaría	comería	viviría
tomarías	comerías	vivirías
tomaría	comería	viviría
tomaríamos	comeríamos	viviríamos
tomaríais	comeríais	viviríais
tomarían	comerían	vivirían

IMPERATIVO (IMPERATIVE)

take	eat	live
toma	come	vive
tomad	comed	vivid

MODO SUBJUNTIVO (SUBJUNCTIVE MOOD)

PRESENTE (PRESENT)

(that) I may take	*(that) I may eat*	*(that) I may live*
tome	coma	viva
tomes	comas	vivas
tome	coma	viva
tomemos	comamos	vivamos
toméis	comáis	viváis
tomen	coman	vivan

IMPERFECTO, FORMA EN S (IMPERFECT, S FORM)

(that) I might (would) take	*(that) I might (would) eat*	*(that) I might (would) live*
tomase	comiese	viviese
tomases	comieses	vivieses
tomase	comiese	viviese
tomásemos	comiésmos	viviésemos
tomaseis	comieseis	vivieseis
tomasen	comiesen	viviesen

FORMA EN R (R FORM)

(that) I might (would) take	*(that) I might (would) eat*	*(that) I might (would) live*
tomara	comiera	viviera
tomaras	comieras	vivieras
tomara	comiera	viviera
tomáramos	comiéramos	viviéramos
tomarais	comierais	vivierais
tomaran	comieran	vivieran

FUTURO (FUTURE)

(that) I will (may) take	*(that) I will (may) eat*	*(that) I will (may) live*
tomare	comiere	viviere
tomares	comieres	vivieres
tomare	comiere	viviere
tomáremos	comiéremos	viviéremos
tomareis	comiereis	viviereis
tomaren	comieren	vivieren

Tiempos compuestos (Compound tenses)

MODO INDICATIVO (INDICATIVE MOOD)

PERFECTO (PERFECT)

I have taken	*I have eaten*	*I have lived*
he	he	he
has tomado	has comido	has vivido
ha	ha	ha
hemos	hemos	hemos
habéis tomado	habéis comido	habéis vivido
han	han	han

PLUSCUAMPERFECTO (PLUPERFECT)

I had taken	*I had eaten*	*I had lived*
había	había	había
habías tomado	habías comido	habías vivido
había	había	había
habíamos	habíamos	habíamos
habíais tomado	habíais comido	habíais vivido
habían	habían	habían

PRETÉRITO ANTERIOR (PRETERIT PERFECT)

I had taken	*I had eaten*	*I had lived*
hube	hube	hube
hubiste tomado	hubiste comido	hubiste vivido
hubo	hubo	hubo

hubimos	hubimos	hubimos
hubisteis tomado	hubisteis comido	hubisteis vivido
hubieron	hubieron	hubieron

FUTURO PERFECTO (FUTURE PERFECT)

I will have taken	*I will have eaten*	*I will have lived*
habré	habré	habré
habrás tomado	habrás comido	habrás vivido
habrá	habrá	habrá
habremos	habremos	habremos
habréis tomado	habréis comido	habréis vivido
habrán	habrán	habrán

PERFECTO DE POTENCIAL (CONDITIONAL PERFECT)

I would have taken	*I would have eaten*	*I would have lived*
habría	habría	habría
habrías tomado	habrías comido	habrías vivido
habría	habría	habría
habríamos	habríamos	habríamos
habríais tomado	habríais comido	habríais vivido
habrían	habrían	habrían

MODO SUBJUNTIVO (SUBJUNCTIVE MOOD)

PERFECTO (PERFECT)

(that) I may have taken	*(that) I may have eaten*	*(that) I may have lived*
haya	haya	haya
hayas tomado	hayas comido	hayas vivido
haya	haya	haya
hayamos	hayamos	hayamos
hayáis tomado	hayáis comido	hayáis vivido
hayan	hayan	hayan

PLUSCUAMPERFECTO, FORMA EN S (PLUPERFECT, S FORM)

(that) I might (would) have taken	*(that) I might (would) have eaten*	*(that) I might (would) have lived*

hubiese			hubiese			hubiese	
hubieses	tomado		hubieses	comido		hubieses	vivido
hubiese			hubiese			hubiese	

hubiésemos			hubiésemos			hubiésemos	
hubieseis	tomado		hubieseis	comido		hubieseis	vivido
hubiesen			hubiesen			hubiesen	

FORMA EN R (R FORM)

hubiera			hubiera			hubiera	
hubieras	tomado		hubieras	comido		hubieras	vivido
hubiera			hubiera			hubiera	

hubiéramos			hubiéramos			hubiéramos	
hubierais	tomado		hubierais	comido		hubierais	vivido
hubieran			hubieran			hubieran	

FUTURO PERFECTO (FUTURE PERFECT)

(that) I will (may) have taken			*(that) I will (may) have eaten*			*(that) I will (may) have lived*	
hubiere			hubiere			hubiere	
hubieres	tomado		hubieres	comido		hubieres	vivido
hubiere			hubiere			hubiere	

hubiéremos			hubiéremos			hubiéremos	
hubiereis	tomado		hubiereis	comido		hubiereis	vivido
hubieren			hubieren			hubieren	

Verbos que cambian la raíz (Radical-changing verbs)

Iᵃ CLASE (CLASS I)

Verbs of the first and second conjugations only; **e** becomes **ie** and **o** becomes **ue** throughout the singular and in the third person plural of all present tenses.

pensar *to think*

Pres. Ind.	**pienso, piensas, piensa,** pensamos, penságis, **piensan**
Pres. Subj.	**piense, pienses, piense,** pensemos, penséis, **piensen**
Imperat.	**piensa,** pensad

volver *to return, turn*

Pres. Ind.	**vuelvo, vuelves, vuelve,** volvemos, volvéis, **vuelven**
Pres. Subj.	**vuelva, vuelvas, vuelva,** volvamos, volváis, **vuelvan**
Imperat.	**vuelve,** volved

IIᵃ CLASE (CLASS II)

Verbs of the third conjugation only; **e** becomes **ie, o** becomes **ue,** as in Class I; **e** becomes **i, o** becomes **u** in the third person singular and plural of the preterit indicative, in the first and second persons plural of the present subjunctive, throughout the imperfect and future subjunctive, and in the gerund.

sentir *to feel, regret*

Pres. Ind.	**siento, sientes, siente,** sentimos, sentís, **sienten**
Pret. Ind.	sentí, sentiste, **sintió,** sentimos, sentisteis, **sintieron**
Pres. Subj.	**sienta, sientas, sienta, sintamos, sintáis, sientan**
Imperf. Subj.	(s *form*) **sintiese,** *etc.* (r *form*) **sintiera,** *etc.*
Fut. Subj.	**sintiere,** *etc.*
Imperat.	**siente,** sentid
Ger.	**sintiendo**

dormir *to sleep*

Pres. Ind.	**duermo, duermes, duerme,** dormimos, dormís, **duermen**
Pret. Ind.	dormí, dormiste, **durmió,** dormimos, dormisteis, **durmieron**
Pres. Subj.	**duerma, duermas, duerma, durmamos, durmáis, duerman**
Imperf. Subj.	(s *form*) **durmiese,** *etc.* (r *form*) **durmiera,** *etc.*
Fut. Subj.	**durmiere,** *etc.*
Imperat.	**duerme,** dormid
Ger.	**durmiendo**

IIIᵃCLASE (CLASS III)

Verbs of the third conjugation only; **e** becomes **i** (there are no **o** verbs) in all forms that had any radical change in Class II.

pedir *to ask (for)*

Pres. Ind.	**pido, pides, pide,** pedimos, pedís, **piden**
Pret. Ind.	pedí, pediste, **pidió,** pedimos, pedisteis, **pidieron**
Pres. Subj.	**pida, pidas, pida, pidamos, pidáis, pidan**
Imperf. Subj.	(s *form*) **pidiese,** *etc.* (r *form*) **pidiera,** *etc.*
Fut. Subj.	**pidiere,** *etc.*
Imperat.	**pide,** pedid
Ger.	**pidiendo**

Verbos con cambio ortográfico (Orthographic-changing verbs)

Verbs of the first conjugation ending in **car, gar, guar,** and **zar** have the following changes before **e** (that is, in the first person singular preterit indicative and throughout the present subjunctive):

c to **qu**	**sacar** *to take out* **saqué,** sacaste, *etc.* **saque, saques,** *etc.*
g to **gu**	**pagar** *to pay for* **pagué,** pagaste, *etc.* **pague, pagues,** *etc.*
gu to **gü**	**averiguar** *to ascertain* **averigüé,** averiguaste, *etc.* **averigüe, averigües,** *etc.*
z to **c**	**empezar** *to begin* **empecé,** empezaste, *etc.* **empiece, empieces,** *etc.*

Verbs of the second and third conjugations ending in **cer** and **cir, ger** and **gir, guir** and **quir** have the following changes before **o** and **a** (that is, in the first person singular present indicative and throughout the present subjective):

c to **z** (if the ending **cer** or **cir** is preceded by a consonant)

> **vencer** *to conquer*
> **venzo,** vences, *etc.*
> **venza, vanzas,** *etc.*

> **esparcir** *to scatter*

esparzo, esparces, *etc.*
esparza, esparzas, *etc.*

z to **zc** (if the ending **cer** or **cir** is preceded by a vowel)

      conocer *to know*
      conozco, conoces, *etc.*
      conozca, conozcas, *etc.*

g to **j**   **coger** *to catch*
      cojo, coges, *etc.*
      coja, cojas, *etc.*

      dirigir *to direct*
      dirijo, diriges, *etc.*
      dirija, dirijas, *etc.*

gu to **g**   **distinguir** *to distinguish*
      distingo, distingues, *etc.*
      distinga, distingas, *etc.*

qu to **c**   **delinquir** *to be delinquent*
      delinco, delinques, *etc.*
      delinca, delincas, *etc.*

Verbs whose stems end in a vowel change the unaccented **i** between two vowels to **y** (that is, in the third person singular and plural of the preterit indicative, throughout the imperfect and future subjunctive, and in the gerund):

leer *to read*   leí, leíste, **leyó,** leímos, leísteis, **leyeron**
      leyese, *etc.*
      leyera, *etc.*
      leyendo

Verbs ending in **uir** in which the **u** is sounded insert **y** before all vowels except **i** throughout all present tenses. The unaccented **i** between two vowels changes to **y** in the third person singular and plural of the preterit indicative, throughout the imperfect and future subjunctive, and in the gerund:

incluir *to include*   **incluyo, incluyes, incluye,** incluimos, incluís, **incluyen**
      incluya, *etc.*
      incluí, incluiste, **incluyó,** incluimos, incluisteis, **incluyeron**
      incluyese, *etc.*
      incluyera, *etc.*
      incluyendo

Some verbs ending in **iar** and **uar** bear the written accent on **i** and **u** throughout the singular and the third person plural of all present tenses:

enviar *to send*	**envío, envías, envía,** enviamos, enviáis, **envían**
	envíe, *etc.*
	envía *(imperat.)*
continuar *to continue*	**continúo, continúas, continúa,** continuamos, continuáis, **continúan**
	continúe, *etc.*
	continúa *(imperat.)*

Verbs ending in **eír**, in changing the stem from **e** to **i**, drop the **i** of endings beginning with **ie** or **io**. Note the accent on the **i**:

reír *to laugh*	**río, ríes, ríe, reímos, reís, ríen**
	reí, **reíste, rió, reímos, reísteis, rieron**
	riese, *etc.*
	riera, *etc.*
	riere, *etc.*
	riendo

Verbs whose stem ends in **ll** or **ñ** drop the **i** of endings beginning with **ie** and **io**. Likewise, irregular preterits with stems ending in **j** drop the **i** of endings beginning with **ie** to **io**:

bullir *to boil*	bullí, bulliste, **bulló,** bullimos, bullisteis, **bulleron**
	bullese, *etc.*
	bullera, *etc.*
	bullere, *etc.*
	bullendo
reñir *to scold, quarrel*	reñí, **reñiste, riñó,** reñimos, reñisteis, **riñeron**
	riñese, *etc.*
	riñera, *etc.*
	riñere, *etc.*
	riñendo
decir *to say*	dije, dijiste, dijo, dijimos, dijisteis, **dijeron**
	dijese, *etc.*
	dijera, *etc.*
	dijere, *etc.*

Other verbs like **decir** are **traer** (*to bring*) and compounds of **ducir**, such as **conducir** (*to conduct*).

Some verbs are both radical-changing and orthographic-changing:

comenzar *to begin*   **comienzo**
                         comience

colgar *to hang*   **cuelgo**
                         cuelgue

Verbos irregulares (Irregular verbs)

Only those moods and tenses that have irregularities are given here.

Verbs that are irregular in the past participle only are: **abrir** *(to open)* **abierto;** **cubrir** *(to cover)* **cubierto; escribir** *(to write)* **escrito;** and **romper** *(to break)* **roto.**

andar *to go, walk*

Pret.	**anduve, anduviste, anduvo, anduvimos, anduvisteis, anduvieron**
Imperf. Subj.	(s *form*) **anduviese,** *etc.* (r *form*) **anduviera,** *etc.*
Fut. Subj.	**anduviere,** *etc.*

asir *to seize*

Pres. Ind.	**asgo,** ases, ase, asimos, asís, asen
Pres. Subj.	**asga, asgas, asga, asgamos, asgáis, asgan**

caber *to be contained in, fit*

Pres. Ind.	**quepo,** cabes, cabe, cabemos, cabéis, caben
Pret. Ind.	**cupe, cupiste, cupo, cupimos, cupisteis, cupieron**
Fut. Ind.	**cabré, cabrás, cabrá, cabremos, cabréis, cabrán**
Pot.	**cabría, cabrías, cabría, cabríamos, cabríais, cabrían**
Pres. Subj.	**quepa, quepas, quepa, quepamos, quepáis, quepan**
Imperf. Subj.	(s *form*) **cupiese,** *etc.* (r *form*) **cupiera,** *etc.*
Fut. Subj.	**cupiere,** *etc.*

caer *to fall*

Pres. Ind.	**caigo,** caes, cae, caemos, caéis, caen
Pret. Ind.	caí, **caíste, cayó,** caímos, **caísteis, cayeron**

Pres. Subj.	caiga, caigas, caiga, caigamos, caigáis, caigan
Imperf. Subj.	(s *form*) **cayese,** *etc.*
	(r *form*) **cayera,** *etc.*
Fut. Subj.	**cayere,** *etc.*
Past Part.	**caído**

conducir *to conduct*

Pres. Ind.	**conduzco,** conduces, conduce, conducimos, conducís, conducen
Pret. Ind.	**conduje, condujiste, condujo, condujimos, condujisteis, condujeron**
Pres. Subj.	**conduzca, conduzcas, conduzca, conduzcamos, conduzcáis, conduzcan**
Imperf. Subj.	(s *form*) **condujese,** *etc.*
	(r *form*) **condujera,** *etc.*
Fut. Subj.	**condujere,** *etc.*

dar *to give*

Pres. Ind.	**doy,** das, da, damos, **dais,** dan
Pret. Ind.	**di, diste, dio, dimos, disteis, dieron**
Pres. Subj.	**dé,** des, **dé,** demos, **deis,** den
Imperf. Subj.	(s *form*) **diese,** *etc.*
	(r *form*) **diera,** *etc.*
Fut. Subj.	**diere,** *etc.*

decir *to say, tell*

Pres. Ind.	**digo, dices, dice,** decimos, decís, **dicen**
Pret. Ind.	**dije, dijiste, dijo, dijimos, dijisteis, dijeron**
Fut. Ind.	**diré, dirás, dirá, diremos, diréis, dirán**
Pot.	**diría, dirías, diría, diríamos, diríais, dirían**
Pres. Subj.	**diga, digas, diga, digamos, digáis, digan**
Imperf. Subj.	(s *form*) **dijese,** *etc.*
	(r *form*) **dijera,** *etc.*
Fut. Subj.	**dijere,** *etc.*
Imperat.	**di,** decid
Past Part.	**dicho**
Ger.	**diciendo**

errar *to err*

Pres. Ind.	**yerro, yerras, yerra,** erramos, erráis, **yerran**
Pres. Subj.	**yerre, yerres, yerre,** erremos, erréis, **yerren**
Imperat.	**yerra,** errad

estar *to be*

Pres. Ind.	**estoy, estás, está,** estamos, estáis, **están**
Pret. Ind.	**estuve, estuviste, estuvo, estuvimos, estuvisteis, estuvieron**
Pres. Subj.	**esté, estés, esté,** estemos, estéis, **estén**
Imperf. Subj.	(s *form*) **estuviese,** *etc.* (r *form*) **estuviera,** *etc.*
Fut. Subj.	**estuviere,** *etc.*
Imperat.	**está,** estad

haber *to have (impers., to be)*

Pres. Ind.	**he, has, ha,** *(impers.,* **hay), hemos,** habéis, **han**
Pret. Ind.	**hube, hubiste, hubo, hubimos, hubisteis, hubieron**
Fut. Ind.	**habré, habrás, habrá, habremos, habréis, habrán**
Pot.	**habría, habrías, habría, habríamos, habríais, habrían**
Pres. Subj.	**haya, hayas, haya, hayamos, hayáis, hayan**
Imperf. Subj.	(s *form*) **hubiese,** *etc.* (r *form*) **hubiera,** *etc.*
Fut. Subj.	**hubiere,** *etc.*

hacer *to do, make*

Pres. Ind.	**hago,** haces, hace, hacemos, hacéis, hacen
Pret. Ind.	**hice, hiciste, hizo, hicimos, hicisteis, hicieron**
Fut. Ind.	**haré, harás, hará, haremos, haréis, harán**
Pot.	**haría, harías, haría, haríamos, haríais, harían**
Pres. Subj.	**haga, hagas, haga, hagamos, hagáis, hagan**
Imperf. Subj.	(s *form*) **hiciese,** *etc.* (r *form*) **hiciera,** *etc.*
Fut. Subj.	**hiciere,** *etc.*
Imperat.	**haz,** haced
Past Part.	**hecho**

ir *to go*

Pres. Ind.	**voy, vas, va, vamos, vais, van**

Imperf. Ind.	iba, ibas, iba, íbamos, ibais, iban
Pret. Ind.	fui, fuiste, fue, fuimos, fuisteis, fueron
Pres. Subj.	vaya, vayas, vaya, vayamos, vayáis, vayan
Imperf. Subj.	⎰ (s *form*) fuese, *etc.* ⎱ (r *form*) fuera, *etc.*
Fut. Subj.	fuere, *etc.*
Imperat.	ve, id
Pres. Part.	yendo

jugar *to play*

Pres. Ind.	juego, juegas, juega, jugamos, jugáis, juegan
Pret. Ind.	jugué, jugaste, jugó, jugamos, jugasteis, jugaron
Pres. Subj.	juegue, juegues, juegue, juguemos, juguéis, jueguen
Imperat.	juega, jugad

oír *to hear*

Pres. Ind.	oigo, oyes, oye, oímos, oís, oyen
Pret. Ind.	oí, oíste, oyó, oímos, oísteis, oyeron
Pres. Subj.	oiga, oigas, oiga, oigamos, oigáis, oigan
Imperf. Subj.	(s *form*) oyese, *etc.* (r *form*) oyera, *etc.*
Fut. Subj.	oyere, *etc.*
Imperat.	oye, oíd
Past Part.	oído

oler *to smell*

Pres. Ind.	huelo, hueles, huele, olemos, oléis, huelen
Pres. Subj.	huela, huelas, huela, olamos, oláis, huelan
Imperat.	huele, oled

poder *to be able*

Pres. Ind.	puedo, puedes, puede, podemos, podéis, pueden
Pret. Ind.	pude, pudiste, pudo, pudimos, pudisteis, pudieron
Fut. Ind.	podré, podrás, podrá, podremos, podréis, podrán
Pot.	podría, podrías, podría, podríamos, podríais, podrían
Pres. Subj.	pueda, puedas, pueda, podamos, podáis, puedan
Imperf. Subj.	⎰ (s *form*) pudiese, *etc.* ⎱ (r *form*) pudiera, *etc.*
Fut. Subj.	pudiere, *etc.*

Ger.	pudiendo

poner *to put, place*

Pres. Ind.	**pongo,** pones, pone, ponemos, ponéis, ponen
Pret. Ind.	**puse, pusiste, puso, pusimos, pusisteis, pusieron**
Fut. Ind.	**pondré, pondrás, pondrá, pondremos, pondréis, pondrán**
Pot.	**pondría, pondrías, pondría, pondríamos, pondríais, pondrían**
Pres. Subj.	**ponga, pongas, ponga, pongamos, pongáis, pongan**
Imperf. Subj.	{ (s *form*) **pusiese,** *etc.* { (r *form*) **pusiera,** *etc.*
Fut. Subj.	**pusiere,** *etc.*
Imperat.	**pon,** poned
Past Part.	**puesto**

querer *to wish*

Pres. Ind.	**quiero, quieres, quiere,** queremos, queréis, **quieren**
Pret. Ind.	**quise, quisiste, quiso, quisimos, quisisteis, quisieron**
Fut. Ind.	**querré, querrás, querrá, querremos, querréis, querrán**
Pot.	**querría, querrías, querría, querríamos, querríais, querrían**
Pres. Subj.	**quiera, quieras, quiera,** queramos, queráis, **quieran**
Imperf. Subj.	{ (s *form*) **quisiese,** *etc.* { (r *form*) **quisiera,** *etc.*
Fut. Subj.	**quisiere,** *etc.*
Imperat.	**quiere,** quered

saber *to know*

Pres. Ind.	**sé,** sabes, sabe, sabemos, sabéis, saben
Pret. Ind.	**supe, supiste, supo, supimos, supisteis, supieron**
Fut. Ind.	**sabré, sabrás, sabrá, sabremos, sabréis, sabrán**
Pot.	**sabría, sabrías, sabría, sabríamos, sabríais, sabrían**
Pres. Subj.	**sepa, sepas, sepa, sepamos, sepáis, sepan**
Imperf. Subj.	{ (s *form*) **supiese,** *etc.* { (r *form*) **supiera,** *etc.*
Fut. Subj.	**supiere,** *etc.*

salir *to go out*

Pres. Ind.	**salgo,** sales, sale, salimos, salís, salen
Fut. Ind.	**saldré, saldrás, saldrá, saldremos, saldréis, saldrán**
Pot.	**saldría, saldrías, saldría, saldríamos, saldríais, saldrían**
Pres. Subj.	**salga, salgas, salga, salgamos, salgáis, salgan**
Imperat.	**sal,** salid

ser *to be*

Pres. Ind.	**soy, eres, es, somos, sois, son**
Imperf. Ind.	**era, eras, era, éramos, erais, eran**
Pret. Ind.	**fui, fuiste, fue, fuimos, fuisteis, fueron**
Pres. Subj.	**sea, seas, sea, seamos, seáis, sean**
Imperf. Subj.	{ (s *form*) **fuese,** *etc.* { (r *form*) **fuera,** *etc.*
Fut. Subj.	**fuere,** *etc.*
Imperat.	**sé,** sed

tener *to have*

Pres. Ind.	**tengo, tienes, tiene,** tenemos, tenéis, **tienen**
Pret. Ind.	**tuve, tuviste, tuvo, tuvimos, tuvisteis, tuvieron**
Fut. Ind.	**tendré, tendrás, tendrá, tendremos, tendréis, tendrán**
Pot.	**tendría, tendrías, tendría, tendríamos, tendríais, tendrían**
Pres. Subj.	**tenga, tengas, tenga, tengamos, tengáis, tengan**
Imperf. Subj.	{ (s *form*) **tuviese,** *etc.* { (r *form*) **tuviera,** *etc.*
Fut. Subj.	**tuviere,** *etc.*
Imperat.	**ten,** tened

traer *to bring*

Pres. Ind.	**traigo,** traes, trae, traemos, traéis, traen
Pret. Ind.	**traje, trajiste, trajo, trajimos, trajisteis, trajeron**
Pres. Subj.	**traiga, traigas, traiga, traigamos, traigáis, traigan**
Imperf. Subj.	{ (s *form*) **trajese,** *etc.* { (r *form*) **trajera,** *etc.*
Fut. Subj.	**trajere,** *etc.*

valer *to be worth*

Pres. Ind.	**valgo,** vales, vale, valemos, valéis, valen
Fut. Ind.	**valdré, valdrás, valdrá, valdremos, valdréis, valdrán**

Pot.	**valdría, valdrías, valdría, valdríamos, valdríais, valdrían**
Pres. Subj.	**valga, valgas, valga, valgamos, valgáis, valgan**
Imperat.	**val,** valed

venir *to come*

Pres. Ind.	**vengo, vienes, viene, venimos, venís, vienen**
Pret. Ind.	**vine, viniste, vino, vinimos, vinisteis, vinieron**
Fut. Ind.	**vendré, vendrás, vendrá, vendremos, vendréis, vendrán**
Pot.	**vendría, vendrías, vendría, vendríamos, vendríais, vendrían**
Pres. Subj.	**venga, vengas, venga, vengamos, vengáis, vengan**
Imperf. Subj.	(s *form*) **viniese,** *etc.* (r *form*) **viniera,** *etc.*
Fut. Subj.	**viniere,** *etc.*
Imperat.	**ven,** venid
Ger.	**viniendo**

ver *to see*

Pres. Ind.	**veo, ves, ve, vemos, veis, ven**
Imperf. Ind.	**veía, veías, veía, veíamos, veíais, veían**
Pres. Subj.	**vea, veas, vea, veamos, veáis, vean**
Past Part.	**visto**

VOCABULARIOS

Abreviaturas

adj.	adjective	*interr.*	interrogative
adv.	adverb	*m*	masculine
art.	article	*n.*	neuter
conj.	conjunction	*neg.*	negative
dem.	demonstrative	*p.p.*	past participle
f.	feminine	*pl.*	plural
fig.	figurative	*prep.*	preposition
ger.	gerund	*pron.*	pronoun
inf.	infinitive		

Español—Inglés

This vocabulary is intended to be a complete listing of the words in the text, with the exception of exact and easily recognizable cognates, diminutives when the noun is included, numbers, articles, days of the week, months of the year, adverbs in —**mente** which are obvious cognates, past participles when the infinitive is given, and words from reading selections which appear once and are treated in footnotes. Idioms are listed under the main word.

a to, at; of; —**menudo** often; — **propósito** by the way; — **que** until; — **la semana** weekly

abandono *m* abandonment

abierto open; p.p. of **abrir** opened, open

abogado *m* lawyer

aborigen aboriginal, native

abrigo *m* coat

abrir to open; —**se el apetito** to have one's appetite whetted

abuela *f* grandmother

abuelo *m* grandfather; *pl* grandparents

acabar   to end, finish; — de + inf. to have just + inf.

acampar   (en) camp

acelerar   to accelerate

acento *m*   accent

acentuar   to accentuate

acera *f*   sidewalk

acerca de   about, concerning

acercar   to bring near; —se a to approach

aclarar   to clarify

acomodar   to accommodate

acompañar   to accompany

aconsejable   advisable

acontecimiento *m*   event

acostar (ue)   to put to bed; —se to go to bed (lie down)

acostumbrarse   to get accustomed

actitud *f*   attitude

actriz *f*   actress

actual   present; —mente at present

actuar   to act

acuerdo *m*   agreement, accord; de — agreed; de — con in accord with; estar de — to be in agreement, to agree

adecuado   adequate

adelante   forward, onward; de aquí en — henceforth; hacia — straight ahead

además   moreover, besides; — de in addition to, besides

adiós   goodbye

adquirir   to acquire

adquisición *f*   acquisition

aeropuerto *m*   airport

afecto *m*   affection

afeitarse   to shave

aficionado   fond; fan *m*

afligir   to afflict

afortunado   fortunate

agilidad *f*   agility

agradable   agreeable, pleasant

agregar   to add

agua *f*   (art. el) water

águila *m*   eagle

ahora   now; — mismo right now

aislado   isolated

alboroto *m*   disturbance

alcanzar   to catch up, overtake, reach; attain

alcoba *f*   bedroom

alejar   to separate, estrange; —se (de) to go away (from)

alguien   someone, somebody; anyone, anybody

alguno (algún) (-a,-os,-as)   someone, somebody; anyone, anybody; some, any; alguna que otra vez sometimes

alimentación *f*   nourishment

alimento *m*   food

alma *f*   (art. el) soul

almacenar   to store

almorzar (ue)   to lunch, have lunch

almuerzo *m*   lunch

alquilar   to rent

alto   high, tall; en — upright, upward; lo — the top; altas horas late hours

altura *f*   height, altitude

alumbrar   to illuminate, light

alumno (-a) *m & f*   student

amable   kind

amarillo   yellow

ambiental   environmental

amenazar   to menace, threaten

americanizarse   to become Americanized

amigo (-a) *m & f*   friend

amplio   wide

analfabetismo *m*   illiteracy

anciano   old; *m* old man

ancho   wide

andino   of the Andes

anillo *m*   ring

animar   to encourage
ánimo *m*   mind, intention
anoche   last night
ante   before
anteayer   day before yesterday
antepasado *m*   ancestor
antes   before; — **de (que)** before; **lo — posible** as soon as possible
anticuado   antiquated
antiguo   old
antojito *m*   snack
anterior   previous, preceding
antiguo   old
antropólogo *m*   anthropologist
anunciar   to announce
anuncio *m*   announcement
añadir   to add
año *m*   year; **al —** a year; **el — pasado** last year; **el — que viene** next year; **¿cuántos —s tiene?** how old are you?; **todo el —** all year
aparato *m*   apparatus; — **de TV** set
aplicar(se)   to apply
apoderarse de   to seize, take possession of
aprender   to learn
aprobar (ue)   to approve
apropiado   appropriate
apuntar   to make a note of
árbol *m*   tree
argumento *m*   plot
armonizar   to harmonize
arqueólogo *m*   archeologist
arrastrar   to drag
arreglo *m*   arrangement
arriba   above
arroz *m*   rice; — **con pollo** chicken with rice
ascendencia *f*   ancestry
asegurar   to assure
así   so, thus; — **como** as well as
asiento *m*   seat

asimilar   to assimilate
asistencia *f*   attendance; assistance
asistir a   to attend
asociar   to associate
asumir   to assume
atacar   to attack
ataque *m*   attack
atender (ie)   to pay attention to; to tend, attend; wait on a customer
aterrizar   to land
atleta *m & f*   athlete
atraer   to attract
atrasado   late
atreverse a   to dare to
atrevido   daring
atropellos *m. pl.*   outrages
aumentar   to increase
aumento *m*   increase
aun   still, even; **aún** still, yet
aunque   although
ausencia *f*   absence
autónomo   autonomous
autoridad *f*   authority
ave *m*   bird
averiguar   to ascertain
avión *m*   airplane
ayer   yesterday
ayuda *f*   help
ayudante *m*   assistant
ayudar   to help
azúcar *m*   sugar

bailar   to dance
baile *m*   dance
bajar   to go down, descend; get out; take down; lower
bajo   low, short; *prep* beneath, under
balón *m*   ball
baloncesto *m*   basketball
banco *m*   bank
bandera *f*   flag, standard

banderilla *f* barbed dart

banderillero *m* bullfighter who thrusts *banderillas* into neck or shoulders of bull

bañarse to take a bath

barbarie *f* barbarism

barrer to sweep

barrio *m* district

base *f* base, basis; **a — de** on a base of; **con — en** on a base of

bastante sufficient; rather

bastar to be sufficient

bautizar to baptize

beber to drink

bebida *f* drink

beca *f* fellowship

Bellas Artes *f pl* Fine Arts

bello beautiful

besar to kiss

biblioteca *f* library

bicicleta *f* bicycle

bienvenido welcome

bilingüe bilingual

billetera *f* wallet

bisabuelos *m pl* great grandparents

blanco white

boca *f* mouth

bola *f* ball

boleto *m* ticket

boliche *m* bowling

bolígrafo *m* ball-point pen

bolsa *f* purse, pouch

bonete *m* bonnet, cap

bonito pretty

bordear to border

borrar to erase

bosque *m* forest, woods

bote *m* boat

botella *f* bottle

brazo *m* arm

brillo *m* sparkle, glitter

botar to flow

budismo *m* Buddhism

bueno good

bufanda *f* muffler, scarf

burgués bourgeois

burla *f* mockery, scoff, joke

burlar(se) to make fun

burrito *m* little donkey

busca *f* search

buscar to look for

búsqueda *f* search

cabalidad: a — perfectly

caballo *m* horse; **montar a —** to go horseback riding

caber to fit, be contained in

cabeza *f* head

cada each, every

caer to fall; **—se** to fall down

café *m* coffee

caja *f* box

calcetín *m* sock

calcular to calculate

calidad *f* quality

calidoscopio *m* kaleidoscope

calificar to qualify

calle *f* street

callejuela *f* lane

cama *f* bed; **hacer la —** to make the bed

cambiar to change, exchange

cambio *m* change, exchange; **en —** on the other hand

caminar to walk

camino *m* road

camisa *f* shirt

campaña *f* campaign

campeonato *m* championship

campesinado *m* peasantry

campesino *m* peasant

campo *m* country; field

canario *m* canary

canción *f* song

cansado   tired
cantar   to sing
canto *m*   song
capa *f*   cape
capacidad *f*   ability
capaz   capable
captación *f*   grasping
captar   to capture; captivate
¡caray!   confound it!
carbón *m*   coal
carecer de   to lack
caribe   Caribbean
caridad *f*   charity
cariñoso   affectionate
cariz *m*   appearance
carne *f*   meat
caro   expensive
carrera *f*   career
carro *m*   car
carta *f*   letter; —s amorosas love letters
cartel *m*   sign, poster
casa *f*   house; a — at home; aquí tienes tu — make yourself at home; en — at home; — de correos post office
casar   to marry off; —se (con) to marry
casi   almost
caso *m*   case
casta *f*   breed
cátedra *f*   chair
catedrático *m*   professor
categoría *f*   category
catre *m*   cot
cazar   to hunt
cena *f*   supper
cenar   to eat supper
censo *m*   census
censura *f*   censorship
céntrico   downtown
centro *m*   center; en el — downtown

cerca   near(by); — de near; de — close(ly)
cerrar (ie)   to close
certeza *f*   certainty
cerveza *f*   beer
ciclismo *m*   cycling
cielo *m*   sky
ciencia *f*   science
científico *m*   scientist
cierto   certain; lo — what is certain
cifra *f*   cipher, number
cinco   five
cincuentas *m pl*   1950s
cine *m*   movies
cinta *f*   ribbon, tape
cinturón *m*   belt
cita *f*   date, appointment; cite, quote
citado: estar — to have an appointment with
citar   to make an appointment with; to cite
ciudad *f*   city
ciudadano *m*   citizen
clamar   to clamor, cry out
clima *m*   climate
cobre *m*   copper
cocina *f*   kitchen
cocinar   to cook
cocinera *f*   cook
coche *m*   car
código *m*   code; —*familiar* family code
cofradía *f*   brotherhood
coger   to catch
cohete *m*   rocket
cojín *m*   cushion
colgado   hanging
colgar (ue)   to hang
colocar   to place
combatir   to combat
comenzar (ie)   to begin, commence

comer to eat

cometer to commit

comida *f* meal, dinner; food

comienzo *m* beginning

como as, like; — **si** as if; **¿a cómo?** at how much?; **¿cómo?** How?; **¿cómo no?** of course!

cómodo comfortable

compañero (-a) *m. & f.* companion

compañía *f* company

comparar to compare

compartir to share

competencia *f* competition

complejo *m* complex; *adj.* complex

completar to complete

comportamiento *m* comportment, deportment

comprar to buy

compras: ir de — to go shopping

comprender to understand; comprise; —**se** to get along

común common

comunidad *f* community

con with; — **tal que** provided that; —**migo** with me; —**sigo** with himself, herself, itself, oneself, yourself, themselves, yourselves; — **tigo** with you

conceder to concede, grant, bestow

conciencia *f* conscience

concienzudo conscientious

concierto *m* concert

condenar to condemn

conejo *m* rabbit

conferencia *f* lecture

conferenciante *m* lecturer

conformar to conform

conjunto joined, joint

cono *m* cone

conocer to know, be acquainted with; meet; **dar a** — to make known

conocido known, well known

conseguir (i) to obtain, get

consejero *m* adviser

consejo *m* advice

consentir (ie,i) to consent

consigo with oneself, himself, (it)self, yourself, themselves, yourselves

consistir en to consist of

constituir to constitute

consulta *f* doctor's office; **horas de** — office hours

consultar to consult

contar (ue) to tell, relate; count; — **con** to rely on, number

contener contain

contestación *f* answer

contestar to answer

contra against

contraer to contract

contrario contrary, opposing; **al (por el)** — on the contrary; **en caso (de lo)** — otherwise

contribuir to contribute

convencer to convince

conveniente fitting

convenir to be fitting; suit

convertir (ie,i) to convert

copa *f* cup

corbata *f* tie

coro *m* choir, chorus

correo *m* mail; **casa de** —**s** post office

correr to run

corresponder to correspond, communicate; belong

corrida (de toros) *f* bullfight

corte *f* court

corto short

cosa *f* thing

cosecha *f* crop

coser to sew

costa *f* coast

costar (ue) to cost

costo *m* cost

costoso costly

costumbre *f* custom; como de —
as usual; de — as usual

crear to create

crecer to grow (up), increase

creciente growing

crecimiento *m* increase

creencia *f* belief

creer to believe

creyente *m* believer

criado (-a) *m & f* servant

criar to raise, rear

Cristo Christ

crucificado crucified

cruz *f* cross

cruzar to cross

cuaderno *m* notebook

cuadro *m* picture

¿Cuál? ¿which?; ¿which one?

cualquier(a) any; whatever; who-
ever

cuando when; ¿cuándo? when?

cuanto all that; — más . . . tanto
más the more . . .the more; en
cuanto as soon as, when; en —a as
for,; ¿cuánto? how much?
¿cuántos? how many?

cuarto *m* room

cubismo *m* cubism

cubrir to cover

cuenta *f* account, bill; darse —de
to realize; tener en — to bear in
mind; take into account

cuento *m* story

cuerda *f* rope, string

cuero *m* leather

cuerpo *m* body

cuidado *m* care

cuidar (a,de) to take care (of)

culpa *f* blame

cultivo *m* farming

culto *m* religion, cult; *adj* cultural

cumpleaño(s) *m sing & pl* birth-
day

cumplir con to fulfil

cura *m* priest; *f* cure

cuyo whose

chaqueta *f* jacket

charlar to chat

cheque *m* check

chica *f* girl

chino *m* Chinese

chiste *m* joke

dañar to hurt

dar to give; show strike; — a
conocer to make known; —con to
come across; — consejos to give
advice; — de comer to feed; —
fama to bring fame; — se cuenta
de to realize; — un paseo to take a
walk

de of, from, by, as; — modo que
so (that); — + inf. if

debatir to debate

deber to owe; ought; — de + inf.
must (indicating probability)

debido a (que) due to (the fact
that)

década *f* decade

decano *m* dean

decidir to decide

decir to say, tell; call

dedicar to dedicate, devote

defender (ie) to defend

dejar to leave, let; allow; — de to
stop

delante de in front of

delgado thin

delicadez sensitiveness

demasiado too, too much

denominar to name

dentro (de) within

depender de depend on

dependiente *m* clerk

deporte *m* sport

deportivo sporting adj.

depositar to deposit

deprimido depressed

derechista *m* rightist

derecho right; straight ahead; *m.* law, right; **no hay** — it is not right

desafortunadament unfortunately

desaparición *f* disappearance

desarrollar to develop

desarrollo *m* development

desastre *m* disaster

destinado extravagant

desayuno *m* breakfast

descansar to rest

descanso *m* rest

descendiente *m* descendant

descolgar (ue) to pick up, unhook

descomponerse to break down

descubrir to discover

desde from; since; — **luego** of course

desear to desire, wish

desempeñar to fill (a job); — **un papel** to play a role

deseo *m* desire

desequilibrar to unbalance

desforestación *f* deforestation

desnutrición *f* malnutrition

despacio slowly

despedida *f* farewell

despedir (i) to dismiss; — **se de** to take leave of, say good-bye to

despertar (ie) to awaken; — **se** to wake up

despoblamiento *f* depopulation

después afterwards; — **de** after; — **que** after

destacar(se) to stand out

destino *m* destiny

destrozar to destroy

destruir to destroy

desventaja *f* disadvantage

desvestirse (i) to undress

detalladamente in detail

detalle *m* detail

detrás de behind

devolver (ue) to give back, return

día *m* day; **al** — **siguiente** on the following day; **buenos días** good day; good morning; **hoy (en)** — nowadays; **por** — per day; **todo el** — all day; **un** — **de éstos** one of these days; **de** — by day

diariamente daily

diario daily; *m* daily (paper)

dibujo *m* drawing

dictadura *f* dictatorship

dicho said, aforementioned

diente *m* tooth

diferencia *f* difference; **a** — **de** unlike

difícil difficult

diga hello

dignidad *f* dignity

dinero *m* money

dirección *f* address

dirigir to direct

disco *m* record

disculpar to excuse

discurso *m* speech

discutir to discuss

diseño *m* design

disminuir to diminish, decrease

disposición *f* disposal

distinto different

distorsión *f* distortion

distorsionar to distort

distraer to distract

divertido amusing

doler (ue) to ache, pain, hurt

dolor *m* pain; — **de cabeza** headache

domingo Sunday

donde where; ¿**dónde?** where?

dormir (ue) to sleep; — **como un tronco** to sleep like a log; — **se** to fall asleep

ducharse to shower

duda *f* doubt

dudar to doubt

dudoso doubtful

dueño *m* owner

dulce sweet; — **s** *m pl* candy

duración *f* duration

durante during

durar to last

durazno *m* peach

echar to throw, cast away; — **a** + **inf.** to begin + inf; — **flores** to flatter; — **raíces** to grow roots, take up permanent residence

edad *f* age; — **Media** Middle Ages; **tener más —** to be older

edificio *m* building

educto *m* waste

efecto *m* effect; **en —** in fact

efectuar to carry out, accomplish

eje *m* axis

ejemplo *m* example; **por —** for example

ejercer to exercise

ejercitar to exercise

ejército *m* army

él he, him, it

elaboración *f* manufacture

elaborar to elaborate

elegir (i) to elect

elevar to raise, elevate

elogiar to praise

ella she, her, it

ello it

ellos (-as) they, them

embargo: sin — nevertheless, however

empatar to tie (a score)

empezar (ie) to begin

emplear to employ

empleo *m* job, employment

empresa *f* enterprise

enamorar to enamor; — **se de** to fall in love with

encaminar to guide, direct

encantar to enchant

encarcelar to imprison

encargarse de to take charge of

encender (ie) to light

encontrar (ue) to meet

encuentro *m* meeting

enfatizar to emphasize

enfermarse to become sick

enfermedad *f* illness

enfermera *f* nurse

enfermo ill, sick

enfrentar(se) (a, con) to confront, face

engañar to decive

engordar to fatten

ensalada *f* salad; — **de lechuga** lettuce salad

ensayista *m* essayist

ensayo *m* essay; trial

enseñar to teach

entender (ie) to understand; — **se** to get along

entero entire

entrar (en) to enter

entre among

entregar to deliver, hand over

entrenamiento *m* training

entrenar to train

entretener to entertain

entrevistar to interview

enviar   to send

época *f*   epoch

equipaje *m*   baggage

equipo *m*   team

equivocar   to deceive

escala *f*   scale; ladder

escaparate *m*   show window, glass cabinet

escasez *f*   scarcity

escaso   scarce

escenario *m*   stage, setting, scenery

esclava *f*   slave

escoger   to choose

esconder   to hide; **a escondido** covertly

escribir   to write

escritor *m*   writer

escuchar   to listen (to)

escuela *f*   school

esfera *f*   sphere

esfuerzo *m*   effort

eso   pro. that; **por —** therefore; **a — de** at about

espacial   space adj.

espacio *m*   space

espada *f*   sword

España *f*   Spain

español *adj*   Spanish; *m* Spanish

especializarse   to specialize

espectáculo *m*   spectacle

espectador *m*   spectator

esperanza *f*   hope

esplendor *m*   splendor

espontáneo   spontaneous

esposa *f*   wife

esposo *m*   husband

esquiar   to ski

estabilidad *f*   stability

establecer   to establish

establecimiento *m*   establishment

estadio *m*   stadium

estado *m*   state

Estados Unidos *m pl*   United States

estadounidense   United States *adj*

estampilla *f*   stamp

estancia *f*   stay

estante *m*   shelf

estar   to be; **— de acuerdo** to agree; **está bien** O.K.

estereotipado *m*   stereotype

estimular   to stimulate

estrategia *f*   strategy

estrecho   close, narrow

estrella *f*   star

estudiante *m & f*   student

estudiantil *adj*   student

estudio *m*   study; studio

estudioso   studious

etapa *f*   stage

evitar   avoid

excelencia *f*   excellence; **por —** par excellence

éxito *m*   success

éxodo *m*   exodus

explicar   to explain

explotación *f*   exploitation

explotar   to exploit

exterminio *m*   extermination

extraer   to extract

extranjero   foreign; *m* foreigner, **en el —** abroad

extraño   strange, foreign

facilidad *f*   ease

fácil   easy

facilitar   to facilitate

factible   feasible

facultad *f*   faculty, department

falta *f*   mistake; lack

faltar (a)   to be lacking, lack, need, miss

fama *f*   fame, reputation

familia *f*   family

familiar *adj* family
familiarizarse to become familiar
farol *m* light
favor *m* favor; — **de** please; **hacer el — de** please, **por —** please
fecha *f* — date
felicidad *f* happiness
fenómeno *m* phenomenon
feria *f* fair
fiebre *f* fever
fijarse en to notice
fijo fixed
fin *m* end, purpose; **a — de** for the purpose of; **al —** finally; **por —** finally
firmar to sign
física *f* physics
fisonomía *f* physiognomy
flor *f* flower
flotante floating
fondo *m* back(ground); bottom; — **s** *m pl* funds
fracaso *m* failure
frecuencia: con — frequently
frente a in front of; *m* front; *f* brow
fresa *f* strawberry
fresco fresh
frijol *m* bean
frío *m* cold; **hacer —** to be cold (weather); **tener —** to be cold (people)
frontera *f* border
fuente *f* source
fuera de outside (of); **de —** from outside
fuerte strong
fuerza *f* force, strength
fumador *m* smoker
fumar to smoke
función *f* performance
funcionar to function, run
fundamento *m* foundation

fundar to found

galaxia *f* galaxy
galleta *f* cookie
gallina *f* chicken
ganancia *f* gain, profit
ganador *m* winner
ganar to win, earn; — **se la vida** to earn a living
ganga *f* bargain
garganta *f* throat
gastar to spend
gasto *m* expense
gato *m* cat
general: por lo — generally
gente *f* people
geométrico geometric
gigante *m* giant
gigantesco giant *adj*
gobierno *m* government
gozar de to enjoy
gracia *f* grace, charm; joke; **¡qué —!** how funny!; *pl* thanks
gran(de) large; great
gritar to shout
guante *m* glove
guardar to guard, keep; — **cama** to stay in bed; — **silencio** to keep silent; — **se de** to guard against
guatemalteco Guatemalan
gubernamental governmental
guerra *f* war
guía *m & f* guide
guisante *m* pea
gustar to like, be pleasing (to)
gusto *m* taste, pleasure, liking; **con mucho —** gladly, with much pleasure; **mucho — en conocerte** glad to meet you; **tener mucho — en** to be pleased to
haber to have; — **de** to be to; — **que** (impersonal) one must; **hay**

(imp.) there is (are) **¿qué hay?** what's up?

habilidad *f* ability

habitación *f* room

habitar to dwell, live

habitante *m* inhabitant

hacer to do, make; — **sol** to be sunny; — **caso de** to heed, pay attention to, take into account; — **valer** to assert

hallar to find

hambre *f* (art. el) hunger; **tener** — to be hungry

hamburguesa *f* hamburger

harina *f* flour, meal

hasta (que) until, up (to), even; — **la vista** until we meet again; — **luego** see you later; — **pronto** see you soon

hecho *m* deed, fact; **de** — in fact

hechura *f* workmanship

hegemonía *f* hegemony

heredero *m* heir

herencia *f* inheritance

herido wounded

hermana *f* sister

hermano *m* brother; *pl* brothers, brothers and sisters

hermandad *f* brotherhood

hielo *m* ice

higo *m* fig

hija *f* daughter

hijo *m* son; *m. pl.* children

hipotético hypothetical

hispánico Hispanic

hispano Hispanic

Hispanoamérica *f* Hispanic American

hogar *m* house

hogares infantiles child-care centers

hoja *f* leaf; — **de papel** sheet of paper

hola hello

hombre *m* man

hora *f* hour, time; **¿a qué** —**?** at what time?

hoy today; — **en día** nowadays

huelga *f* strike

hueso *m* bone

huésped *m* guest

huevo *m* egg

humillación *f* humiliation

humillante humiliating

humo *m* smoke

idioma *m* language

iglesia *f* church

igualdad *f* equality

imagen *f* image

impacientarse to be impatient, lose patience

impedir (i) to prevent, keep from

imperio *m* empire

imponer to impose

importar to matter

impresionar to impress

impreso printed

impuesto *m* tax

inagotable inexhaustible

inaugurar to inaugurate

incaico Incan

incertidumbre *f* uncertainty

incierto uncertain

incluir to include

incluso including

incrementar to increase

indicar to indicate

índice *m* index

indígena indigenous, native

influir en to have or exert influence on, influence

ingenería *f* engineering

ingeniero *m* engineer

ingenio *m* talent, creative faculty, skill

iniciar to initiate

iniciativa *f* initiative
inscribirse to register
insistir (en) to insist (on)
integrar to integrate
intentar to attempt, intend
intento *m* attempt
interesarse en to be interested in
intriga *f* intrigue
intuir to perceive by intuition
inundación *f* flood
inundar to inundate
invierno *m* winter
ir to go; — **de compras** to go shopping; — **se** to go (away); **¿cómo le va?** how goes it:; **¡qué va!** of course not; — **de viaje** to go on a trip
irradiar to irridiate
isla *f* island
isleño islander; *adj* of the island
izquierdo left

jamás ever, never; not . . .ever
japonés Japanese
jardín *m* garden
jefe *m* chief, boss
Jorge *m* George
joven *adj* young; *m* young man; **jóvenes** youths
juego *m* game
jueves *m* Thursday
jugar (ue) to play
juntar to join
junto joined, united, together; — **a** next to
justificar to justify
juventud *f* youth

laboral work
labrar to work

lado *m* side; **al otro** — on the other side
lago *m* lake
lágrima *f* tear
laico lay; — *m* lay person
lamentar to lament, be sorry
lámpara *f* lamp
lancha *f* launch
lana *f* wool
lanzar to launch
lápiz *m* pencil
largo long
lástima *f* pity
lastimar to hurt
latifundismo *m* large landed estate
latino Latin
lavar to wash
laxo lax
lectura *f* reading
leche *f* milk
leer to read
legumbre *f* vegetable
lejano distant
lejos de far from
lema *m* motto
lengua *f* language; tongue
lente *m* lens, *m pl* **lentes** eyeglasses
lento slow
levantar to raise, lift; —**se** to get up
ley *f* law; **leyes** law
libertar to free
libra *f* pound
libro *m* book
libre free
librería *f* bookstore
líder *m* leader
liga *f* league
limonada *f* lemonade
limpiar to clean
limpieza *f* cleaning
lindo pretty

listo ready (with estar); clever (with ser)

locura *f* madness

lodo *m* mud

lograr to get; obtain; succeed in

logro *m* attainment, success

loro *m* parrot

lucha *f* struggle; — **libre** wrestling

luchar to fight

luego then, later; next; **desde** — of course; — **que** as soon as; **hasta** — see you later

lugar *m* place; **en primer** — in the first place; **tener** — to take place

lujoso luxurious; **carro** — luxury car

luna *f* moon

lunes *m* Monday

luz *f* light

llamado *m* call

llamar to call; — **se** to be called, named; — **la atención** to call attention

llave *f* key

llegada *f* arrival

llegar to arrive; — **a ser** to get to be, become

llenar to fill

lleno (de) full (of)

llevar to carry, take; bring; wear; — **a cabo** to carry out; — **se** to carry (take) away

llover (ue) to rain

lluvia *f* rain

machismo *m* masculinity

macho male, masculine

madera *f* wood, lumber

madre *f* mother

madurez *f* maturity

maduro ripe

maestra *f* teacher

maestro *m* teacher

maldito accursed

malo bad; ill; **hacer mal tiempo** it's bad weather

malestar *m* malaise

maltratar to mistreat

mandamiento *m* commandment

manifestación *f* demonstration

maleta *f* suitcase; **hacer las** — **s** to pack the bags

mandar to send; order

mandato *m* command, order

manejar to drive

manera *f* manner, way; **a la** — **de** in the manner of; **de esta** — in this way; **de otra** — otherwise; **de todas** — **s** in any case, anyway

manifestar (ie) to manifest

mano *f* hand; **a la** — at (on) hand; **a** — by hand

mantener to maintain

mantequilla *f* butter

mañana tomorrow; *f* morning; **hasta** — see you tomorrow; — **por la** — tomorrow morning; **pasado** — day after tomorrow; **todas las** — **s** every morning

manzana *f* apple

máquina *f* machine; — **de escribir** typewriter

mar *m* sea

maratón *m* marathon

maravilloso marvelous, wonderful

marcado *m* marking

marcar to mark

marchar to march; run, go

marido *m* husband

martes *m* Tuesday

mas but

más   more, most; ¿a qué —? what else?; **no — que** no more than, only

materia *f*   subject

materias primas   raw materials

matrícula *f*   matriculation, entrance fee

matricularse   to register, enroll

matrimonio *m*   marriage

mayor   major

mayoría *f*   majority

mecánico *m*   mechanic

mediano   average

mediante   through

medicina *f*   medicine

médico *m*   physician

medida *f*   measure; **a — que** as

medico   half, middle; *m* means; **en — de** in the middle of; **por — de** by means of; **— ambiente** atmosphere; environment

mejor   better; best

mejorar   to improve

memoria *f*   memory; **de —** by heart

menina *f*   maid of honor (at court)

menor   smaller; younger

menos   less, least; except; **por lo —** at least

mensaje *m*   message

mente *f*   mind

mentir (ie, i)   to lie

mentira *f*   lie

mentiroso *adj*   lying

menudo: a — often

mercadeo *m*   marketing

mercado *m*   market

mercancía *f*   merchandise

merecer   to deserve

mes *m*   month; **el — entrante** next month

mesa *f*   table, desk; **poner la —** to set the table

mestizaje *m*   crossbreeding

meta *f*   goal

mestizo *m*   a person of mixed blood, American Indian and European

metro *m*   subway

mezcla *f*   mixture

miedo *m*   fear; **tener —** to be afraid

miembro *m*   member

mil   thousand

minifalda *f*   miniskirt

minoría *f*   minority

mirar   to look at

mismo   self; same; **ahora —** right now; **lo —** the same(way); **me da lo —** it's all the same to me

mitad *f*   half

mitología *f*   mythology

modismo *m*   idiom

molde de yeso *m*   plaster cast

molestar   to bother

molesto   bothersome

momento *m*   moment; **de —** for the moment

monocultivo *m*   monocultivation

montaña *f*   mountain; **— rusa** roller coaster

montar   to mount, ride; **— a caballo** to go horseback riding

moral *f*   ethics, morals

moreno   dark-skinned

morir (ue, e)   to die

moro   Moorish

mostrador *m*   counter

mostrar (ue)   to show

mover (ue)   to move

mozo *m*   boy; waiter

muchacha *f*   girl

muchacho *m*   boy

muchedumbre *f*   crowd

mudarse   to move

muebles *m pl*   furniture

muestra *f* sample

mujer *f* woman; wife

muleta *f* crutch; red flag used by bullfighters

mundial *adj* world

mundo *m* world; **todo el —** everybody

muralla *f* rampart; wall

museo *m* museum

nacer to be born

nacimiento *m* birth

nada nothing, not . . .anything; at all

nadar to swim

nadie nobody, no one, not anyone

naranja *f* orange

natalidad *f* birth rate

naturaleza *f* nature

Navidad *f* Christmas

negar (ie) to deny; **—se a** to refuse

negociante *m* businessman

negocio *m* business, job

nieve *f* snow

ninguno (ningún) no, not any, no one, neither one

niñera *f* nursemaid

niño (-a) *m & f* child

nivel *m* level

nobleza *f* nobility

noche *f* night, evening; **buenas —s** good night (evening); **de —** in the night, at night; **esta—** this evening; **por la —** in the evening; **todas las —s** every night

nombre *m* name

nostros (-as) we, us

noticia(s) *f. (pl.)* news

novela *f* novel

novia *f* sweetheart

novio *m* suitor, fiance

nuevo new; **de —** again; **¿qué hay de —?** what's new?

número *m* number

nunca never

nutrir to nourish

nutritivo nutritious

obstante: no— nevertheless

obtener to obtain

obra *f* work; **— maestra** masterpiece

obrero *m* worker

obstaculizar to hinder

obstáculo *m* obstacle

ocupado busy

occidente west

ocupar to occupy; **—se de** to be concerned with

oferta *f* offer

oficina *f* office

ofrecer to offer

oír to hear, listen to; **— decir** to hear it said

ojo *m* eye

oneroso onerous

opción *f* option

opinar to opine, judge, pass judgment

oponerse a to oppose

oración *f* sentence

orquesta *f* orchestra

orden *m. & f.* order

ordenar to order, place in order

ordinario: de — ordinarily

orgulloso proud

originar to start, give rise to

orilla *f* bank; **a —s** on the banks

oro *m* gold

otorgar to grant

otro other, another

pagar to pay (for)

página *f* page

país *m* country

paisaje *m* landscape

palabra *f* word

pan *m* bread

panameño Panamanian

pantalla *f* screen

pañuelo *m* handkerchief

pantalones *m pl* pants

papa *f* potato; **papas fritas** fried potatoes

papel *m* paper; role; **hace el —** to play the part

par *m* pair, couple; par

para to for, by, in order to; **— que** in order that; ¿**— qué?** why? what for?

paraguas *m* umbrella

parecer to seem, think; **al —** apparently; **a mi —** in my opinion; ¿**qué te parece?** what do you think?

pared *f* wall

parentela *f* kin, relations

paridad *f* parity

pariente *m* relative

pareja *f* couple

paro *m* work stoppage

parte *f* part; **por otra —** on the other hand; **por ninguna —** not ... anywhere; **por todas —s** everywhere

particular particular; peculiar; private; **en —** in particular

partido *m* match, game; party

partidario *m* follower, supporter

pasado *m* past

pasar to pass; spend; happen; **enter,** come in

pasatiempo *m* pastime

pase *m* pass

pasearse to take a walk

paseo *m* stroll, walk; **dar un —** to take a walk

paso *m* passage; step; float

patada *f* kick

pateador *m* kicker

patinar to skate

patrimonio *m* patrimony

patrocinar to sponser, patronize

payaso *m* clown

paz *f* peace

pedir (i) to ask (for); order; **— prestado** to borrow

pegar to strike, beat

peinarse to comb one's hair

peine *m* comb

película *f* film, picture, movie

peligroso dangerous

pelota *f* ball

pena *f* pain; grief; **valer la —** to be worthwhile

penitente *m* penitent

pensador *m* thinker

pensamiento *m* thought

pensar (ie) to think; **— + inf.** to intend; **— en** to think of

peón *m* laborer

peor worse; worst

pequeño small

percibir to perceive

percha *f* hat or clothes rack

perder (ie) to lose

pérdida *f* loss

periódico *m* newspaper

permanecer to remain

permitir to permit

pero but

perro *m* dog

personaje *m* personage, character

pertenecer to belong

pesado heavy

pesa *f* weight

pesar: a — de in spite of

pesca *f* fishing

peso *m* weight; monetary unit of several Spanish American countries

petróleo *m* oil

pez *m* fish

pie *m* foot; **a —** on foot

piedra *f* stone

piel *f* skin

pierna *f* leg

pieza *f* piece

píldora *f* pill

pintar to paint

pintor *m* painter

piña *f* pineapple

pirámide *f* pyramid

piscina *f* swimming pool

piso *m* floor

pizarra *f* blackboard

planchar to iron

planificar to plan

plata *f* silver; money

plato *m* plate

playa *f* beach

pluma *f* pen

población *f* population

pobre poor, without money (after noun); unfortunate (before noun)

pobreza *f* poverty

poco little; pl. few; **a —** shortly; **en — tiempo** in a short time; **— a —** little by little

poder (ue) to be able, can

poder *m* power

poema *m* poem

política *f* policy; politics

político political

polvo *m* dust

poner to put, place; make; play; send; lay; **— la mesa** to set the table; **—se** to become; put on; **— huevos** to lay eggs; **— un telegrama** to send a telegram; **—se al día** to update

por for, by, along, through, of; per; **— aquí** around here; **— ciento** percent; **. . . ¿qué?** why?

porcentaje *m* percentage

portarse to behave

posada *f* inn, lodge

poseer to possess

postre *m* dessert

potencia *f* power

practicar to practice

precio *m* price

precioso precious

precolombino preColombian

predecir to predict

predilecto favorite

preferir (ie,i) to prefer

pregunta *f* question; **hacer una —** to ask a question;

preguntar to ask a question; **— por** to inquire about

prejuicio *m* prejudice

premiar to reward

premio *m* prize

prensa *f* press

preocupante worrisome

preocupar to preoccupy, worry; **— se por** to worry about

preparar to prepare

preparativo *m* preparation

presa *f* dam

presión *f* pressure

préstamo *m* loan

prestar to lend; **— atención** to pay attention

prestigio *m* prestige

prestigioso renowned

prevenir to prepare, warn, forestall

previamente previously

primero first; **en primer lugar** in the first place; **por primera vez** for the first time

prima *f* cousin

primo *m* cousin
princesa *f* princess
príncipe *m* prince
prisionero *m* prisoner
privilegiado privileged
pro: en — de in behalf of
problemática *f* problems
procedente originating
procedimiento *m* procedure
procurar to try
profeta *m. & f.* prophet
prohibir to prohibit
prometer to promise
promiscuidad *f* promiscuity
pronto soon, quickly; **tan — como** as soon as
propiedad *f* property
propio own, same, peculiar
proponer to propose
propósito *m* plan; **a —** by the way
protegar to protect
provechoso profitable
proveer to provide
provenir to come, originate, arise
provocar to provoke
proyecto *m* project
prueba *f* proof
publicar to publish
publicitario *adj* publicity
pueblo *m* people; town
puente *m* bridge
pues well; since, as
puesto *m* position; **— que** since
pulmón *m* lung
pulque *m* a fermented beverage made from the juice of the century plant
pulsera *f* bracelet
punto *m* point; **en —** exactly, on the dot; **estar a — de** to be on the point of, be about to
puro pure; *m.* cigar

que that, what, who; than; **¿qué?** what? **¡qué . . . !** how!; what . . .! **¿qué más?** what else? **¿qué tal?** how are you? how was . . .? **¡qué va!** of course not!
quehacer *m* chore
quebrar to break
quedar(se) to stay, remain; **—se con** to take
quejarse to complain
querer to wish, want, love, try (in present tense); refuse (in negative present); **— decir** to mean
quesadilla *f* cheese cake, a kind of tart
quien who; **¿quién?** who?; **¿de quién?** whose?
química *f* chemistry
quitar to remove, take (away from); **—se** to take off

radiografía *f* X ray
raíz *f* root; **echar ra íces** to grow roots, take up permanent residence
rapidez *f* rapidity, speed
raro rare, strange
rato *m* while
rayos equis *m pl* X rays
raza *f* race
razón *f* reason; **tener —** to be right
reaccionar to react
receptor *m* receiver
receta *f* prescription
recetar to prescribe
recibir to receive
recibo *m* receipt
recién recent; **— venido** newcomer; **— llegado** recent arrival
recitar to recite
recluso *m* recluse
reclutar to recruit

recoger   to pick up, gather
reconocer   to recognize
recordar (ue)   to remind, remember
recrear   to recreate
rechazar   to reject
recuerdo *m*   memory, souvenir
recurso *m*   recourse; pl. resources, means
rechazar   to reject
rechajo *m*   rejection
red *f*   network
reemplazar   to replace
referir (ie,i)   to refer; —se to refer
reflejar   to reflect
refresco *m*   refreshment
regalo *m*   gift
regatear   to bargain, haggle
regla *f*   rule
regresar   to return
reír   to laugh; — a **carcajadas** to burst out laughing; —(se) de to laugh (at)
reivindicar   to vindicate
relacionar   to relate
relámpago *m*   lightening
relativo: lo — what relates
reloj *m*   watch
remar   to row
reparar   to repair
repasar   to review
repaso *m*   review
repente: de —   suddenly
repetir (i)   to repeat
requerir (iei)   to require
requisito *m*   requisite, requirement
resbalar   to slip
rescate *m*   ransom
resfriado *m*   cold
residencia *f*   dormitory
resistencia *f*   resistance

resolver (ue)   to resolve
respaldar   to back, support
respuesta *f*   response
reunir   to gather, raise, join; — **se** to meet, gather
revista *f*   magazine
riesgo *m*   risk
riqueza *f*   wealth
robar   to steal
robo *m*   robbery
roca *f*   rock
rogar (ue)   to beg
rojo   red
romper   to break(out); tear
ropa *f*   clothing
rubio   blond
ruido *m*   noise
ruina *f*   ruin
rumbo a   in the direction of, bound for
ruso   Russian
ruta *f*   route

sábado *m*   Saturday
saber   to know, know how, learn, find out (in preterit); taste
sabor *m*   taste, flavor
sabroso   tasty
sacar   to take out, stick out, take; — **buenas notas** to get good grades
salir   to leave, go out
salsa *f*   dressing
salud *f*   health
saludable   healthful
saludar   to greet
salvavidas *m*   lifeguard
sangre *f*   blood
santo *m*   saint
san(to) (-a) *adj*   Saint, holy
saqueo *m*   plundering
sarape *m*   blanket
satisfacer   to satisfy

sediento dry

seguida: en — at once

seguir (i) to continue, follow

según according to

seguro sure

seis six

selva *f* forest

sello *m* stamp

semana *f* week; **a la** — weekly; — **Santa** Holy Week; **semanalmente** weekly

semejanza *f* similarity

sentar (ie) to seat, fit, become; — **se** to sit (down)

sentido *m* sense

sentimiento *m* sentiment, feeling

sentir (ie,i) to regret, be sorry, feel; —**se** to feel, have

ser to be; *m.* being

serpiente *f* serpent

síquico psychic

sirena *f* siren

sirvienta *f* servant

serio serious

servir de (ie, i) serve as

sesentas sixties

si if; **sí** yes, yes indeed; yourself, himself, herself, themselves, yourselves

siempre always

siglo *m* century

significación *f* meaning

significar to mean, signify

significado *m* meaning

silbar to whistle

silla *f* chair

sin without; — **duda** without doubt; — **embargo** nevertheless; — **que** without

sinfónica *f* symphony

sino but

situar to place, locate

soberano *m* sovereign

sobre on, above, about, concerning, over; — **todo** above all, especially; *m.* envelope

sobrepasar to surpass

sociedad *f* society

sol *m* sun; **hace (hay)** — it is sunny

soldado *m* soldier

solemnidad *f* solemnity

soler (ue) to be accustomed

solo alone

sólo only

soltero unmarried, single

solucionar to resolve

sombra *f* shade

sonar (ue) to ring

sonido *m* sound

sopa *f* soup

sorpresa *f* surprise

sostener maintain, support, sustain

sub-desarrollo underdevelopment

subir to go up, ascend, board, get into, bring up, sum up, get ahead

subrayar to underline

suceder to happen

suceso *m* event

sucio dirty, soiled

sueco Swedish

suegra *f* mother-in-law

sueldo *m* salary

suelo *m* ground

suerte *f* luck, fate

sugerencia *f* suggestion

sugerente suggestive

sugerir to suggest

Suiza *f* Switzerland

sujeto *m* subject

superar to overcome

suponer to suppose

supuesto: por — of course

sur south

suramericano South American

surgir   to come forth, arise
surgimiento   rise
surtido *m*   selection, assortment
sustantivo *m*   noun
sustentar   to sustain

taco *m*   toasted tortilla with various fillings
también   also
tampoco   neither; not . . .either
tanto (-a)   so much; **en — que,** whereas, while; **por lo —** therefore; . . .—**como** both . . .and, as much . . .and, as much . . .as —**a(-as)** so many
tardar   to delay; —**en** to be long in
tarde   late; *m. f.* afternoon; **buenas — s** good afternoon; **por la —** in the afternoon
tarea *f*   task, assignment
taza *f*   cup
teatro *m*   theater
técnica *f*   technique
techo *m*   roof, ceiling
telenovelas *f.   pl.* television movies
televisión *f*   TV
televisor *m*   TV
temática *f*   themes
temporada *f*   season
temprano   early
tender (ie)   to tend; stretch out
tener   to have; **aquí tiene** here is; — **celos** to be jealous; — **frío** to be cold; — **hambre** to be hungry; — **inconveniente (de)** to have an objection to; — **interés (en)** to be interested (in); — **lugar** to take place; — **miedo** to be afraid; — **que** to have to; — **razón** to be right
tercio   third

terminar   to end, complete
término   term
terreno *m*   ground
testamento *m*   will
tía *f*   aunt
tío *m*   uncle; *m pl* aunt and uncle
tiempo *m*   time, period (of time) tense; weather; **a—**in(on) time; **en poco—**in a short time; **hacer mal—**to be bad weather
tienda *f*   shop, store
típico   typical
titulado   entitled
tocadiscos *m*   record player
tocante a   concerning, with reference to
tocar   to touch; play
todo   all, everything;—**el año** all year;—**el día** all day;—**el mundo** everybody;—**s los días** every day
tomar   to take
tono *m*   tone, hue
tormenta *f*   storm
torneo *m*   tournament
toro *m*   bull
torta *f*   cake
tortilla *f*   paper-thin slice of bread made of corn dough
trabajador   hard working
trabajar   to work
trabajo *m*   work
trabar   to join, engage; — **conocimiento con** to get acquainted with
traductor *m*   translator
traer   to bring
traje *m*   suit;—**de baño** bathing suit
trámite *m*   procedure
transporte *m*   transport, transportation
trasero   rear
tratamiento *m*   treatment

tratar treat, handle, deal with,; — **de** to try to;—**se de** to be a question of

través: a — de through,

tren *m* train

trigo *m* wheat

triste sad

trofeo *m* trophy

trompeta *f* trumpet

tronco *m* trunk

tulipán *m* tulip

últimamente lately

único only, **sole, unique; lo —** the only thing; **los—s** the only ones

unir to unite; **— se** to join

usted you; *pl.* **ustedes** (abbreviated **Ud., Uds., Vd., Vds.; V. VV.**)

útil useful

utilizar to utilize

uva *f* grape

valer to be worth; **hacer —** to assert; **— la pena de** to be worthwhile; **— se de** to make use of

valor *m* valor; value

valle *m* valley

vapor *m* ship

variar to vary

variedad *f* variety

vasco Basque

vaso *m* glass

vecindad *f* neighborhood

vecino *m* neighbor; *adj* neighboring

vegetal *adj* vegetable

veinte twenty

vela *f* candle

venado *m* deer

vencedor *m* winner

vencer to defeat, conquer

vender to sell

Venecia Venice

vengarse de to avenge onself on

venir to come

venta *f* sale

ventana *f* window

ver to see; **a —** let's see

verano *m* summer

veras: ¡de—! really?

verdad *f* truth; *interj.* true?

verdadero true *adj*

verde green

verdura *f* vegetable

vergüenza *f* shame; **tener—** to be ashamed

vestido *m* dress

vestir (i) to dress;—**se** to dress oneself

vestigio *m* vestige

vestuario *m* wardrobe

vez *f* time; **a la —** at the same time; **a veces** at times, sometimes; **alguna que otra —** sometimes, once in a while; **en — de** in place of; **muchas veces** often; **por primera —** for the first time; **tal —** perhaps; **una —** once; **raras veces** seldom; **una — por semana** once a week

vía *f* way, route

vida *f* life

viajar to travel

viajar to travel

viaje *m* trip; **hacer un—**to take a trip

vicio *m* vice

viejo old

vino *m* wine

violar to violate

virreninato *m* viceroyalty

visita *f* visit, visitor; **estar de—**to be on a visit

visitar   to visit
víspera *f* eve, day before
vista *f* sight, view
vivienda *f* dwelling
vivir   to live
vivo   alive
volcán *m* volcano
voluntario *m* volunteer
volver (ue)   to return; — se to become; — a + inf. to do again
voz *f* voice; en—baja in a low boice

vuelo *m* flight

y   and
ya   already; — que since; — no no longer
yo   I
yugo *m* yoke

zapato *m* shoe

Inglés-Español

about de   (a)cerca de; be — to estar a punto de + inf.
accent   acento *m*
acquaintance: to make the — trabar conocimiento
add   agregar, añadir
advantage   ventaja *f;* take — aprovecharse
advice   consejo *m*
advise   aconsejar
afraid: be —   tener miedo
after   después de *prep*; después que *conj*
afternoon   tarde *f*
against   contra
age   edad *f*
aged   viejo
ago: period of time + ago   hace + period of time
airplane   avión *m*
airport   aeropuerto *m*
all   todo; — year round todo el año(entero); — right está bien
already   ya
always   siempre
American   norteamericano
among   entre
and   y, e

answer   contestar
anyone   alguien, nadie (after a neg.)
anything   nada (after a neg.)
applaud   aplaudir
arm   brazo *m;* catch by the — coger del brazo
arrive   llegar
as   como; —...— tan...como; — if como si; — many — tantos (-as)...como; — much — tanto (-a)...como; — soon — luego que, tan pronto como; — usual (como) de costumbre
ask   pedir (i) (*request*); preguntar (*question*)
at   a; en; — a distance a lo lejos; — about (time) a eso de; — all alguno, nada (after a neg.); — that moment en aquel momento
athlete   atleta *m & f*
aunt   tía *f;* — and uncle tíos *m pl*
author   autor *m*

bad   mal(o)
ball   balón *m;* pelota *f*
barber   barbero *m*

be ser, estar; — **about to** estar a punto de + inf.; — **afraid** tener miedo de; **how are you?** ¿cómo está usted?

beach playa *f*

bear (children) parir (niños)

beautiful bonito, hermoso

because porque

bed cama *f;* **to go to** — acostarse (ue); **to put to** — acostar (ue); **in** — en la cama

bedroom alcoba *f*

before antes, antes de *(prep.)* ; antes de que *(conj)*

begin empezar (ie)

believe creer

benefit beneficio *m*

big grande

bill cuenta *f;* **telephone** — cuenta telefónica

blame tener la culpa

board subir (a bordo)

book libro *m*

both ambos, los dos

bother molestar

bothersome importuno

break romper (se)

breathe respirar

building edificio *m*

bus autobús, colectivo, omnibús *m*

business man hombre de negocios *m*

but pero, sino(que)

buy comprar

by de, para, por

calm calmar

can poder (ue)

captain capitán *m*

car carro *m*

career carrera *f*

carefully con cuidado, cuidadosa-mente

carry llevar

catch coger; — **by the arm** coger del brazo

cathedral catedral *f*

cause causar

ceremony ceremonia *f*

cheer (up) alegrar

classroom aula *m;* clase *f*

close cerrar (ie)

coat abrigo *m*

cold frío; **to be** — tener frío (of persons); hacer — (weather)

college colegio *m;* universidad *f;* — **students** universitarios

collision choqu *m*

Colombian colombiano

come venir; — **in** entrar, pasar

comfortable cómodo

comment comento, comentario *m*

companion compañero *m*

confess confesar (ie)

confuse confundir

confused confuso

continue continuar, seguir (i)

controversy controversia *f*

converse conversar

convince convencer

count contar (ue); **on** — contar con

couple pareja *f*

course curso *m;* **of** — por supuesto, desde luego

cover cubrir

cup taza *f*

date cita *f;* **to make a** — citar (con)

daughter hija *f*

day día *m;* **all** — todo el día; — **after tomorrow** pasado mañana

decade década *f*

deceive engañar; — **oneself** engañarse
decide decidir
deep profundo
defect defecto *m*
desk escritorio *m*
die morir (ue, u)
difficult difícil
difficulty dificultad *f*
diligent diligente
discover descubrir
dissolve disolver (ue)
district barrio *m*
divorce divorcio *m*
do hacer
doctor médico *m*
doctorate doctorado *m*
dollar dólar *m*
drive manejar, conducir
during durante
drunk borracho

easy fácil
eat comer
eight ocho
eighty ochenta
elect elegir (i)
electrical workers electricistas *m pl*
embrace abrazar
erupt erumpir
escape escapar
even if aunque
evening noche *f*
event suceso *m*
ever jamás, nunca (after a neg.)
every cada; — **day** todos los días
examine examinar
excellent excelente
exercise ejercer, ejercitar
expect esperar
expensive caro

explain explicar
explanation explicación *f*
express expresar
extremely extremadamente, sumamente

face enfrentarse
fact hecho *m;* **in** — de hecho, en realidad
false falso
famous famoso
far lejos
farewell despedida *f*
fat gordo
father padre *m*
feel sentirse (ie, i)
field campo *m*
filled with lleno de
finally por fin, finalmente
find encontrar (ue), hallar; — **out** (about) enterarse (de)
fine bueno, fino
finish acabar, terminar
first primer(o); **at** — al principio; **in the** — **place** en primer lugar
five cinco
fly volar (ue)
food comida *f;* alimento *m*
football fútbol *m*
for por, para
forget olvidar, olvidarse (de)
fortune fortuna *f*
four cuatro
freedom libertad *f*
Friday viernes
friend amigo (-a) *m & f*
friendly simpático
from a, de, desde
fruit fruta *f*
frustration frustración *f*
full lleno
furious furioso

furthermore además

game juego *m* partida *f*
George Jorge
get conseguir (i); to — **good grades** sacar buenas notas; **to — married** casarse; **to — to be** llegar a ser; **to — up** levantarse; **to —** *(someone else)* **up** levantar; **to — on** subir; **to — out (down)** bajar; **to — tired** cansarse; **to — along** ir tirando
girl muchacha *f*
give dar; to — **up** no poder más; dejar de
glad alegrarse (de)
go ir; to — **away** irse, marcharse; **to — down** (stairs) bajar; **to — out** salir; **to — to bed** acostarse; **to — into** entrar (en); **to — shopping** ir de compras
good bueno
grandfather abuelo *m*
grandmother aubela *f*
grandparents abuelos *m pl*
gratuitous gratuito
great grande; **a — deal** mucho
group grupo *m*
guess adivinar

half medio
hall pasillo *m*
handsome guapo
hanging colgado
happen ocurrir, pasar, suceder
happy alegre, contento; **to be —** alegrarse (de)
happily felizmente, alegremente
happiness felicidad *f*

hat sombrero *m*
have tener; haber (auxiliary); **to — to** tener que + inf.; **to — just** acabar de + inf.
head cabeza *f*; **to —for** ir para
hear oír
hello hola
her su, sus; la (dir. obj. pro.); le (indir. obj. pro.)
here aquí
high school escuela secundaria
him le, lo (dir. obj.); le (indir. obj.) él
home a (en) casa; **at —** en casa; **leave —** salir de casa
hope esperar
hour hora *f*
house casa *f*
how cómo, cuán; — **much?** cuánto (-a)?; — **many?** cuántos (-as)?; — **are you?** ¿cómo está usted?
hungry to be — tener hambre
husband marido *m*

I yo
if si
illusion ilusión *f*
immediately inmediatamente
in en
incomplete incompleto
increasing creciente
inform informar
intend pensar (ie)
interpret interpretar
investigate investigate
irritate irritar
it lo, la (dir. obj. pro.); él, ella, ello (usually omitted as subj. pro.)

jail cárcel *f*
jewelry joyas *f pl*

joy   alegría *f*

kid   niño, chiquillo *m*
know   saber (know how); conocer (be acquainted with)

last   pasado, último; — **month** el mes pasado; — **week** la semana pasada; — **year** el año pasado
lawyer   abogado *m*
lazy   holgazán(-a) *m & f*
learn   aprender; saber (find out)
leave   salir (de) (intrans.) dejar (trans.); **to take — of** despedir se de
leisure: at their — a su conveniencia
less   menos
lesson   lección *f*
library   biblioteca *f*
lie   mentir (ie,i); mentira *f*
life   vida *f*
like   como prep.; gustar, querer; **look** — (seem) parecer; **to be** — (resemble) parecerse a
linguistics   lingüística *f*
literature   literatura *f*
little   poco
live   vivir
look   (at) mirar; — **for** buscar; — **like** parecerse a
lose   perder (ie)
lot: a — mucho
low   bajo
lungs   pulmones *m pl*
lying   tendido

maid   criada *f*
mail   correo *m*
make   hacer

man   hombre *m;* **young** — joven *m*
manager   gerente *m*
marriage   matrimonio *m*
marry   casar(se con); **to — off** casar
Mary   María
mate   compañero (-a) *m & f*
mean   querer, decir
meet   encontrar (ue), encontrarse (ue) con; conocer
meeting   reunión *f*
mere   mero
Mexican   mejicano
mine   mío (-a,-os,-as)
moment   momento *m;* **a few —s later** en pocos momentos
Monday   lunes *m*
money   dinero *m*
month   mes *m*
more   más
mother   madre *f*
movies   cine *m*
must   deber (obligation), deber de (probability)
my   mi, mis

name   nombre *m;* **my — is** me llamo
nap   siesta *f;* **take a** — echar una siesta
near   cerca de
need   necesitar; necesidad *f*
neighborhood   vecindad *f*
never   jamás, nunca
new   nuevo; **what's** — ¿qué hay de nuevo?
next: — **month** el mes que viene
night   noche *f;* **last** — anoche; **at** — por la noche
none   ninguno
North American   norteamericano
novel   novela *f*
now   ahora; — **that** ya que

number número *m*
nurse enfermera *f*

observe observar; — **all the rules** guardar todas las reglas
obvious obvio
occasion ocasión *f*
o'clock: **to be six** — ser las seis
offer ofrecer
office oficina *f*
officer guardia *m*
often a menudo, muchas veces
O.K. está bien
older mayor
on en, sobre, a; — **the way to** camino de, de camino a
once una vez; **at** — en seguida
one uno (a); se; **the only** — el único; **the** — **that** el (la) que
open abrir; abierto *pp*
opportunity oportunidad *f*
or o,u
orange naranja. *f*
order ordenar, mandar
other otro
outside afuera *adv*; fuera de *prep*

pack — **the suitcases** hacer las maletas
paragraph párrafo *m*
parents padres *m pl*
park parque *m*
part parte *f*
party fiesta *f*
pass pasar
pay pagar; — **attention (to)** hacer caso (de)
people gente *f*
perhaps quizá, tal vez
permit permitir
phase fase *f*

pick up recoger
picture película (film) *f*; cuadro *m*
plane avión *m*
play comedia *f*; jugar **to play football** jugar al fútbol
player jugador *m*
please gustar, por favor, (haga el) favor de + *inf.*; tenga la bondad de + *inf.*; **pleased to meet you** gusto de conocer a usted
pleasure gusto, placer *m*
p.m. de la tarde (noche)
police policía *f*; **policeman** policía, agente de policía, guardia *m*
political político
poor pobre
post card tarjeta postal *f*
prepare preparar
present presente; regalo *m*
pretty bonito, lindo
probably probablemente
procedure trámite *m*
program programa *m*
promise promesa *f*
protect proteger
pursue seguir
put poner; **to** — **on** ponerse; **to** — **to bed** acostar (ue)

question pregunta *f*
quiet callado
quite bastante

rain llover (ue); **to** — **pitchforks** llover a cántaros
raincoat impermeable *m*
rapidly con rapidez, rápidamente
reach llegar a
read leer
reality realidad *f*
recent reciente

register inscribirse
regret sentir (ie, i)
remind recordar (ue)
reply replicar, responder
reporter periodista *m & f*
resort sitio frecuentado *m*
restaurant restaurante *m*
result resultado *m*
return volver (ue), regresar
revolution revolución *f*
rich rico
right derecho *m*
rob robar
robbery robo *m*
room cuarto *m*, habitación *f*
rule regla *f*
rush precipitarse

sad triste
saint san(to)
say decir
see ver
sell vender
send mandar, enviar
seventy setenta
several varios, algunos
shave afeitar; **to — oneself** afeitarse
she ella
short bajo
shout gritar
since desde que, puesto que
sister hermana *f*
sit (down) sentarse (ie)
six seis
sleep dormir (ue, u)
sleeping dormido
slowly despacio
smoke fumar
so tan; **— much** tanto
some algún(o) (often not expressed in Spanish)

someone alguien, **— else** otra persona
something algo
sometimes a veces, algunas veces
somewhat algo
song canción *f*
soon pronto; **as — as** tan pronto como, luego que
Spain España *f*
Spaniard español *m*
Spanish español *m*
speak hablar
square playa *f*; **the main —** la plaza principal (mayor)
stadium estadio *m*
stand out destacar(se)
start empezar(ie)
stay quedar(se)
steal robar
stop parar(se), detener(se); dejar de
story cuento *m*
strike huelga *f*
student estudiante *m & f*
studio estudio *m*
study estudiar
suburb suburbio *m*
such tal
suggest sugerir (ie,i)
suggestion sugerencia *f*
summer verano *m*
support sostener
sure seguro
swear jurar

take tomar, llevar; **— an exam** sufrir un examen; **to — advantage** aprovecharse
talk hablar
talkative hablador (-a) *m & f*
tall alto
taste estar + *adj*

tasty sabroso

teach enseñar

teacher profesor (-a) *m & f*

team equipo *m*

telephone llamar por teléfono, telefonear

tell decir, contar, relatar

ten diez

tennis tenis *m*

test examen *m*

than que (with comparatives); de (with superlatives); del (de la, de lo, de los, de las) que

thanks gracias

that que (conj & rel. pro.) ese (-a), aquel (aquella), *dem adj*; ése (-a), aquél (aquélla), eso, aquello *dem pro*; el, la, lo, etc. (before que or de); **all** — todo lo que, cuanto

then entonces, luego

there allí; — **is, are** hay, allí está; — **was, were** había

therefore por eso

thing cosa *f.*; **the best** — lo mejor; **the whole** — todo el asunto

think pensar (ie), creer; **don't you** —? ¿no le parece?; parecer; **to** — **of** pensar en, pensar de (opinion); **to** — **so** creer que sí; **to** — **not** creer que no

third tercer(o)

this este (-a) *dem adj*; éste (-a), esto *dem pro*

Thomas Tomás

thousand mil

three tres

ticket boleto *m*

time hora, *f;* tiempo *m;* **what** — **is it?** ¿qué hora es?; **several times** varias veces; **at that** — a esa hora

tire cansarse

together junto

tomorrow mañana

tonight esta noche

town pueblo *m*

trip viaje *m*

truth verdad *f*

try tratar de, intentar, procurar

two dos

umbrella paraguas *m*

unable: **to be** — + inf. no poder más + inf.

understand comprender, entender (ie)

union unión *f;* **Student Union** — Unión Estudiantil

university universidad *f*

usual: **as** — (como) de costumbre

vegetable legumbre *f*

ventilate ventilar

very muy

vision visión *f*

visit visitar

wait esperar

waitress moza, camarera *f*

want querer

watch reloj *m*

wave ola *f*

way camino *m.;* **on the** — **back from** en el camino de; **that** — así

wealthy rico

week semana *f*

well bien, pues

what que, lo que *rel pro*; ¿qué? ¿cuál? *interj*; — **a** + **noun!** ¡qué + noun!

when cuando

where donde

while mientras; rato *m*

wife esposa *f*

win ganar, triunfar
window ventana *f*
with con, de
without sin, sin que
woman mujer *f*
wonder (probability expressed by future or conditional or their compounds)

wonderful maravilloso
work trabajar
write escribir

year ano *m*
young joven; — **man** joven *m*
  younger menor

GLOSARIO

Adjective: A word that modifies, describes, or limits a noun or pronoun.

Adverb: A word that modifies a verb, an adjective, or another adverb.

Agreement: Concord or correspondence with other words.

Antecedent: The word, phrase, or clause to which a pronoun refers.

Augmentative: A word formed with a suffix indicating increased size or a derogatory meaning.

Auxiliary verb: A verb that helps in the conjugation of another verb.

Clause: A division of a sentence containing a subject and a predicate. A main (independent) clause can stand alone; a dependent clause can function only with a main clause.

Comparison: The change in the form of an adjective or adverb showing degrees of quality; positive (*high, beautiful*), comparative (*higher, more beautiful*), superlative (*highest, most beautiful*).

Concession, clauses of: A part of a sentence which concedes or acknowledges a point in dispute.

Conjugation: The inflection or changes of form in verbs showing mood, tense, person, number, voice.

Conjunction: A word that connects words, phrases, or clauses. Coordinating conjunctions connect expressions of equal rank. Subordinating conjunctions connect dependent with main clauses.

Dative: The case of the indirect object.

Definite Article: el, la, los las (*the*).

Demonstrative: Indicating or pointing out a person or thing.

Diminutive: A word formed with a suffix expressing smallness or endearment.

Finite verb: The form of the verb (excepting infinitives and participles) limited as to person, number, tense.

Gender: Grammatical property of nouns or pronouns. In Spanish, masculine or feminine.

Gerund: A form of the verb that is used in the progressive tenses or as an adverb.

Imperative: The mood of the verb which, in Spanish, expresses an affirmative familiar command.

Impersonal: Designating verbs used without subject or with an indefinite subject in the third person singular.

Indefinite article: un, una, unos, unas (*a, an*).

Infinitive: The form of the verb that expresses the general meaning of the verb.

Interrogative: Asking a question; also a word used for that purpose.

Intransitive verb: A verb that does not require a direct object to complete its meaning.

Mood: The form of the verb showing the manner in which an action is conceived, as a fact (indicative), a wish, possibility, or concession (subjunctive), a command (imperative), or as a condition (conditional).

Number: The characteristic form of a noun, pronoun, or verb indicating one or more than one.

Object: A word, phrase, or clause that receives the action of the verb and completes the predicate; a direct object receives the direct action of the verb; an indirect object indicates to or for whom the action is done.

Past participle: A form of the verb that is used as part of a compound tense or as an adjective.

Person: The characteristic of a verb or pronoun indicating whether the subject is the speaker (first person), the person spoken to (second person), or the person spoken of (third person).

Predicate: The part of a sentence that makes a statement about the subject.

Preposition: A word that relates a noun or pronoun to some other element in the sentence.

Progressive tense: A tense used to express the development or continuity of an action.

Pronoun: A word used in place of a noun.

Proviso: A conditional clause or stipulation usually introduced by the conjunction *provided that*.

Radical-changing verb: A verb whose root vowel (vowel before the infinitive ending) is changed under certain conditions.

Reciprocal: Showing mutual action or relation.

Reflexive: Referring back to the subject.

Relative: Referring to an antecedent and introducing a dependent clause which modifies that antecedent; relative pronouns (*who, which,* etc.) establish such relationships.

Subject: The word or word group about which something is asserted in a sentence or a clause.

Subjunctive: The mood which expresses conditions contrary to fact, wishes, doubts, or what is possible, rather than certain.

Stem: That part of a word obtained by dropping the ending.

Tense: The form of the verb showing the time of an action or state of being.

Transitive verb: A verb that takes a direct object.

Verb: A word that expresses an action or state of being.

Voice: The form of the verb indicating whether the subject acts (active) or is acted upon (passive).

INDICE

PHOTO CREDITS